Manfred Weisbrod **Baureihe V 100**
der Deutschen Reichsbahn

110 508-9 bei der Ausfahrt aus Hetzdorf (Strecke Karl-Marx-Stadt–Pockau-Lengefeld) am 13. März 1982.
Foto: Manfred Weisbrod

Manfred Weisbrod

Baureihe V100 der Deutschen Reichsbahn

Einbandgestaltung: Katja Draenert
Titelbild: 202 413-1 des Betriebshofes Halberstadt wartet im August 1996 in ihrer Heimatdienststelle auf neue Aufgaben.
Foto: Dirk Endisch

Eine Haftung des Autors oder des Verlages und seiner Beauftragten für
Personen-, Sach- und Vermögensschäden ist ausgeschlossen.

ISBN: 3-613-71076-5
© 1999 by transpress Verlag,
Postfach 10 37 43, 70032 Stuttgart
Ein Unternehmen der Paul Pietsch Verlage GmbH+Co
1. Auflage 1999

Der Nachdruck, auch einzelner Teile, ist verboten. Das Urheberrecht und sämtliche weiteren Rechte sind dem Verlag vorbehalten. Übersetzung, Speicherung, Vervielfältigung und Verbreitung einschließlich Übernahme auf elektronische Datenträger wie CD ROM, Bildplatte usw. sowie Einspeicherung in elektronische Medien wie Bildschirmtext, Internet usw. sind ohne vorherige schriftliche Genehmigung des Verlages unzulässig und strafbar.

Lektorat: Claus-Jürgen Jacobson
Innengestaltung: Viktor Stern
Druck: Fotolito LONGO, I-39100 Bozen
Bindung: Fotolito LONGO, I-39100 Bozen
Printed in Italy

204 686-0 mit einem Regionalzug nach Zittau auf der Marienbrücke in Dresden Juli 1995.
Foto: Manfred Weisbrod

Inhalt

Einführung	6	Die Baureihen 108 und 109	98
Entwicklung und Baugeschichte	8	Die Baureihe 298	103
Der Liefervertrag	16	Projekt der Baureihe 115	117
Die Typenreihe V 100	20	Die Baureihe V 110.9 (V 100.5)	124
Versuchsergebnisse mit Baumuster- und Serienlokomotiven	26	Die Baureihe V 199.8	128
Die Serienlieferung der V 100.0-1	31	Die Lokomotiven in der Instandhaltung	134
Die Weiterentwicklung zur V 100.2	47	Die V 100 bei Industrie- und Werkbahnen	147
Bemühungen um eine 1200-PS-Lokomotive	60	Anhang	175
Extremerprobungen des 12 KVD 18/21	68	Technische Daten	176
Die Baureihe 112	69	Erststationierung	179
Die Baureihe 114	74	Statistik	184
Die Baureihe 111 (V 100.4))	91	Quellenangaben	205

Einführung

Vor etwa 35 Jahren stand das erste Baumuster auf den Gleisen, vor 30 Jahren lief bereits die Serienproduktion. Die Baureihe V 100 schloß im Typenprogramm für Brennkraftlokomotiven der Deutschen Reichsbahn die Lücke im Leistungsangebot zwischen der Rangierlokomotive V 60 mit 600 PS und den Großdiesellokomotiven der Baureihe V 180 mit 2x900 PS. Die DR hatte sich für die hydrodynamische Kraftübertragung entschieden und darauf geachtet, daß von der Baureihe V 60 über die Baureihe V 100 bis zu den Baureihen V 180 und V 240 möglichst viele Bauteile und Baugruppen baugleich und tauschbar waren. So arbeitet der Grundtyp des Dieselmotors 12 KVD 18/21 als Saugmotor in der V 60, als aufgeladener Motor in verschiedenen Bauformen in der V 100, der V 180, im VT 18.16 ebenso wie heute in der rumänischen BR 219. Ähnliches gilt für Heizkessel, Strömungsgetriebe, Achsgetriebe und viele andere Baugruppen.

Die Baureihe V 100 entstand in enger, nicht immer reibungsfreier, letztendlich aber erfolgreicher Zusammenarbeit zwischen der Deutschen Reichsbahn und dem Kombinat Lokomotivbau-Elektrotechnische Werke (LEW) Hennigsdorf und hat sich im Betriebsdienst ausgezeichnet bewährt. Die wohldurchdachte und solide Konstruktion mit Mittelführerstand machte die Lokomotiven für den Strecken- und den Rangierdienst gleichermaßen tauglich, im Mittelführerstand war der Lokführer bei Betriebsunfällen gut geschützt. Die Radsatzfahrmasse und die zulässige Geschwindigkeit gestatteten den universellen Einsatz auf Haupt- und Nebenbahnen. Die Grundkonzeption ließ eine Steigerung der Motorleistung um 50% ohne Überbeanspruchung des Rahmens und der entsprechend angepaßten Getriebe zu.

Es gab von keiner deutschen Diesellokomotive so viele erfolgreiche Modifikationen wie von der V 100 der DR. Der Hersteller LEW Hennigsdorf hatte sechs Varianten des Typs V 100 für Inland, Export und Industriebedarf im Programm. Die Deutsche Reichsbahn hat mit eigenen Mitteln die leistungsstärkeren Ausführungen als BR 112 und BR 114 entwickelt, mit der BR 298 die modernste Rangierlokomotive beider deutscher Bahnverwaltungen und der DB AG geschaffen und letztendlich auch die V 100 in eine Schmalspurlokomotive für 1000 mm Spurweite für die Harzquer- und Selketalbahn (BR 199.8) verwandelt.

Die von der Deutschen Bahn AG mit System und Vorsatz betriebenen Stillegungen im Nebennetz der neuen Bundesländer hat die BR V 100 weitgehend arbeitslos gemacht. Unterlassene Arbeiten am Streckennetz, die unakzeptable Fahrzeiten zur Folge haben, der Einsatz veralteten und in unappetitlichem Zustand präsentierten Rollmaterials, verwahrloste Bahnhöfe mit fehlenden Parkmöglichkeiten haben logischerweise zu drastischem Fahrgastschwund geführt, der der DB AG das gesuchte Argument liefert, die unrentablen Strecken stillzulegen. Die BR 201 (ex BR 110) mit 1000 PS Motorleistung ist bereits 1995/1996 massiv ausgemustert worden, 1998 verfügte die Bahnverwaltung, daß die Erhaltung der BR 202 (ex BR 112) mit 1200 PS Motorleistung einzustellen sei und nur die BR 204 (ex BR 114) mit 1500 PS Motorleistung im Erhaltungsbestand verbleibt.

Seit geraumer Zeit haben viele Industrie- und Werkbahnen die vorzügliche Konzeption der V 100 erkannt und sich diese Lokomotiven zugelegt. Weniger zur Leistungssteigerung, mehr zur Senkung des Instandhaltungsaufwandes werden die Maschinen mit neuen Motoren ausgerüstet, bedarfsweise auf Funkfernsteuerung umgerüstet und anderweitig dem jeweiligen Bedarf angepaßt. Adtranz in Kassel hat mit der Modernisierung der V 100 für Werk- und Industriebahnen eine Marktnische besetzt.

Die Geschichte der Reichsbahn-V 100 ist mit dem Ausklang dieses Jahrhunderts ein abgeschlossenes Kapitel, zumindest auf den Gleisen der DB AG, keinesfalls aber auf allen Schienensträngen. Sicherlich hatte die Lokomotive in den sechziger Jahren bei den Dampflokfreunden keinen guten Ruf, weil sie massenweise die Dampflokomotiven ehemaliger Länder- und Privatbahnen auf das Abstellgleis geschickt hat. Viele Eisenbahnfotografen haben sie mit Mißachtung bestraft, so daß Fotos mit V 100-Nummer selten sind. Heute freut man sich, einer 202, 204, 298 oder 710 zu begegnen, denn aus einstiger Massenware sind Einzelstücke geworden. Die V 100 und ihre Varianten vor dem Vergessen zu bewahren, dazu soll dieses Buch beitragen. Der Verfasser dankt allen Mitarbeitern der Deutschen Reichsbahn, der Deutschen Bahn AG und denen von Werk- und Industriebahnen für ihre Unterstützung und besonders Dipl.-Ing. Hans Müller von der VES-M Halle/Dessau (später TGB 22) für die Bereitstellung sachdienlicher Unterlagen und unzählige informative Gespräche.

Ein besonderer Dank gilt Marco Berger und Ralf Wohllebe, die die statistischen Angaben zusammenstellten und eine in dieser Vollständigkeit bisher nicht vorliegende Lieferliste der LEW-Typenreihe V 100.1 bis V 100.5 erarbeitet haben. Redaktionsschluß für den statistischen Teil war der 31.10.1998.

Manfred Weisbrod

110 091-6 in Doppeltraktion mit einer zweiten V 100 im August 1976 bei Aue.
Foto: Michael Malke

Korrigierte Neuauflage des V-100-Prospektes von LKM Babelsberg (die erste Auflage hatte für Dieselkraftstoff und Heizöl je 2500 l Vorrat genannt). Noch war das Baumuster nicht fotografierbar, so daß man eine Grafik einsetzen mußte, noch die Nummerung nicht festgelegt, so daß man wie bei Neubaudampflokomotiven eine 1000er Betriebsnummer einsetzte, um sich von der DB abzugrenzen.

VEB Lokomotivbau Karl Marx Babelsberg

1000 PS Diesellokomotive Type V 100 B' B'

Entwicklung und Baugeschichte

Die Lücke im Beschaffungsprogramm

Im Beschaffungsprogramm für Brennkraftlokomotiven, das das Technische Zentralamt (TZA) und das Institut für Schienenfahrzeuge (IfS) Mitte der fünfziger Jahre erarbeiteten, waren die V 15 und die V 60 als Rangierlokomotiven und die V 180 und V 240 als Streckenlokomotiven vorgesehen. Für den Leistungsbereich zwischen 600 PS der V 60 und 1800 PS der V 180 war zunächst keine Lokomotive geplant. Hier wollte die Reichsbahn die weiterentwickelte dieselhydraulische Rangierlok TGM 3 aus der Sowjetunion einsetzen, deren Motorleistung von 750 PS auf 1000 PS zu steigern war. Die Lokomotive hatte nach amerikanischem Vorbild Endführerstand. Von der Sowjetunion war jedoch keine Lieferzusage zu erhalten, so daß bei der Reichsbahn und der Staatlichen Plankommission ernste Zweifel an der Lieferfähigkeit des größten Handelspartners der DDR aufkamen. Auch der Vorschlag, anstelle der vorgesehenen Baureihe V 200 zunächst 65 modifizierte TGM 3 zu liefern, blieb ohne Antwort. Weil die Reichsbahn nun dringend eine Lokomotive dieser Leistungsklasse benötigte, um die überalterten Dampflokomotiven der Ländernbahnen auszumustern, erhielten IfS und LKM Babelsberg den Auftrag, im Rahmen der Ty-

Prospekt von LEW Hennigsdorf für die Baumusterlokomotive V 100 003.

Unten: Schema der Kraftübertragung aus dem LEW-Prospekt.
- A Schienenoberkante
- 1 Dieselmotor
- 2 Elastische Kupplung
- 3 Gelenkwelle
- 4 Strömungsgetriebe
- 4.1 Anfahrwandler
- 4.2 Marschwandler 1
- 4.3 Marschwandler 2
- 4.4 Wendegetriebe
- 4.5 Stufengetriebe
- 5 Gelenkwelle
- 6 Achsgetriebe innen
- 7 Gelenkkupplung
- 8 Achsgetriebe außen
- 9 Gelenkkupplung
- 10 Lichtanlaßmaschine bzw. Lüftergenerator

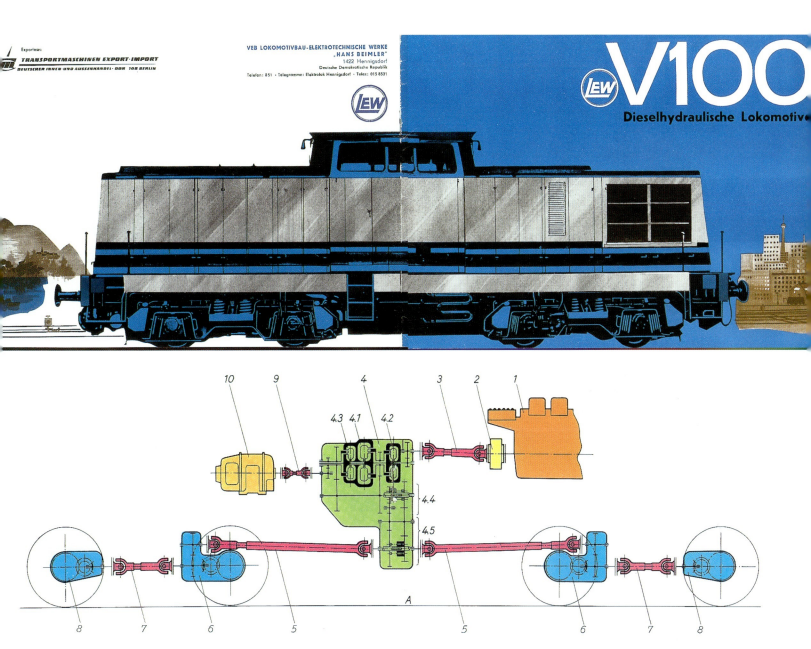

penreihe für Brennkraftlokomotiven eine Maschine mit ca. 1000 PS Leistung zu entwickeln.

Zu den Dampflokomotiv-Baureihen, die früher oder später von der V 100 verdrängt worden sind, gehören die BR 24, die BR 38$^{2-3}$ (sä. XII H2), die BR 38$^{10-40}$ (pr. P 8), die BR 55$^{16-22}$ (pr. G 8), die BR 57$^{10-35}$ (pr. G 10) und die Tenderlokomotiven der Baureihen 74$^{4-13}$ (pr. T 12), 75$^{1-3}$ (bad. VI b$^{1-11}$), 75^4 (bad. VI c$^{1-7}$), 75^5 (sä. XIV HT), 75$^{10-11}$ (bad. VI c$^{8-9}$) und 78$^{0-5}$ (pr. T 18). Letztendlich ist auch die Neubaulokomotive der BR 83^{10} und die Einheitslokomotive der BR 86 der BR V 100 gewichen. Dampflokomotiven der Baureihen 50 und 52 konnte die V 100 nicht ersetzen.

Die Technischen Forderungen der Reichsbahn

Der VEB Lokomotivbau »Karl Marx« Babelsberg (im folgenden LKM genannt) bewältigte den Auftrag in einem knappen Jahr. Die *Technischen Forderungen*, denen die Lokomotive zu entspre-

Maßskizze der V 100 1001 von LOB
(LKM Babelsberg).

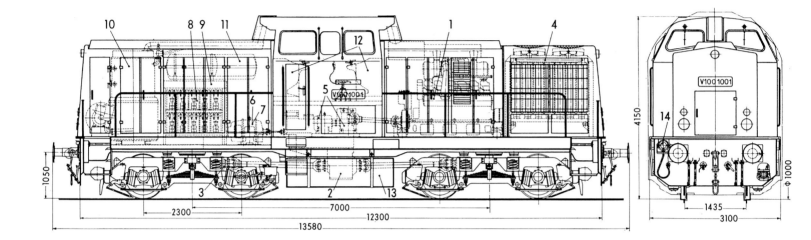

1 Dieselmotor
2 Strömungsgetriebe
3 Achsgetriebe
4 Kühler
5 Luftverdichter
6 Lichtanlaßmaschine
7 Lüfter-Generator
8 Akkumulatoren
9 Wasserbehälter
10 Heizkessel
11 Luftbehälter
12 Bedienungspult
13 Kraftstoffbehälter
14 Steuerstromkupplung

chen hatte, waren von der Hauptverwaltung der Maschinenwirtschaft (HvM) formuliert. Vorgesehen war, eine moderne Diesellokomotive zu entwickeln, die die noch in großer Stückzahl vorhandenen Dampflokomotiven des mittleren Leistungsbereiches im gemischten Zugdienst und im Rangierdienst auf Haupt- und Nebenbahnen ersetzen konnte. Den Leistungsbereich (Motorleistung) steckte die Reichsbahn zwischen 1000 und 1200 PS ab, erteilte aber eine Option für eine Leistungserhöhung auf 1350 PS. Die Reichsbahn stellte die Beschaffung größerer Stückzahlen entsprechend ihren Perspektivplänen in Aussicht, wünschte aber vor dem Serienbau zwei Baumusterlokomotiven zur eingehenden Erprobung. Außer diesen beiden Lokomotiven war eine Nullserie von fünf Maschinen im Betriebseinsatz zu erproben, ehe eine Großserienfertigung aufgenommen werden konnte.

Entwurfs- und Konstruktionsgrundlagen

Um einen wirtschaftlichen Einsatz der V 100 zu sichern, der die Beförderung leichter Personen- und Eilzüge, schwerer Berufszüge, mittelschwerer Güterzüge und den mittleren und schweren Rangierdienst vorsah, waren zunächst zwei, später drei Unterbaureihen vorzusehen.

Baureihe	Radsatzfahrmasse	Motorleistung	Ersatz für Dampflokbaureihe		
			Zugdienst	Rangierdienst	
V 100^0	15 t	1000 PS	78$^{0-5}$	93$^{5-12}$	
V 100^{10}	15 t	1200 PS	38$^{2-3}$	38$^{10-40}$	55$^{16-22}$
V 100^{20}	15 t	1350 PS	65^{10}	56^{20}	

Die Lokomotive war als Drehgestell-Lokomotive mit der Achsfolge B'B' auszuführen und sollte Betriebsvorräte für eine Fahrstrecke von 1000 km besitzen. Um ihrem Einsatzgebiet zu entsprechen, sollte sie Mittelführerstand und eine Maschinenanlage mit Dieselmotor und Strömungsgetriebe besitzen. Die Radsätze sollten durch Gelenkwellen angetrieben werden. Weitere Bedingungen waren Einmannbetrieb, Vielfach- und Wendezugsteuerung und eine LüP von nicht mehr als 14 000 mm. Für die Lokomotive galt die Begrenzungslinie I der BO. Sie mußte Gleisbögen von 100 m Halbmesser durchfahren und auch einen Gleisbogen von 80 m Halbmesser aus eigener Kraft ohne Anhängemasse befahren können. Die Forderungen bei Befahren von Ablaufbergen lagen bei 400 m Halbmesser im Anfahrbogen und 300 m im Ablaufbogen. Die Radsatzfahrmasse durfte 16 t nicht überschreiten; anzustreben waren 15 t (±3 %). Die Lokomotive war für eine Höchstgeschwindigkeit von 100 km/h auszulegen, die auch bei halb abgenutzten Radreifen noch erreicht werden mußte. Für abgenutzte Radreifen (Betriebsgrenzmaß nach BO) war der rechnerische Nachweis zu erbringen, daß die Sekundärteile des Strömungsgetriebes nicht mit mehr als 10 % überbeansprucht würden. Zum Erreichen der geforderten Geschwindigkeiten (100 km/h im Streckengang, 65 km/h im Rangiergang) war ein Umschaltgetriebe vorzusehen. Entsprechend ihrem Einsatzgebiet sollte die Lokomotive einen Heizkessel (Reisezugdienst) oder ein Ölvorheizgerät (Güterzug- und Rangierdienst) erhalten.

Rahmen und Drehgestelle

Für den geschweißten Blechrahmen war eine verwindungssteife Konstruktion mit abschraubbaren Pufferbohlen gefordert. Bei einem Prüfdruck von 200 Mp senkrecht zur Pufferebene

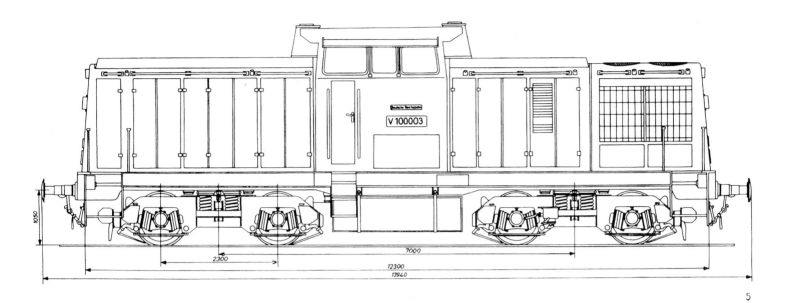

Typenskizze (Seiten- und Frontansicht) der Baumusterlokomotive V 100 003 von LEW Hennigsdorf.

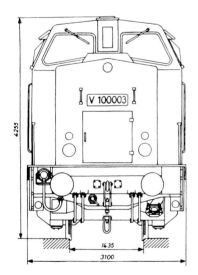

und diagonal von 40 Mp durften keine bleibenden Verformungen auftreten. Die Triebdrehgestelle waren wegen des Austausches baugleich auszuführen und mit echtem Drehzapfen am Rahmen zu befestigen. Das Drehzapfenlager mußte verschleißarm und von Hauptuntersuchung zu Hauptuntersuchung wartungsfrei sein.

Bremsanlage
Als Bremsanlage war eine KE-Druckluftbremse mit G-P-Wechsel und beidseitiger Abbremsung aller Räder gefordert. Die Bremse war so zu dimensionieren, daß bei einer Schnellbremsung aus 80 km/h auf 5 ‰ Gefälle die Lokomotive nach 700 m zum Stillstand kommt und auf einer Steigung von 40 ‰ sicher gehalten werden kann.

Führerhaus und Vorbauten
Das Führerhaus war als ganzes Bauteil gummigelagert auf dem Rahmen zu befestigen, und alle Anschlüsse mechanischer, elektrischer, pneumatischer oder hydraulischer Art, die aus dem Führerhaus hinaus oder in das Führerhaus hinein führten, waren mit lösbaren Verbindungen auszuführen. Auf jeder Lokomotivseite war eine nach innen zu öffnende Tür vorzusehen. Der Lokführer mußte von seinem Standort den jeweiligen Pufferteller sehen können. Die Bedienung der Lokomotive mußte im Sitzen und im Stehen möglich sein. Für Lokführer und Beimann mußte eine verstellbare Sitzgelegenheit mit Rückenlehne vorhanden sein. Bedienungspulte und Bremseinrichtungen waren so zu gestalten, daß auf beiden Führerstandsseiten für Vor- und Rückwärtsfahrt gleiche Bedienmöglichkeiten bestanden. Die für den Fahrbetrieb erforderlichen Steuer-, Regel- und Überwachungseinrichtungen waren im Führerhaus in Apparateschränken unterzubringen oder, sofern das nicht möglich war, gegen alle Art von Einflüssen geschützt außerhalb des Führerstandes. Die Vorbauten mußten gegenüber dem Führerhaus soweit eingezogen sein, daß ein unfallfreies Begehen des Umlaufes gewährleistet war, und sie mußten ausreichend große Türen und Klappen zur Wartung der Aggregate besitzen. Großteile waren durch abnehmbare Dachsegmente auszubauen. Die Geräuschisolierung war so auszuführen, daß auf dem Führerstand und im Umkreis der Lokomotive der von der HvM mit Verfügung vom 31.10.1962 festgelegte höchstzulässige Geräuschpegel nicht überschritten wurde.

Dieselmotor
Als Antriebsaggregat war der Dieselmotor 12 KVD 21 SVW (A) mit 180 mm Zylinderdurchmesser zu verwenden, der mit Auflading bei 1500 min^{-1} eine Dauerleistung von 1000 PS abzugeben hatte. Der Einbau leistungsgesteigerter Varianten mit einer Nennleistung von 1200 PS und 1350 PS bei 1500 min^{-1} war vorzusehen. Für die Regelung war ein Drehzahl-Verstellregler zu verwenden. Die niedrigste Leerlaufdrehzahl sollte bei 600-700 min^{-1} liegen, bei der der Motor auch zum sanften Anfahren belastet werden konnte. Für den Dieselmotor galt ein eigenes Pflichtenheft.

Kraftübertragung
Zur Drehmomentwandlung war das Dreiwandler-Strömungsgetriebe GSR 30/5,7 zu verwenden, dessen Eingangsleistung für 1000 bzw. 1200 PS, in der Perspektive für 1350 PS auszulegen war. Von der Traktionsleistung waren ca. 6-8 % abzuziehen, die die Lichtanlaßmaschine und der

Prospekt von LEW mit der bereits auf neue Sekundärfederung umgerüsteten V 100 001. Im Innenteil wird die V 100 003 mit 12 KVD 18/21 A-II (1000 PS) vorgestellt.

Dieselhydraulische Lokomotive V 100 B'B'

Lüftergenerator beanspruchten. Die Regelung des Strömungsgetriebes hatte automatisch in Abhängigkeit von der Fahrgeschwindigkeit und der Leistung des Dieselmotors zu erfolgen. Bei Umschaltung der einzelnen Kreisläufe durfte die Zugkraft höchsten um 30 % und nicht länger als für zwei Sekunden absinken. Die überwiegend vorkommenden Geschwindigkeitsbereiche

90 bis 100 km/h für Eilzüge
75 bis 85 km/h für Personenzüge
55 bis 65 km/h für Güterzüge

mußten bei Vollast schaltungsfrei gefahren werden. Dem mechanischen Teil des Strömungsgetriebes mußte für die Umschaltung von 100 km/h auf 65 km/h und für die Wendeschaltung ein Schaltgetriebe nachgeordnet werden. Die Wendeschaltung mußte die Stellungen Vorwärts – Mitte – Rückwärts aufweisen, wobei die Mittelstellung für Prüfzwecke und Abschleppfahrten erforderlich war. Für den Bau der Strömungsgetriebe gab es ein eigenes Pflichtenheft.

Drehelastische Kupplung und Gelenkwellen
Dieselmotor und Strömungsgetriebe waren durch eine Gelenkwelle und eine drehelastische, schwingungsdämpfende Kupplung zu verbinden. Der Radsatzantrieb sollte ebenfalls durch Gelenkwellen möglichst gleichen Typs und gleicher Länge erfolgen. Für die ungleichen Winkelgeschwindigkeiten bei Befahren von Gleisbögen und beim Durchfedern von Lokomotiv- und Drehgestellrahmen waren die vom Gelenkwellenhersteller festgelegten Werte zu beachten. Die Gelenkwellen waren durch Fangbügel zu sichern.

Stromversorgungsanlage
Für die Stromversorgungsanlage war eine Nennspannung von 110 V vorgeschrieben. Die Lichtanlaßmaschine war mit einer Bleibatterie von mindestens 200 Ah bei 5 h Entladung zu puffern. Durch Regelglieder war zu sichern, daß die Spannung, auch beim kurzzeitigen Starten, nicht geringer als 67,5 % der Nennspannung ist und 120 % der Nennspannung nicht übersteigt. Das Anlassen mußte auch bei Außentemperaturen von -20 °C möglich sein. Beidseitige Ladesteckdosen hatten die Fremdladung vom ortsfesten Netz zu ermöglichen.

Kühlanlage
Die Kühlanlage aus den Hauptbaugruppen Motorölwärmetauscher, Getriebeölwärmetauscher und Kühlergruppe hatte die volle Betriebsfähigkeit der Lokomotive bis zu Außentemperaturen von +30 °C zu sichern und war in einem gemeinsamen Kühlkreislauf zusammen zu schließen. Die Kühlergruppe mit den seitlichen abschaltbaren Kühlerblöcken und den beiden Lüftern war als komplett montiertes Aggregat auf dem Lokomotivrahmen elastisch zu lagern. Der Lüfterantrieb hatte durch Drehstrom-Asynchronmotoren oder durch Hydro-Axial-Kolbenmotoren zu erfolgen. Die Kühlwassertemperatur durfte bei voller Leistungsausnutzung 90° C nicht überschreiten.

Heizkessel und Vorwärmanlage
Für die Heizung von 10 bis 12 vierachsigen Reisezugwagen war ein ölgefeuerter Heizkessel mit einer Dampfleistung von mindestens 600 kg/h und einem Druck von 4 bar einzubauen. Der Heizkessel hatte mit elektrischer Steuerungs- und Überwachungsanlage selbsttätig zu arbeiten, Funktionsstörungen waren auf dem Führerstand durch Lampen anzuzeigen. Der Vorrat an Kesselspeisewasser sollte 2000 bis 3000 l betragen.

Das Vorwärmen des Dieselmotors sollte durch einen Wärmeaustauscher entweder mit Dampf des eigenen Heizkessels (oder Fremddampf) oder durch ein Ölvorheizgerät (bei ausgebautem Heizkessel oder reinen Rangierlokomotiven) erfolgen, das die gleichen Rohranschlüsse wie der Heizkessel besitzen mußte. Die Vorwärmzeit war auf max. 60 min begrenzt.

Kraftstoffanlage
Der Vorrat an Dieselkraftstoff für Motor und Heizkessel bzw. Vorwärmgerät sollte 2500 bis 3000 l betragen und in mehreren gleichgroßen Behältern untergebracht sein, die untereinander verbunden und einzeln absperrbar sein mußten. Die Kraftstofftanks mußten einzeln befüllbar und die Kraftstoffentnahme aus jedem Behälter möglich sein, damit bei einem schadhaften Tank die Betriebsbereitschaft der Lokomotive gesichert war. Der Füllstand war durch eine Anzeigevorrichtung auf dem Führerstand anzuzeigen. Für einen störungsfreien Winterbetrieb sollten die Kraftstoffbehälter isoliert werden.

Baumusterlokomotive V 100 001 vom VEB Lokomotivbau »Karl Marx« Babelsberg.
Foto: Hans Müller

Unten: Baumusterlokomotive V 100 003 vom VEB Lokomotivbau-Elektrotechnische Werke Hennigsdorf auf dem Gelände der VES-M Halle.
Foto: Hans Müller

Luftfilter
Für Reinigung der Verbrennungsluft des Dieselmotors waren für jede Zylinderreihe Großflächenfilter zu verwenden, die von den Luftverdichtern angesaugte Luft war durch Naßfilter zu reinigen.

Druckluftversorgung
Es waren zwei Luftverdichter mit einer Leistung von jeweils 60 m³/h vorgesehen, die durch Gleichstrommotoren anzutreiben waren. Der Aufnahme der Bremsluft dienten zwei Hauptluftbehälter von je 400 l Inhalt. Typhon, Sandstreuer, Scheibenwischer und Steuerung besaßen einen Sonderluftbehälter von 200 l Inhalt. Die Luftverdichter sollten automatisch arbeiten, bei einer Druckminderung auf 6,5 bar einschalten und bei 8,0 bar im Hauptluftbehälter wieder abschalten. Handbedienung der Luftverdichter war auf dem Führerpult vorzusehen.

Signalanlage und Beleuchtung
An jeder Stirnseite der Lokomotive waren zwei Signallaternen vorzusehen, wobei die rechte als Scheinwerfer auszubilden und mit einer 110 V-Lichtwurflampe (100 W) zu bestücken war. Über

Hakenzugkraft-Diagramm für Langsam- und Schnellgang der Lokomotiven mit Stufengetriebe.

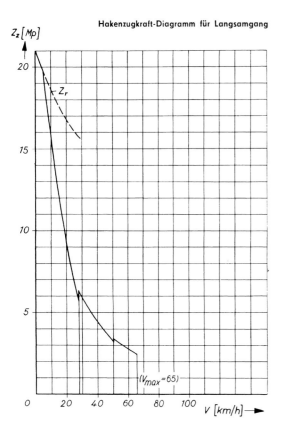
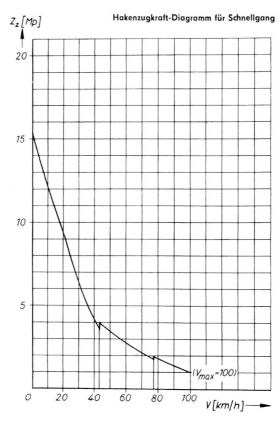

Z_Z = Zugkraft an der Reibungsgrenze

Treibraddurchmeser (halb abgenutzt) 955 mm

Getriebeübersetzung des Achsgetriebes 1 : 3,92

Wirkungsgrad der Achsantriebe $n = 0{,}969$

Fahrwiderstand nach Strahl
$$W_L = 3 \cdot G_R + 5 \left(\frac{V + 12}{100} \right)^2$$

Reibungsgrenze
$$Z_R = \mu : G_R \text{ mit } \mu = 116 + \frac{9000}{V + 42}$$

diesen Signallaternen waren zwei Laternen mit signalrotem Licht anzubringen, ein drittes Spitzenlicht war in Dachhöhe gefordert. Mit diesen Signallaternen mußten folgende Signalbilder nach DV 301 (Signalbuch) dargestellt werden können:
- Regelspitzensignal   Zg 1
- Dreilichtspitzensignal   Zg 1b
- Falschfahrsignal   Zg 2
- Regelschlußsignal   Zg 3
- Rangierlokomotivsignal   Fz 1

Für die akustische Signalgebung waren ein Läutewerk und für jede Fahrtrichtung ein frostsicher angeordnetes Typhon gefordert.

Für Führerstand und Maschinenräume waren an geeigneter Stelle stoßfeste Leuchten vorgesehen. Vier Steckdosen unter dem Rahmendeckblech zum Anschluß der Handlampe mußten auch bei abgeschalteter elektrischer Anlage Spannung führen.

Sandstreuanlage

Um die jeweils vorauslaufenden Räder sanden zu können, war an jeder Drehgestellstirnseite für jedes Rad ein Sandkasten mit 40 kg Fassungsvermögen vorzusehen, der von oben befüllt werden konnte. Die Betätigung des Sandstreugebläses mußte von jedem Führerpult über Kippvortastschalter und Magnetventile möglich sein.

Rangierfunk

Als Rangierlokomotiven eingesetzte Maschinen sollten eine komplette Rangierfunkanlage erhalten, die erschütterungsfrei und stoßsicher einzubauen war. Für den Sprechverkehr waren im Führerhaus zwei Mikrofone und zwei Lausprecher zu installieren. Rangierfunk war nicht generell bei allen Lokomotiven vorgesehen, vielmehr war der Einbau fallweise vertraglich zu regeln.

Bauüberwachung und Abnahme

Die Deutsche Reichsbahn hatte, wie die Technischen Forderungen beweisen, als Käufer und Nutzer sehr konkrete Vorstellungen von Aufbau und Ausstattung der Lokomotiven. Die heute nicht selten übliche Praxis, daß man die Industrie entwickeln und erproben läßt und sich dann etwas Geeignetes aussucht, war bei der Reichsbahn undenkbar. Projektierungsunterlagen, Entwurfszeichnungen und Berechnungen mußten der DR vorgelegt werden und erlangten erst mit deren Sichtvermerk, erteilt durch das »Technische Zentralamt« (TZA), später durch die »Hauptverwaltung für die Maschinenwirtschaft« (HvM), Gültigkeit. Konstruktionsänderungen konnten nur in beiderseitigem Einvernehmen erfolgen. Mit jeder Lokomotive mußte der Hersteller eine Beschreibung und Bedienanweisung sowie Wartungsvorschriften für den Fahrzeugteil und alle Aggregate liefern. Unterlagen für Prüfung und Abnahme für Materialien, Haupt- und Hilfsaggregate waren in einem Betriebsbuch für jede Lokomotive zusammenzufassen.

Die DR überwachte den Bau der Lokomotive im Herstellerwerk und den Bau aller von ihr benannten Zulieferteile bei den Unterlieferanten. Sie behielt sich vor, Aggregate stichprobenweise in ihren Versuchs- und Entwicklungsstellen zu prüfen. Die Bauüberwachung der DR überprüfte im Herstellerwerk in Zusammenarbeit mit der dortigen Technischen Kontroll-Organisation (TKO) die zeichnungs- und materialgerechte Fertigung der Bauteile und deren Funktion.

Die Endabnahme erfolgte durch den Abnahmebeauftragten der HvM, wozu Prüfungen im Stand, bei Leer- und Lastprobefahrt vorzunehmen waren. Die vollzogene Abnahme war vom Abnahmebeauftragten im Betriebsbuch mit Unterschrift und Dienstsiegel zu dokumentieren.

Im Beisein und unter Mitwirkung des Herstellers hatte sich eine Lokomotive im Ausbesserungswerk einer Probezerlegung zu unterziehen, um deren Dauer die Garantiefrist verlängert wurde. Die Probezerlegung, die auch bei Importlokomotiven erfolgte, hatte den Zweck, unterhaltungs- und erhaltungstechnische Mängel aufzudecken, die ab einer mit dem Hersteller zu vereinbarenden Betriebsnummer zu beseitigen waren.

Die Liste der Unterlagen, die vor Auslieferung der Diesellokomotive an die DR zu übergeben waren, umfaßte 16 Punkte und reichte von Informationszeichnungen über Kennlinienfeld von Dieselmotor und Strömungsgetriebe bis zu sechs Satz Fotoaufnahmen von der Teilmontage und Einzelaufnahmen der Bauteile. Die Liste der bei Lieferung zu übergebenden Unterlagen umfaßte sieben Punkte, vom Zeichnungsverzeichnis bis zum Betriebsbuch.

Die Baumusterlokomotiven V 100 001-002 von LKM Babelsberg

Der Babelsberger Nachfolgebetrieb von Orenstein & Koppel war mit dem Bau der beiden in den Technischen Forderungen festgeschriebenen Baumusterlokomotiven beauftragt worden. Mit ihrem kreisrunden Logo LOB hatte die Firma vor Fertigstellung der ersten Lokomotive einen A 4-Prospekt über die *1000 PS Diesellokomotive Type V 100 B'B'* gedruckt. Abgesehen davon, daß der Begriff *Type* außer für Lettern nur für Weizenmehl zulässig war, konnte man kein Foto der Lokomotive auf dem Titel verwenden, sondern nur eine Grafik, und weil auch die Betriebsnummer noch nicht feststand, erhielt die Lokomotive auf dem Prospekt die Nummer V 100 1001. Falsch war nicht nur der Hinweis auf 1000 PS, denn die V 100 001 besaß nur 900 PS Motorleistung, sondern auch die Angabe der Betriebsvorräte mit jeweils 2600 l Dieselkraftstoff für den Motor und den Heizkessel. Diesen Prospekt hat man schnell zurückgezogen und durch einen neuen, fast identischen ersetzt. Der neue Prospekt unterscheidet sich von der Erstausgabe nur durch die Druckgenehmigungsnummer, einen anderen Schrifttyp auf dem Titel, seine spritzlackierte Ausführung und die nun richtige Angabe von ca. 2600 l Dieselkraftstoff für Motor **und** Heizkessel. Einigen der neuen Prospekte lag ein Blatt über die Leistungssteigerung auf 1000 PS mit Schlepplastendiagramm und Hakenzugkraftdiagramm bei, was für die V 100 002 galt.

Das Baumuster 1, die V 100 001 mit der Fabriknummer 653 007 I stand im März 1964 auf der Leipziger Frühjahrsmesse. Sie war blau lackiert und hatte zwei umlaufende beigefarbene Zierstriche, einen in der Breite der Spitzenlaternen, einen schmaleren in der Breite der roten Signallaternen. Der Umlauf war durch Geländer gesichert, die vom vorderen bzw. hinteren Rangiertritt bis zum Führerhaus reichten. Rahmen und Drehgestelle waren schwarz lackiert. Das zweite Baumuster von LOB, die V 100 002 mit der Fabriknummer 653 007 II, stand 1965 auf der Leipziger Frühjahrsmesse (im Schnee), hatte einen rotbraunen Lokomotivkasten, elfenbeinfarbene umlaufende Zierstriche wie die V 100 001, war überdies oberhalb der Führerhausfenster elfenbein lackiert und besaß einen Zierstrich in gleicher Farbe an der Oberkante der Vorbauten.

Mit Schreiben vom 22. Juni 1966 wandte sich das Raw Cottbus an die VES-M in Halle. Das Ausbesserungswerk hatte wenige Tage zuvor die Auflage bekommen, ab 1968 die Erhaltung der Baureihe V 100 zu übernehmen. Nach bisher bestehender Planung sollte Cottbus ab 1972 die Erhaltung der Baureihe V 200 übernehmen. Die Auflage der Hv Raw kam völlig überraschend, niemand in Cottbus hatte bisher die V 100 im Original noch eine Zeichnung davon gesehen. Man schrieb:

»*In Bezug auf den von Ihnen geäußerten Wunsch, eine V 100 in Ihrem Werk zur Besichtigung zu erhalten, teilen wir Ihnen mit, daß wir über die z. Zt. existierenden 3 Baumusterlokomotiven nicht verfügen können. Sie sind noch Eigentum der LEW Hennigsdorf. Wir halten eine Besichtigung der V 100 - 001 und 002 für wenig sinnvoll, da diese Fahrzeuge weitgehend ohne Zeichnung gebaut wurden und der Serienausführung nicht entsprechen.*«

Die VES-M Halle erwartete für Mitte Juli 1966 die Zuführung der V 100 003 und schlug dem Raw Cottbus vor, diese Lokomotive in Halle zu besichtigen. Ein Ausflug nach Cottbus sei wegen des straffen Erprobungsplanes leider unmöglich.

»*Wir haben die Vorstellung, daß Sie mit einer Diesellok V 100 begleitet von 1–2 Kollegen, die den Aufbau der Diesellokomotive beherrschen, für zwei Tage in unser Werk kommen. Während dieser Zeit ist dann eine entsprechende Unterweisung des ingenieurtechnischen Personals (etwa 20 Kollegen) und eine Erörterung betrieblicher Belange, die mit der V 100 in engem Zusammenhang zu sehen sind vorgesehen (Einfahren in bestehende Hallen, Befahren von Schiebebühnen, Anpassung der bei uns vorhandenen Krananlagen, Arbeitsgruben usw.).*«

Das Raw Cottbus war bis zu diesem Zeitpunkt ausschließlich mit der Erhaltung von Dampflokomotiven befaßt.

Die VES-M Halle antwortete am 10. Juli 1966:

Der Liefervertrag

Ein Liefervertrag zwischen einer Bahnverwaltung und einer Lokomotivbauanstalt ist schon ein besonderes, wenn auch kein außergewöhnliches Dokument. Wir zitieren den zehnseitigen Vertrag hier in Auszügen, um dem Leser einen Einblick in die Praxis sozialistischer Planwirtschaft und der in diesem System verbindlichen Rechtsnormen zu geben.

Langfristiger Wirtschaftsvertrag für Diesellokomotiven Typ V 60 und V 100 B'B'
Zwischen dem
Ministerrat der DDR
Ministerium für Verkehrswesen
Hauptverwaltung Maschinenwirtschaft
der Deutschen Reichsbahn

<u>108 Berlin</u>
Voßstraße 35
   nachstehend HvM genannt
   vertreten durch den Leiter der
   Hauptverwaltung
   der Maschinenwirtschaft - Genossen
   R. Wagner
und
   VEB Lokomotivbau-Elektrotechnische
   Werke
   »Hans Beimler«
<u>1422 Hennigsdorf</u>
   nachstehend »Auftragnehmer« genannt
   vertreten durch den Werkdirektor
   Genossen Schönberg
   übergeordnetes Organ:
   VVB Hochspannungsgeräte und Kabel

Die Baumusterlokomotive V 100 001 anläßlich einer Fahrzeugschau mit moderner Traktion am 27. Oktober 1965 in Leipzig Hbf. Die Lokomotive hat bereits Schraubenfedern anstelle der Blattfedern in der Sekundärfederung, jedoch noch die ursprüngliche Luftansaugung für den Dieselmotor und das Rangiergeländer.
Foto: Hans Müller

wird auf der Grundlage der Bestimmungen des Vertragsgesetzes vom 25.2.1965 und der dazu erlassenen Durchführungsbestimmungen folgender langfristiger Wirtschaftsvertrag geschlossen:
Im Rahmen der perspektivischen Entwicklung der Volkswirtschaft hat der Traktionswechsel der Deutschen Reichsbahn eine vorrangige Bedeutung bei der Lösung der Transportaufgaben. Die Zielstellungen bis 1970 sind im Ministerratsbeschluß vom 17.3.1966 über die Traktionsumstellung der Deutschen Reichsbahn festgelegt…

§ 1
Geltungsbereich des Vertrages
Dieser Vertrag gilt für alle Lieferungen nachstehend aufgeführter Triebfahrzeuge, einschließlich der zur Loklieferung zu vereinbarenden Erstausstattung der Zubehörteile, sowie Bordersatzteile und der Ersatzlieferung der Ersatzteile bei neuentwickelten Triebfahrzeugen in den ersten zwei Lieferjahren sowie der technischen Dokumentation für die Jahre 1967 bis 1970, die im Rahmen des Investprogrammes der HvM vom Auftragnehmer zu liefern sind:
V 60
V 100

LKM-Baumusterlokomotive V 100 001 auf der Leipziger Frühjahrsmesse 1964.
Foto: Michael Malke

§ 2
Umfang der Leistungen
1. Die Lieferung erstreckt sich auf folgende Stückzahlen insgesamt:
   322 Stück V 60
   205 Stück V 100

5. Dokumentation
5.1. Drei Monate vor dem vereinbarten Liefertermin eines neuen Triebfahrzeuges (ausgenommen Baumuster) ist vom Auftragnehmer der HvM Dokumentationsmaterial für Schulungszwecke zur Vorbereitung der Instandhaltung der Triebfahrzeuge und deren Aggregate zu übergeben. Der Umfang des zu übergebenden Materials ist weitere vier Monate vorher zwischen den Partnern zu vereinbaren.

§ 3
Technische Bedingungen
1. Für die Lieferung 1967 werden die für die Lieferung 1966 gültigen vorliegenden Technischen Bedingungen V 60 und V 100 endgültig bis zum 31.12.1966 in den noch offenen Fragen abgestimmt. Darunter befinden sich drei Baumusterlokomotiven, die gemäß Übersicht vom 26.2.1966 von den Technischen Bedingungen abweichen.

Die Technischen Bedingungen für die Lieferung 1968 werden ebenfalls spätestens bis zum 31.12.1966 vereinbart. Weitere Ergänzungen sind jährlich 20 Monate vor Beginn des Lieferjahres zwischen den Partnern zu vereinbaren. Die Technischen Bedingungen werden damit Bestandteil des Vertrages. Technische Forderungen der HvM, die bei der Ausarbeitung der Technischen Bedingungen 1967 nicht verwirklicht werden konnten, sollen bei der Festlegung neuer Technischer Bedingungen berücksichtigt werden.
2. Veränderungen technischer oder konstruktiver Art in Folge betriebsgefährdender Mängel sind vom Auftragnehmer sofort zu beseitigen. Sofern diese Mängel konstruktiver oder fertigungstechnischer Art sind, werden sie vom Auftragnehmer kostenlos beseitigt.

§ 4
Qualität der Triebfahrzeuge
1. Der Auftragnehmer verpflichtet sich, alle Triebfahrzeuge in folgender Qualität herzustellen:
a) Die Hauptaggregate der Triebfahrzeuge müssen der Güteklasse 1 entsprechen (Anm. d. Verf.: Die DDR hatte drei Gütestandards für Industrieerzeugnisse eingeführt. Beste Qualität erhielt das Gütezeichen Q, dann folgten die Gütezeichen 1 und 2);
b) Die technischen Parameter der Technischen Bedingungen sind einzuhalten und
c) alle Triebfahrzeuge müssen die Serienreife erreicht haben… Punkt a) gilt 1967 noch nicht für die V 100…
4. Für die Bauausführung gelten die unter § 3 vereinbarten Technischen Lieferbedingungen.
5. Der Auftragnehmer verpflichtet sich, nach besonderer Vereinbarung mit der HvM im Rahmen des Kundendienstes Montagestellen an den Einsatzorten der Triebfahrzeuge einzurichten.
6. Weiterhin verpflichtet sich der Auftragnehmer nach vorheriger Vereinbarung mit der HvM, im Rahmen des Kundendienstes vor Auslieferung des ersten Fahrzeuges einer Neuentwicklung Beschäftigte der Deutschen Reichsbahn zu schulen, um die neuen Triebfahrzeuge qualitätsgrecht bedienen und instandhalten zu können…
7. Die HvM verpflichtet sich, über die im Einsatz befindlichen Triebfahrzeuge monatlich einen Betriebsbewährungsbericht dem Auftraggeber zu übergeben.
…

LEW-Baumusterlokomotive V 100 003 im Jahre 1966 im Plandienst in Leipzig-Leutzsch.
Foto: Michael Malke

Unten: V 100 139 in der Form und Farbgebung, wie sie ab V 100 044 geliefert worden ist. Die Aufnahme entstand 1969 im Bw Leipzig Hbf West.
Foto: Gerhard Thamm

10. Für die Erprobung neuentwickelter Triebfahrzeuge oder deren Aggregate und Bauteile sind zwischen den Partnern besondere Erprobungsverträge auf der Grundlage der Grundsatzordnung der HvM abzuschließen.

§ 5
Garantie

1. Der Auftragnehmer übernimmt auf Grund des § 24 der 5. DVO zum Vertragsgesetz für jedes neu gelieferte Triebfahrzeug eine gesetzliche Garantie von 12 Monaten. Für Gummierzeugnisse gilt die eingeschränkte Garantie des DAMW (= Deutsches Amt für Material- und Warenprüfung, d. Verf.) vom 18.10.1966.
2. Die Garantie beginnt am Tage der Indienststellung des Triebfahrzeuges, jedoch spätestens 8 Tage nach der Endabnahme der Triebfahrzeuge durch die Hvm (vgl. § 8 des Vertrages).
3. Voraussetzungen der Garantie
3.1. Die HvM verpflichtet sich, die Bedienung und Pflege sowie Wartung der gelieferten Triebfahrzeuge entsprechend den übergebenen Bedienungs-, Wartungs- und Reparaturvorschriften termin- und qualitätsgerecht durchzuführen. Bei den einzelnen Durchsichten sind zeitliche Abweichungen von 15 % zulässig.
3.2. Der Einsatz der Triebfahrzeuge erfolgt entsprechend ihrem Verwendungszweck auf ordnungsgemäßem Oberbau auf der Grundlage der hierfür geltenden Dienstvorschriften der Deutschen Reichsbahn.
3.3. Das Garantieversprechen des Auftragnehmers erlischt bei Einsatz von Wartungs-, Reparatur- und Bedienungspersonal, das nicht den notwendigen Erfordernissen entspricht. Weiterhin erlischt das Garantieversprechen bei Havarien (z. B. Zusammenstöße, Entgleisungen, Pufferstöße größer als in den Technischen Bedingungen festgelegt usw.) und bei unzulässigen Überbeanspruchungen der Triebfahrzeuge entgegen den Technischen Bedingungen...
3.4. Der Auftragnehmer und seine Zulieferanten für die wichtigsten Hauptaggregate sind berechtigt, die Einhaltung der in den Absätzen 3.1 und 3.2 aufgeführten Bedingungen zu kontrollieren und Einsicht in die dafür erforderlichen Unterlagen zu nehmen...
3.5. Bei schlechter Pflege des gesamten Triebfahrzeuges und der übergebenen Ersatzteile, die ursächlich zum Ausfall geführt haben, erlischt ebenfalls der Garantieanspruch...
3.6. (Anzeigen eines Garantiefalles)
3.7. Die Verantwortung für die Durchführung der Nachbesserungsarbeiten trägt der Auftragnehmer. Unter Berücksichtigung ökonomischer Gesichtspunkte und der Einsatzzeit der Triebfahrzeuge wird zwischen den Partnern von Fall zu Fall vereinbart ob die Nachbesserungsarbeiten in den Werkstätten des Auftragnehmers oder der HvM durchgeführt werden. Dabei wird gleichzeitig festgelegt, wer die Arbeiten durchführt...

Die durch Auffahrunfälle deformierten 110 034-6 und 110 244-1 mußten wegen irreparabler Rahmenschäden ausgemustert werden. Im Mittelführerstand ist der Lokführer auch bei schweren Unfällen sicher aufgehoben.
Foto: Michael Malke

§ 6
Leistungszeit

1. Es werden in der Anlage 4 die festgelegten Jahreslieferungen vereinbart. Die quartalsweise Auslieferung wird jeweils bis zum 30.9. des Liefervorjahres vom Auftragnehmer der HvM vorgelegt. Bestätigung erfolgt innerhalb von vier Wochen durch die HvM…
2. Die monatliche Aufschlüsselung teilt der Auftragnehmer der HvM jeweils vier Wochen vor Beginn des Lieferquartals mit. Es wird vereinbart, daß eine Vorauslieferung innerhalb eines Planjahres zulässig ist…

§ 7
Preisvereinbarungen

1. Nach den z. Z. geltenden gesetzlichen Bestimmungen beträgt der Preis für die im Absatz 1 des § 2 genannten Triebfahrzeuge einschließlich der mitzuliefernden Zubehörteile und Dokumentation je Triebfahrzeug:
   V 60   MDN 579.300,00
   V 100   MDN 1.135.000,00
   Zur Planung für 1967 wird für V 60 ein Preis von MDN 515.000,00 und für V 100 ein Preis von MDN 917.000,00 als vorläufiger Wert genannt.
2. Der vorläufige Preis für die in den Absätzen 2 bis 4 des § 2 des Vertrages genannten Leistungen beträgt:
   V 60 D - Bordteile pro Satz = MDN 1.751,02
   V 100 B'B' - Bordteile pro Satz = MDN 20.062,24
   Zur Planung für 1967 wird für V 60 D für einen Satz Bordteile MDN 1.864,02 genannt, für V 100 für einen Satz Bordteile MDN 19.768,81.
3. Die endgültige Preisvereinbarung wird nach Inkrafttreten der Industriepreisreform festgelegt. Überschreitet der endgültige Preis den vereinbarten vorläufigen Preis, so wird der Differenzbetrag vom Auftragnehmer zurückgezahlt. Bei Überschreitungen wird der Differenzbetrag von der HvM nachgezahlt.
4. Wird von der HvM eine Baumusterlokomotive, eine Erprobungslokomotive oder eine Vorauslokomotive käuflich erworben, so wird von Fall zu Fall ein besonderer Preis vereinbart.

§ 8
Mitwirkungshandlungen des Auftraggebers

1. Der Auftragnehmer hat rechtzeitig den Abnahmeingenieuren der HvM und des Reichsbahnabnahmeamtes die Fertigstellung der Triebfahrzeuge bzw. abzunehmender Teile mitzuteilen.
2. Die Abnahme der Triebfahrzeuge, deren Aggregate und Hauptbauteile sowie die Bauüberwachung erfolgt durch Beauftragte der HvM bzw. des Reichsbahnabnahmeamtes. Die Abnahme gilt als abgeschlossen, sobald alle Abnahmehandlungen einschließlich der Probefahrten ohne Beanstandungen beendet wurden. Darüber wird ein Protokoll gefertigt und von beiden Vertragspartnern unterzeichnet. Nach Unterzeichnung des Protokolls gilt das Triebfahrzeug als von der HvM übernommen.
3. Die HvM ist berechtigt, bereits vor der Fertigstellung der Triebfahrzeuge bestimmte Montagearbeiten zu kontrollieren (Bauüberwachung) und bestimmte Hauptaggregate sowie Hauptbauteile auf ihre Funktionstüchtigkeit zu überprüfen.
4. Spätestens 10 Tage vor der Abnahme ist die HvM verpflichtet, dem Auftragnehmer die Versanddispositionen mitzuteilen.
5. Die Übernahme der Triebfahrzeuge erfolgt auf der Wagenübergabestelle der Anschlußbahn des Auftragnehmers durch die Personale der Deutschen Reichsbahn. Der zur Überführung benötigte Betriebsstoff wird vom Auftragnehmer zur Verfügung gestellt und von der übernehmenden Reichsbahndirektion (Verw. M) bezahlt.
6. Die mitzuliefernden Zubehörteile (Anlage 1) hat der Auftragnehmer im Triebfahrzeug – soweit es erforderlich ist, verpackt – unterzubringen.
7. Die Bordersatzteile werden vom Auftragnehmer besonders verpackt und zu Lasten der HvM an die von der HvM zu benennende Dienststelle der Deutschen Reichsbahn mit dem Triebfahrzeug direkt übersandt.

§ 9
Leistungsort, Gefahrtragung und Transportkosten

§ 10
Zahlungsvereinbarungen

§ 11
Materielle Verantwortlichkeit - Folgen der Pflichtverletzung Sonstige Vereinbarungen

Hennigsdorf, den 23. November 1966

Ministerrat der
Deutschen Demokratischen
Republik
Ministerium für Verkehrswesen
Hauptverwaltung der Maschinenwirtschaft

VEB Lokomotivbau
    Elektrotechnische Werke
    »Hans Beimler«
Bereich Fahrzeuge
Inland

Die Typenreihe V 100

Wer die Entwicklungsgeschichte der Baureihe V 100 der Deutschen Reichsbahn nicht kontinuierlich verfolgt hat, für den kann es problematisch werden, sich in der Vielfalt der Baureihenbezeichnungen zurechtzufinden. Anfangs war alles recht übersichtlich. Es gab die drei Baumusterlokomotiven V 100 001 in blau, V 100 002 in rotbraun und V 100 003 in grün-weiß.

Ab 1970, mit Einführung des EDV-Nummernplanes, galt die Baureihenbezeichnung 110. Wem Anfang der siebziger Jahre die 110 001 und 110 002 im Weinrot der Serienausführung begegneten, der traf nicht etwa die einstigen Baumusterlokomotiven mit neuem Anstrich, sondern die auf diese Betriebsnummern umgezeichneten 110 172 und 110 173. Die Baumusterlokomotiven waren 1968 bei einem Brand im Raw Cottbus vernichtet worden, und die DR wollte die Nummernreihe vom Anbeginn vollständig haben.

Aus der Baureihe 110 entstanden die Baureihen 112 und 115 (dann umbenannt in 114), Lokomotiven mit auf 1200 PS bzw. 1500 PS leistungsgesteigerten Motoren. Später kamen die Baureihen 111 (für den Rangier- und Güterzugdienst mit 65 km/h Höchstgeschwindigkeit und ohne Heizkessel) und 110.9 (Antriebsmaschine für die Grabenräumeinheit) dazu. Für eine gewisse Zeit gab es auch Lokomotiven der Baureihe 108 (mit Strömungswendegetriebe), eine Baureihe 109 (Neubau mit Strömungswendegetriebe) war im Gespräch, ist aber ebenso wenig gebaut worden wie die Baureihe 115 mit Heizgenerator.

Mit Einführung des Bundesbahn-Nummernplanes zum 1. Januar 1992 wurde es nicht übersichtlicher. Die Lokomotiven verloren mit der Reichsbahn-Betriebsnummer auch ihre markanten Nummernschilder und fuhren mit weißen, angeklebten Ziffern als Baureihen 201, 202, 204, 293, 298 und 710.

Es ist deshalb einfacher, sich anhand der Werksbezeichnungen von LEW die Übersicht zu verschaffen:

V 100.1 Lokomotiven für die Deutsche Reichsbahn (110 003 bis 110 173; 110 201 bis 110 896)
V 100.2 Vorserie für den China-Export 1978 (entspricht V 100.1)
V 100.3 Export VR China 1974 bis 1982
V 110.4 Ausführung für die volkseigene Industrie (kein Heizkessel, v_{max} = 65 km/h) Baureihe 111 der Deutschen Reichsbahn
V 100.5 Antriebsaggregat für Grabenräumeinheit und Hochleistungsschneefräse DR 110 961 bis 110 970; CSD: T 476)
V 100.6 Ausführung mit Strömungswendegetriebe (geplant als Baureihe 109).

Die Ableitung der vielen Varianten soll durch das nachstehende Schema verdeutlicht werden, in

Traktionswechsel im sächsischen Bw Nossen. Noch dient eine Lokomotive der Baureihe 50 als Heizlok, entbehrlich gewordene Oberflächenvorwärmer stehen zum Abtransport bereit, und die neue Traktion in Gestalt der 110 165-8 schiebt sich ins Bild.
Foto: Manfred Weisbrod

298 135-5, umgebaut aus 110 135, am 30. September 1993 im Bw Dresden.
Foto: M. Weisbrod

Unten: Die Werklok Nr. 64 der EKO-Stahl GmbH Eisenhüttenstadt, aufgenommen am 9. August 1996 in Ziltendorf, ist eine von ADtranz modernisierte V 100.4.
Foto: Albrecht Fabian

dem alle vor und nach 1992 gültigen Baureihenbezeichnungen eingetragen sind.

Das Raw Stendal führte werksintern die Typenreihe **V 100.14** ein. Das waren zehn Lokomotiven der dritten Bauserie (110 107, 108, 117, 121, 128, 131, 138, 146, 148 und 159), die für den Einsatz beim VEB Braunkohlenwerk Cottbus in den Jahren 1989 und 1990 umgebaut worden waren, von denen aber nur acht Maschinen vom Besteller abgenommen worden sind.

Die Farbgebung der V 100

Die Baumusterlokomotive V 100 001 von LKM hatte einen mittelblauen Lokomotivkasten und in Höhe der unteren Spitzenlichter einen umlaufenden weißen Zierstrich, der die Breite des Lampendurchmessers hatte. Darüber war ein zweiter umlaufender weißer Zierstrich in Höhe und Breite der Schlußleuchten angeordnet. Alles was unterhalb des Laufbleches lag (Rahmen, Drehgestelle, Kraftstoffbehälter usw.) war schwarz.

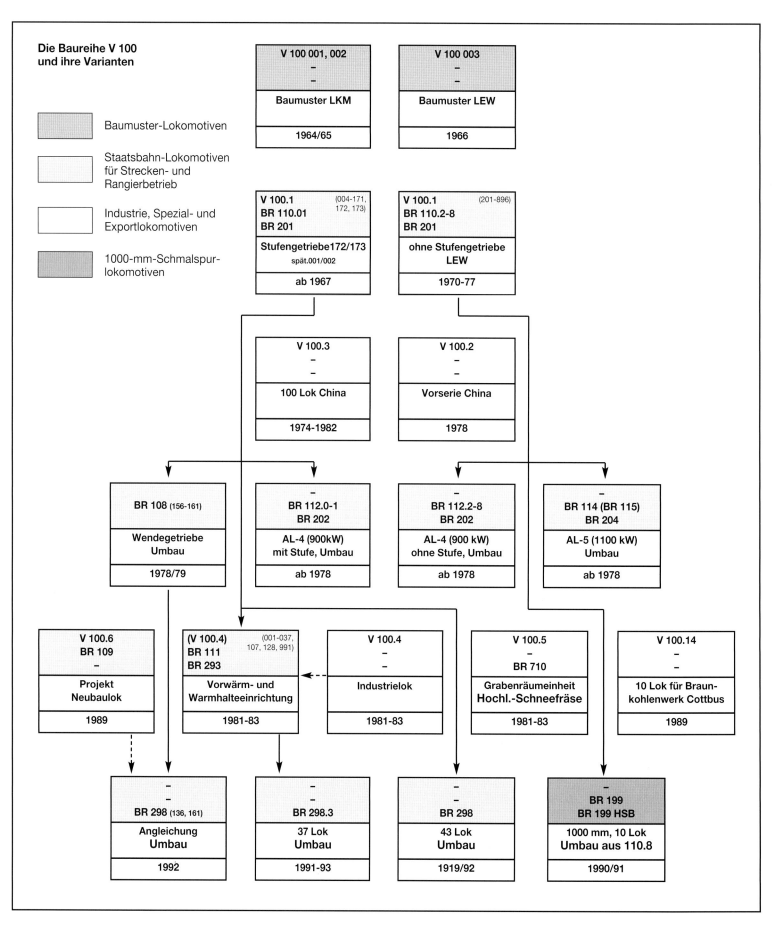

Verladung von Lokomotiven der Typenreihe V 100.3 am 7. Juli 1981 im Überseehafen Rostock. Die Lokomotiven waren für die Volksrepublik China bestimmt und unterschieden sich u. a. durch die Führerhäuser von den Lieferungen an die Reichsbahn.
Foto: Burkhard Sprang

Unten: Die Bahnnummer 110-06 der LAUBAG, aufgenommen in Schwarze Pumpe, ist eine V 100.4.
Foto: Marco Berger

Das zweite Baumuster von LKM, die V 100 002, hatte rotbraune Aufbauten und ebenfalls die beiden umlaufenden Zierstriche in beiger Farbe. Diese Farbe hatten auch die Dachhauben der Vorbauten, die Abgasschächte und die über die Vorbauten hinausragenden Blechteile des Führerhauses (Fensterstreben). Alles unterhalb des Laufbleches war schwarz.

Der LEW-Baumusterlokomotive V 100 003 lag das gleiche Farbkonzept zugrunde, doch waren hier die Aufbauten weiß, die beiden umlaufenden Zierstriche, die Dachhauben der Vorbauten, die Abgasschächte und das Führerhaus oberhalb der Aufbauten lindgrün. Rahmen, Pufferbohlen und Kraftstoffbehälter waren schwarz, die Drehgestelle lichtgrau.

Ab Serienausführung V 100 004 galt der weinrote Anstrich für den Lokomotivkasten, alles, was unterhalb des Umlaufs lag, war schwarz. Die beiden umlaufenden Zierstriche in Beige waren erhalten geblieben. In dieser Ausführung sind die Lokomotiven bis einschließlich V 100 043 geliefert worden. Ab V 100 044 entfiel der schmale obere Zierstrich. Von 1976 datiert die Zeichnungsänderung, wonach Drehgestelle und Kraftstoffbehälter einen grauen Anstrich erhalten sollten. Die Lokomotiven mit Werksausgang ab 1977 sind in dieser Ausführung geliefert worden. Der Außenanstrich wird nur bei der Schadgruppe V 7 (aller 10-12 Jahre) erneuert, im Bedarfsfall auch bei einer Schadgruppe V 6a, so daß also auch nach 1976 noch viele Jahre die schwarze Farbe bei den Drehgestellen dominierte. Die auf 1000 mm Spurweite zur Baureihe 199.8 umgebauten 110.8 folgten dem Farbschema - weinroter Lokkasten, graue Drehgestelle und graue Kraftstoffbehälter, schwarzes Rahmendeckblech.

Ende 1993 tauchten Lokomotiven auf, an denen man eines der vielen Farbkonzepte der Deutschen Bundesbahn ausprobierte. Die Aufbauten waren in *Neurot* lackiert, ein umlaufender Zierstrich fehlte, dafür waren die Vorbauenden weiß umrahmt und Rangiergriffe und Griffstangen weiß lackiert. Alles unterhalb des Laufbleches war anthrazitgrau. Das Neurot ersetzte man wenig später durch das Verkehrsrot, beließ aber die weiße Umrandung der Vorbauten. Auch die letzten in Stendal hauptuntersuchten Lokomotiven der BR 202 verließen im Juni 1998 das Werk im derzeit neuesten Farbkonzept der DB AG (Verkehrsrot, weißer Querbalken in Höhe der unteren Spitzenlichter, alles unterhalb des Laufbleches in Schwarz).

Die Baureihe 111 hatte einen orangegelben Lokomotivkasten, Rahmen, Drehgestelle und Kraft-

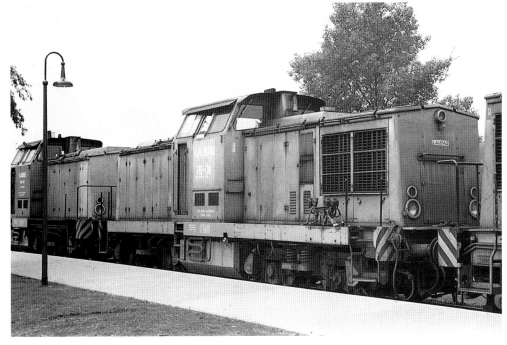

110 152-5 aus der dritten Lieferserie mit einem Personenzug zwischen Stollberg und St. Egidien.
Foto: Manfred Weisbrod

112 300-9 mit 1200-PS-Motor und Bghw-Wagen auf der Strecke Waldheim_Rochlitz bei der Ausfahrt aus Hartha im Sommer 1987.
Foto: Manfred Weisbrod

111 006-3 als Vorspann vor der 52 8180 mit dem P 19236 Brandenburg–Neustadt (Dosse) bei Rathenow am 8. Oktober 1984.
Foto: Jürgen Kalewe

Unten: Aus der 110 879 entstand die 199 879-8 als Schmalspurlokomotive für das 1000-mm- Netz der Harzquer- und Selketalbahn. Aufnahme vom März 1993 in Nordhausen-Nord.
Foto: Günter Scheibe

stoffbehälter waren hellgrau, die Rahmenenden an den Rangiertritten trugen einen schwarz-gelb gestreiften Warnanstrich. Diese Farbgebung ist auch für die Baureihe 298 übernommen worden, deren Maschinen jetzt nach einer Hauptuntersuchung in Verkehrsrot lackiert werden und den Cargo-Schriftzug erhalten. Die gleiche Farbgebung wie für die Baureihe 111 galt auch für die Grabenräumeinheit 110.9 (neu 710).

Farblich abweichende Frontpartien besaßen die Erprobungsträger für das Strömungswendegetriebe (110 156 und 110 161) in der Zeit, als sie zur Baureihe 108 umgenummert worden waren. Der weiße Zierstrich an den Stirnseiten der Vorbauten war bis zum Laufblech orange überlackiert; orange waren auch Pufferbohle und die Umrandung der Pufferteller. Mit der Umzeichnung zur Baureihe 298 erhielten auch diese beiden Maschinen einen orangegelben Lokomotivkasten und graue Pufferbohlen und Drehgestelle. Der schwarzgelbe Warnanstrich ist nach der Serienangleichung Ende 1992 angebracht worden.

Versuchsergebnisse mit Baumuster- und Serienlokomotiven

Leistungstechnische Erprobung der Baumusterlokomotive V 100 001

Am 25. April 1964 erfolgte die Überführung der V 100 001 zur VES-M nach Halle. Entsprechend einem Vertrag zwischen dem VEB Lokomotivbau »Karl Marx« Babelsberg und der Deutschen Reichsbahn (VES-M Halle) sollte die Baumusterlokomotive einer leistungstechnischen Erprobung unterzogen werden. Bereits bei der Überführungsfahrt hatte man einen Schaden am Strömungsgetriebe festgestellt, so daß die zunächst beabsichtigte bremstechnische Untersuchung nicht vorgenommen werden konnte. Die Behebung des Schadens (undichter Steuerkolben) durch den Hersteller, den VEB Gasturbinen- und Energiemaschinenbau Pirna, war erst am 5. Juni 1964 beendet. Die VES-M entschloß sich, wegen der günstigen Witterungslage die leistungstechnische Erprobung vorzuziehen, die dann vom 8.-24. Juni 1964 erfolgte.

Die Lokomotive erhielt die meßtechnische Ausrüstung nach dem für Leistungserprobungen von Brennkraftlokomotiven aufgestellten Versuchsprogramm:
Messung der Motordrehzahl mit einem Impulsgeber an der Einspritzpumpe;
Messung des Kraftstoffverbrauchs des Dieselmotors mit einem Schaltkolbenzähler im Kraftstoffsystem;
Ermittlung der Umschaltpunkte durch einen Druckschalter im Steuersystem des Strömungsgetriebes;
Temperaturermittlung in den zu kühlenden Medien durch Widerstandsthermometer in den Kühlkreisläufen und im Maschinenraum. Die auf der Lokomotive vorhandenen Thermometer (Betriebsmeßinstrumente) hat man geeicht und in die Messungen einbezogen. Die fahrdynamischen Größen wie Weg, Zeit und Zugkraft und auch die meisten anderen Meßgrößen sind im Meßwagen aufgezeichnet worden. Als Bremslokomotive diente die 19 015.

Leistungsmeßfahrten erfolgten auf den Strecken Halle–Ludwigsfelde und Halle–Röblingen, thermische Beharrungsfahrten nur auf der Strecke Halle–Röblingen. In den Fahrstufen II bis VI sind im Schnell- und im Langsamgang insgesamt 85 Leistungspunkte gefahren worden, wobei die durchschnittliche Meßdauer bei 2 bis 3 Minuten lag. Für die Ermittlung der maximalen Kühlleistung der Kühlkreisläufe waren nur zwei Beharrungsfahrten von jeweils 30 Minuten Dauer bei kleinster Dauerfahrgeschwindigkeit im Schnellgang erforderlich. Die Einschaltdauer der Lüfter ist per Stoppuhr ermittelt worden.

Die Gelenkwellen waren unterdimensioniert und entsprachen nicht der Serienausführung. Um sie nicht zu beschädigen, ist auf das Ausfahren des Anfahrwandlerbereichs im Langsamgang und auf die Ermittlung der Anfahrzugkräfte verzichtet worden. Wegen der nicht vollständigen Leistungsausnutzung war auch keine endgültige Aussage zur Leistungsfähigkeit der Kühlanlage möglich.

Umschaltverhalten des Strömungsgetriebes
Das Umschaltverhalten hat man durch Beschleunigungs- und Verzögerungsfahrten in den Fahrstufen II bis VI im Schnell-und im Langsamfahrgang ermittelt. Die Umschaltgeschwindigkeiten entsprachen nicht den Sollwerten. Im Schnellgang schaltete das Strömungsgetriebe bereits bei 34 km/h (Soll 38,5 km/h) vom Anfahrwandler (AW) in den Marschwandler I und bei 62 km/h (Soll 76,5 km/h) vom Marschwandler I in den Marschwandler II.
Die Schaltvorgänge beeinflußten nur in geringem Maße die Zugkraft. Bei niedrigen Fahrgeschwindigkeiten (Langsamgang) war beim Umschalten von AW zu MW I für ca. 4 Sekunden ein Zugkraftrückgang von 50 % zu messen. Bei höheren Geschwindigkeiten war wegen der größeren kinetischen Energie der Lokomotive in den Schaltpunkten keine Minderung der Zugkraft meßbar. Die großen Überschneidungen zwischen Füll- und Entleerzeit, besonders beim Schaltpunkt MW II/MW I, drückten kurzzeitig die Motordrehzahl um bis zu 200 min^{-1}, was zu als nachteilig beanstandeten Drehmomentstößen im Primärteil der Maschinenanlage führte.

Leistungsauslegung und Zugkraftverhalten
Die Drehzahl des Dieselmotors war vom Hersteller so eingestellt, daß bei Fahrstufe VI 1480 min^{-1} mit Rücksicht auf den Lüfterantrieb nicht überschritten wurden. Der Hersteller des Strömungsgetriebes hatte beim Abnahmelauf nur die Abgabemomente gemessen und keine Kennlinie aufgestellt. Die Eingangsleistung konnte nur durch indirekte Leistungskontrolle des Dieselmotors ermittelt werden, wobei die mittlere Einspritzmenge per 100 Einspritzungen errechnet worden ist. Nach dem Abnahmeprotokoll hätte der Motor pro Einspritzung ca. 39 cm^3 bei einer Leistungsabgabe von 1000 PS verbrauchen müssen, verbrauchte aber tatsächlich nur 33,7 cm^3. Somit gab der Dieselmotor in Fahrstufe VI im Durchschnitt nur 850 PS ab, wovon ca. 35 PS für die Hilfsbetriebe abzuziehen sind, so daß als Eingangsleistung (Traktionsleistung) lediglich 815 PS verblieben. Diese Minderleistung war

verursacht durch eine zu geringe Leistungsaufnahme des Strömungsgetriebes, womit auch im Z-V-Diagramm die Linien der V 100 001 im Langsam- und im Schnellgang unter der einer pr. P 8 lagen. Bei einer Vergrößerung der Eingangsleistung des Getriebes wäre zumindest im meistgefahrenen Bereich zwischen 40 und 80 km/h mit einer Leistungsgleichheit von P 8 und V 100 zu rechnen.

Die Zughakenleistung lag in einem breiten Geschwindigkeitsbereich konstant zwischen 600 und 700 PS. Der durchschnittliche Kraftstoffverbrauch betrug in Fahrstufe VI 150 kg/h, im Leerlauf bei 675 min^{-1} 12,5 kg/h.

Der Gesamtwirkungsgrad der Lokomotive, bezogen auf den Heizwert des verwendeten Dieselkraftstoffes mit H_u = 9963 kcal/kg, betrug bei Vollast und auch bei Teillasten zwischen 25 und 30 Prozent, erreichte im AW bei Teillast (Fahrstufen III und IV) und im Endbereich des MW I bei Vollast im Langsamgang sogar 31 Prozent. Erst bei Fahrgeschwindigkeiten über 75 km/h sank der Gesamtwirkungsgrad, hauptsächlich verursacht durch steigenden Luftwiderstand, auf unter 20 Prozent. Die VES-M führte diese Werte auf den guten Wirkungsgrad des Strömungsgetriebes, besonders des AW und des MW I, und auf optimale Werte des mechanischen Wirkungsgrades (Achsgetriebe, Laufwerk) zurück. Wegen des geringeren Wirkungsgrades des MW II brachte der Langsamgang nur in sehr schmalen Geschwindigkeitsbereichen (Anfahrbereich und zwischen 30 bis 45 km/h) bei höheren Laststufen Vorteile gegenüber dem Schnellgang.

Temperaturen in den Kühlkreisläufen
Bei beiden Temperaturmeßfahrten sind die kritischen Bereiche von Getriebeöl, Motoröl und Kühlwasser nicht annähernd erreicht worden. Die Temperatur des Öls im Strömungsgetriebe erreichte 93° C (Grenztemperatur 110° C), die Motoröltemperatur überschritt kaum 75° C, die Kühlwassertemperatur pendelte, entsprechend den Schaltwerten des Lüfterwächters, zwischen 77° C und 83° C.

Federung
Die VES-M hat die Sekundärfederung der Lokomotive beanstandet, bei der sich auf jeder Drehgestellseite zwei Schraubenfedern auf die Enden einer Blattfeder abstützten. Die Schraubenfedern besaßen keinen Schwingungsdämpfer, und der Federweg der Blattfeder war viermal größer als der der Schraubenfedern.

Baumusterlokomotive V 100 001 am 9. März 1965 vor dem E 232 Halle–Halberstadt in Sandersleben im Versuchsbetrieb. Um das Leistungsvermögen des Heizkessels zu erproben, ist eine fünfteilige Doppelstockgarnitur angehängt.
Foto: Hans Müller

Unten: Die V 100 001, am 9. März 1965 in Sandersleben, ist zu diesem Zeitpunkt bereits auf Schraubenfedern in der Sekundärfederung umgebaut.
Foto: Hans Müller

Ursprüngliche Sekundärfederung der V 100 001 als Kombination von Blatt- und Schraubenfedern auf der Leipziger Frühjahrsmesse 1964.
Foto: Michael Malke

Unten: LEW-Baumusterlokomotive V 100 003 am 21. März 1966 in der VES-M Halle.
Foto: Hans Müller

Umgezeichnet in 110 003-1 und im serienmäßigen Weinrot lackiert war die einstige Baumusterlokomotive 1980 in Leipzig-Plagwitz im Plandienst anzutreffen.
Foto: Manfred Weisbrod

Unten: 1998 hat sich die V 100 003 dank der Initiative der BSW-Gruppe in Wittenberg äußerlich wieder weitgehend dem Lieferzustand angepaßt.
Foto: Manfred Weisbrod

Lauftechnische Untersuchung der V 100 006

Am 7. Februar 1967 registrierte die VES-M Halle der Eingang der V 100 006, um gemäß dem Vertrag vom 17. Januar 1967 mit LEW Hennigsdorf die Messung der Laufgüte nach Sperling und Messungen der Wege, Beschleunigungen und Frequenzen der Schwingungen der Lokachsen in allen drei Raumebenen vorzunehmen. Was unter Schlingern, Tauchen, Querschwingen, Nicken und Wanken zu verstehen ist, veranschaulicht die Abbildung auf Seite 30.

Am Tag nach dem Eingang der Lokomotive wurden die Radsatzfahrmassen ermittelt, die um 5,4 % von der mittleren Radsatzfahrmasse abwichen und durch Regulierung der Achslagerstellkeile auf maximal 2,1 % vermindert werden konnten. Auf der Lokomotivwaage der VES-M Halle wurde die Anpassung des Drehgestells an vertikale Gleisunebenheiten ermittelt, wobei die Radaufstandpunkte von zwei diagonal gegenüberliegenden Rädern um 5 mm bzw. 10 mm erhöht wurden. Das Drehgestell wies eine ausreichende Anpassungsfähigkeit an Gleisunebenheiten auf.

Das Tauchen, Nicken und Wanken wurde beim Überfahren von Keilen mit allen vier Rädern eines Drehgestells bzw. einer Lokseite gemessen. Querschwingungen sind durch Auslenkung des Lokkastens mittels pneumatischer Hubzylinder und Schlingern auf einer ruckartig angefahrenen und abgebremsten Drehscheibe ermittelt worden. Die VES-M registrierte für die Lokomotive günstige niedrige Eigenfrequenzen des Tauchens, Nickens und Wankens. Die Dämpfung war verhältnismäßig gering und sollte insbesondere zur Verminderung des Wankens erhöht werden.

Fahrversuche fanden vom 15. bis 27. Februar 1967 auf den Strecken Gräfenhainichen–Burgkemnitz (Strecke Berlin–Halle) und Reussen–Klitschmar (Strecke Halle–Eilenburg) bei Geschwindigkeiten von 60, 80, 90 und 100 km/h statt. Der Versuchszug bestand aus V 100 006, Meßwagen 4 und Beiwagen 4. Die Bewertung der Lokschwingungen in vertikaler und horizontaler Richtung erfolgte nach dem Grunewalder Verfahren der DRG. Die Laufeigenschaften waren zufriedenstellend, das Längsschwingen unbedeutend. Die quer sehr weiche Achsführung begünstigte die Neigung zum Wanken und bei schlechter Gleislage das Schlingern der Drehgestelle. Die VES-M hielt eine Erhöhung der Dämpferkräfte auf 1600 kp bei 20 m/s Schwinggeschwindigkeit für notwendig, mußte aber die Mitteilung von LEW zur Kenntnis nehmen, daß das Berliner Bremsenwerk als Hersteller der Schwingungsdämpfer bei 20 m/s zur Zeit keine größeren Kräfte als 1400 kp einstellen konnte. Die in Querrichtung weiche Achsführung hatte keinen nachteiligen Einfluß auf den Fahrzeuglauf. Der Bericht stellt fest, daß die Radsatzfahrmassen der Lokomotive zum vorgesehenen Einsatz auf Nebenstrecken zu hoch waren (Lokmasse mit vollen Vorräten 65,9 t).

Geräuschmessung an Lok V 100 117

Die HvM beauftragte die VES-M Halle am 18. April 1969, die V 100 117 hinsichtlich des Geräuschverhaltens zu untersuchen, um für die Serie 1969 die Einhaltung der Normative zu sichern. Dazu durften folgende Werte nicht überschritten werden:
1. Im Führerstand 80 dB (A).
2. Außerhalb der Lok 85 dB (A) (gemessen im Stand in 3,50 m Abstand von der Loklängsachse und 1,60 m über SO bei 2/3 Nennleistung.
3. Am Rangierplatz 85-90 dB (A) (gemessen in 1,60 m Höhe über dem Tritt bei 2/3 Nennleistung).

Die Messungen, die den »Richtlinien zur Lärmbekämpfung – Schallschutz im Schienenfahrzeugbau« entsprachen, erfolgten am 26. und 28. April 1969 auf der Strecke Reussen–Klitschmar. Der Führerstandpegel wurde nicht eingehalten und mit 84-85 dB (A) überschritten. Gemessen wurde bei V = 80 km/h. Ursache dafür war das Getriebe, das bei Fahrt mit Leistung einen Pfeifton abgab. Auch für den Außenpegel war das Ergebnis negativ, denn der zulässige Pegel wurde mit 100 dB (A) deutlich überschritten. Ver-

Fototermin für den Chef. Der Leiter der VES-M Halle, Max Baumberg, erklimmt den Bahndamm, um den Meßzug mit V 100 003, Meßwagen und Bremslokomotive 19 015 am 2. August 1967 im Abzweig Großheringen zu fotografieren.
Foto: Hans Müller

antwortlich hierfür war der Kühlerlüfter. Der Pegel auf den hinteren Rangiertritten wurde zwar eingehalten, auf den vorderen mit 106 dB (A) aber deutlich überschritten, so daß die VES-M auch hier zu einem negativen Gesamtergebnis kam. Bereits zu einem früheren Zeitpunkt waren Geräuschmessungen an der V 100 026 vorgenommen worden, wobei der zulässige Wert von 80 dB (A) im Führerhaus deutlich unterschritten worden war. Die Außenpegel waren ähnlich schlecht wie bei der V 100 117. Bei allen untersuchten Lokomotiven waren Motor- und Auspuffgeräusch ausreichend gedämmt. Das Pfeifen des Getriebes (Frequenz 2000 Hz), wie bei der V 100 117 festgestellt, war bei der V 100 026 nicht aufgetreten. Bei der V 100 117 dichteten zudem die Bodenklappen im Führerhaus nicht richtig ab, so daß das Getriebegeräusch eindringen konnte. Bei dicht schließenden Bodenklappen hielt die VES-M schon eine spürbare Verbesserung für möglich. Der Abteilung KE III der VES-M (Konstruktion und Entwicklung von Brennkraftfahrzeugen) genügte die von der Hauptfachgruppe Streckenversuche getroffene Feststellung nicht. Ein handschriftlicher Zettel von KE III im Versuchsbericht verlangt:

1. Sofort Mängelrüge an LEW (nachrichtl. MT und MTu) für gesamte Serie 1969. Forderung an LEW zur sofortigen Stellungnahme und Vorlage eines Maßnahmeplanes zur Behebung der Mängel.
2. Zusatz für MTu: Hinweis auf Zweckmäßigkeit von zeitweisen Stichprobenprüfungen durch VES-M.

Die zur ständigen Weiterentwicklung des Fahrzeugs und zur Verbesserung des Betriebsverhaltens und der Instandhaltung notwenigen Maßnahmen sind an einzelnen Lokomotiven meist im Betriebseinsatz erprobt worden und werden an entsprechender Stelle bei der konstruktiven Beschreibung erwähnt.

Auszug aus dem Versuchsbericht der VES-M Halle zu Laufgüteuntersuchungen der V 100 006.

Versuchsfahrten in Bulgarien

Nicht nur, um die Lokomotive unter anderen Traktions-und Umgebungsbedingungen als bei der DR möglich zu testen, sondern auch um neue Kunden zu gewinnen, haben LEW Hennigsdorf und die DR die V 100 102 (Stufengetriebe) im Oktober 1968 in Bulgarien getestet. Die Lokomotive wurde auf der ca. 40 km langen Strecke Sofia–Pernik im Güterzugdienst und auf den Strecken Sofia–Karlovo (ca. 150 km) und Sofia–Swerino (ca. 75 km) im Personenzugdienst eingesetzt. Die Strecken von Sofia nach Karlovo und Swerino boten mit ihren langen und kurvenreichen Steigungen von bis zu 15 ‰ traktionstechnische Schwierigkeiten. Die Strecke nach Karlovo führte über einen in 870 m über NN gelegenen Paß. Auf dieser Strecke hat die Lokomotive einen aus 62 Achsen bestehenden leeren O-Wagenzug (Masse 320 t) in einer Steigung von 25 ‰ im Langsamgang sicher angefahren und auf eine Geschwindigkeit von 18 km/h beschleunigt.

Auch im Personenzugdienst konnte der für leistungsstärkere Lokomotiven aufgestellte Fahrplan eingehalten werden. Ein Personenzug mit 300 t Masse ist auf einer 10 km langen Steigung von 14 bis 15 ‰ mit einer Beharrungsgeschwindigkeit von 40 bis 45 km/h befördert worden. Wie LEW mitteilte, lagen die Temperaturen von Motorschmieröl und Getriebeöl weit unter den für eine Außentemperatur von 25° C zulässigen Werten.

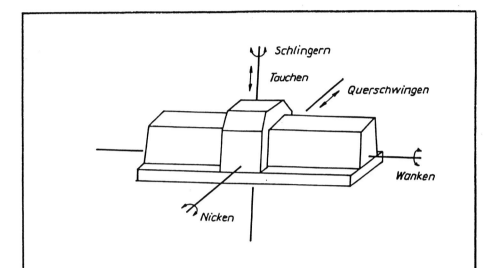

Schwingungsart	Eigenfrequenz f (Hz) ohne Stoßdämpfer	Dämpfungszahl D ohne Stoßdämpfer	Dämpfungszahl D mit Stoßdämpfer
Tauchen	1,66	0,04	0,19
Nicken	1,64	0,04	0,22
Wanken, Querschwingen	1,20	0,04	0,13
	~4,0	nicht zu ermitteln	nicht zu ermitteln
Schlingern	~3,2	nicht zu ermitteln	nicht zu ermitteln

Federweganteile	Primärfederung	Sekundärfederung
Nicken	29 %	71 %
Wanken	38 %	62 %

VES/M Halle	Ausschwingversuche – Eigenfrequenzen und Dämpfungszahlen –	Anlage: 4 zum Bericht VES/M Halle Str. IV - Fklöv 11/67 vom 23.5.67
V 100 006		

Die Serienlieferung der V 100 0-1

Die Technischen Bedingungen

Die Deutsche Reichsbahn hatte, als LKM Babelsberg mit der Entwicklung der Lokomotive begann, ihre *Technischen Forderungen* aufgestellt, nach denen die Lokomotive zu konstruieren war. Die Serienfertigung übernahm aus Kapazitätsgründen jedoch LEW Hennigsdorf, die mit der V 100 003 ein eigenes Baumuster fertigten und die *Technischen Bedingungen* formulierten, nach denen die Lokomotiven gebaut und geliefert werden sollten. Die Wünsche der DR (*Technische Forderungen*) und die Möglichkeiten und die Bereitschaft von LEW, sie zu realisieren, waren nicht deckungsgleich und mußten in zähen Verhandlungen zwischen Auftraggeber (DR) und Auftragnehmer (LEW) angenähert werden. Das Ergebnis waren die *Technischen Bedingungen*, die jedoch nur für eine bestimmte Serie galten und dann neu zu verhandeln waren. Die Deutsche Reichsbahn erhielt von Januar bis April 1967 die Lokomotiven V 100 004 bis V 100 043, lediglich die V 100 039 ist erst am 9. Januar 1968 abgenommen worden. Einen Tag später hat die DR die von ihr übernommene Baumusterlokomotive V 100 003 abgenommen. Die beiden Baumuster von LKM Babelsberg, die V 100 001/002, hat die DR nicht übernommen; beide Lokomotiven sind am 19.12.1968 bei einem Brand im Raw Cottbus zerstört worden.

Die konstruktive Gestaltung

Die Lokomotive war entsprechend den *Technischen Forderungen* als Drehgestell-Lokomotive mit der Achsanordnung B'B' ausgeführt und besaß Mittelführerstand. In den *Forderungen* war eine Radsatzfahrmasse von 16 t genannt, anzustreben waren aber 15 t (±3 %. Die *Bedingungen* nennen eine Radsatzfahrmasse von 16 t (±3 %, womit die Lokomotive auf Nebenbahnen nicht eingesetzt werden konnte. Die von der Einmaschinenanlage herrührende Asymmetrie der Masseverteilung, die sich mit abnehmenden Betriebsvorräten vergrößerte, konnte man beherrschen, indem man das Wasser für den Heizkessel in einem großen Behälter über dem hinteren Drehgestell und einem kleineren über dem ersten Radsatz des vorderen Drehgestells unterbrachte. Die Kraftstoffbehälter waren zwischen den Drehgestellen beidseits unter dem Führerhaus angeordnet. Die Abnahme des Kraftstoffvorrates beeinflußte somit die Radsatzfahrmassen gleichmäßig. Die Abnahme der Heizwasservorräte nahm einen vertretbaren Einfluß auf die Radsatzfahrmassen. Bei verbrauchten Vorräten waren die Radsätze 1 bis 4 um 521, 665, 430 und 401 kg geringer belastet als bei vollen Vorräten von 2000 l.

1. Lokomotivrahmen

Der geschweißte, selbsttragende Blech-Brückenrahmen konnte eine Belastung von 200 Mp senkrecht und 40 Mp diagonal ohne bleibende Verformungen aufnehmen. Die beiden äußeren durchlaufenden Kastenträger mit fischbauchartigen Verstärkungen, die kastenförmigen Querträger und die Rahmendeckbleche waren zu einer verwindungssteifen Konstruktion verschweißt. Zur Einleitung der Zug- und Druckkräfte waren die Rahmenenden durch vertikale und horizontale Längs- und Querträger versteift und durch eine kräftige Stirnwand abgeschlossen. Im Bereich der Drehzapfenquerebene sind zwischen die durchlaufenden Kastenträger Querträger mit dem Drehzapfenlager eingeschweißt. Das Rahmendeckblech besitzt Ausschnitte zur Aufnahme des Dieselmotors und des Strömungsgetriebes und ist über die Längsträger hinaus verbreitert. Diese Verbreiterung bildet den Umlauf, der an den beiden Enden der Lokomotive durch Nischen mit den Rangierständen unterbrochen ist. Auf das bei der V 100 001 vorhandene seitliche Geländer ist bei der Serienausführung verzichtet worden, weil der Umlauf nur im Stand betreten werden muß und mit seiner Breite ausreichende Standsicherheit bietet. Um den Rahmen vor Verformungen durch zu starke Pufferstöße zu schützen, sind sog. Verschleißpufferbohlen angeschraubt worden, die Verformungsenergie aufnehmen und im Schadensfall leicht getauscht werden können.

Der Dieselmotor ruht auf dem Motorquerträger und dem vorderen Querträger. Auch das dreipunktgelagerte Strömungsgetriebe stützt sich auf an den Rahmen angeschraubte Querträger ab. Die Lokomotive besitzt Schraubenkupplung mit einer Bruchlast von 85 Mp und kann damit Zugkräfte bis zu 30 Mp ausüben. Der Zugapparat ist im vorderen bzw. hinteren Querträger untergebracht. Pufferstöße werden von Hülsenpuffern aufgenommen, die an der Verschleißpufferbohle angeschraubt sind.

Ab Lieferjahr 1969 mit der V 100 104 fiel der Fischbau an den Längsträgern weg. Trotz dieser Vereinfachung wurden die Forderungen, eine Belastung von 200 Mp senkrecht und 40 Mp diagonal zur Pufferebene ohne bleibende Verformung aufzunehmen, erfüllt. Der Wegfall des Fischbaues brachte eine Masseeinsparung von 1,8 t und war ein Schritt auf dem Weg, die Radsatzfahrmasse von 15 t (±3 % zu erreichen.

Anordnung der Aggregate in der
Diesellokomotive V 100 (736 kW)

1 Dieselmotor
2 Abgasturbolader
3 Strömungsgetriebe
4 Achsgetriebe
5 Lichtanlaßmaschine
6 Lüftergenerator
7 Luftverdichteraggregat
8 Kühlanlage
9 Ausgleichbehälter
10 Großer Wasserbehälter für Zugheizung
11 Kleiner Wasserbehälter für Zugheizung
12 Heizkessel
13 Kraftstoffbehälter
14 Batterie
15 Abgasführung mit Schalldämpfer für Dieselmotor
16 Abgasführung für Heizkessel
17 Haupt- und Sonderluftbehälter

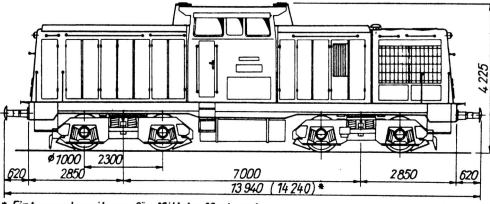

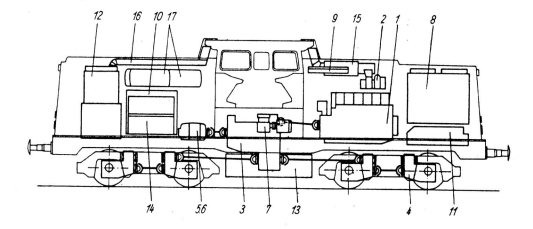

Aufbauten

Als Aufbauten gelten das Führerhaus und der vordere und hintere Vorbau. Sie bestehen aus einem Traggerippe aus abgekanteten Blechprofilen mit aufgeschweißter Außenhaut aus Blech und besitzen keine tragende Funktion. Zur Körperschalldämmung sind Vorbauten und Führerhaus nicht direkt, sondern unter Zwischenschaltung elastischer Glieder (Flachgummi) mit dem Rahmendeckblech verschraubt.

Vorbauten

Der vordere Vorbau besteht aus dem Kühlervorbau und dem Vorbau für den Motorraum. Der Kühlervorbau, bestehend aus Stirnwandtür mit Zugang zu den Lüftermotoren und den beiden Seitenteilen mit den Durchbrüchen für die Kühlluftansaugung, bildet eine Einheit. Der Vorbau für den Maschinenraum besteht aus zwei Seitenwänden und einer dreiteiligen Dachhaube, um Wartungs- und Montagearbeiten zu erleichtern. Auf beiden Seiten ist in einer Tür ein Luftfilter zur Reinigung der Verbrennungsluft des Motors eingebaut. Weil die Verbrennungsluft aus dem Motorraum angesaugt wird, ist dieser gegen Kühlervorbau und Führerhaus durch Gummiwände bzw. durch Paß- und Abdeckbleche zum Rahmen abgedichtet. Die abnehmbaren Dachteile des Kühlervorbaus bestehen aus durchgehendem Mittelteil mit den beiden runden Austritten für die Kühlluft, die Maschendrahtüberzug besitzen und ebenfalls abnehmbar sind. Ein kleiner Dachaufbau über dem Motorraum nimmt die Abgasführung des Dieselmotors zur Mitte der Führerhausstirnwand auf, wo die Abgase kurz über Führerhausdachhöhe ins Freie gelangen. Vor diesem Dachaufbau saß ursprünglich das Druckluftläutewerk.

Der hintere Vorbau ist einteilig ausgeführt und besitzt ebenfalls Stirnwand- und Seitenwandtüren. Die dreiteiligen Dachhauben, die wie am vorderen Vorbau mit Anschlagmitteln ausgerüstet sind, bestehen aus den Seitenteilen und der mittleren Abgasführung des Heizkessels. Die Abgase werden wie die des Dieselmotors zur Mitte der Führerhausstirnwand geleitet und dort über Führerhausdachhöhe ins Freie geleitet. Die ursprüngliche Befestigung der Dachhauben mit einer Vielzahl von Sechskantschrauben und Gummizwischenlagen zum Schutz vor Feuchtigkeit und Staub war für Fertigung, Wartung und Erhaltung gleichermaßen nachteilig und ist ab V 100 044 durch Labyrinthdichtungen mit Schnellverschlüssen ersetzt worden.

Führerhaus

In den *Technischen Forderungen* war Mittelführerstand mit Einmannbedienung und guten Sichtverhältnissen für den Rangier- und Streckendienst gewünscht. Die *Technischen Bedingungen* formulieren:
»Das Führerhaus ist als ganzes Bauelement gummigelagert auf dem Lokomotivrahmen zu befestigen. Alle Anschlüsse (mechan.-, elektr.-, pneumat.- und hydraulischer Art) sind mittels lösbarer Verbindungen und geräuschdämmend ausgeführt… Die Seitenfenster sind am Standort des Lokomotivführers als Schiebefenster auszuführen. Für einen ausreichenden Blendschutz gegen Sonnenschein und als Regenschutz ist das Führerhausdach nach den Stirnseiten überstehend ausgebildet und seitlich je ein Regendach angebaut.«

Gegen Beschlagen und Zufrieren der Frontscheiben sind schwenkbare Ventilatoren vorhanden. Die Scheibenwischer werden mit Druckluft betätigt. Das Führerhaus hat auf jeder Seite eine nach innen öffnende Tür. Weil der Führerhausboden nicht auf Rahmenhöhe (1400 mm über SO) lag, sondern wegen des Strömungsgetriebes auf 2210 mm über SO, war innerhalb des Führerhauses ein zusätzlicher Aufstieg erforderlich. Vom Führerhaus aus sind durch Bodenklappen das Strömungsgetriebe und die beiden Luftverdichteraggregate zugängig. Der Ausbau der Luftverdichter erfolgt durch Klappen in der Führerhausseitenwand. Bereits beim probeweisen Ausbau des Strömungsgetriebes aus der Baumusterlok V 100 001 tauchten Probleme auf, die für eine rationale Instandhaltung nicht zu akzeptieren waren. Die *Technischen Bedingungen* sahen den Getriebeausbau nach unten vor. Die VES-M schlug alternativ den Ausbau nach oben durch das Führerhausdach oder bei abgenommenem Führerhaus vor. Es waren lange und zähe Verhandlungen mit dem Hersteller erforderlich,

Drehgestellrahmen (H-Drehgestell):

1 Langträger
2 Mittlerer Querträger
3.1 Äußerer Querträger
3.2 Innerer Querträger
4 Träger zur Aufnahme der Sekundärfederung
5 Lager für Bremshebel
6 Träger für Bremshängeeisen
7 Platte für Notabstützung
8 Untersatz für Zugstange der Drehmomentstütze
9 Achsgabelsteg
10 Bahnräumer
11 Bremszylinder

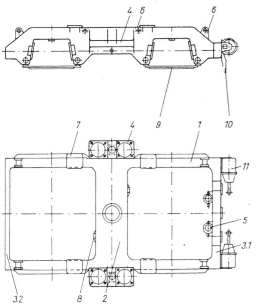

ehe LEW zu konstruktiven Änderungen bereit war, die den Getriebeausbau durch das Führerhausdach ermöglichten (siehe auch Kapitel Instandhaltung). Ab V 100 044 ist das Führerhausdach statt mit einer Unzahl von Schrauben mit Schnellverschlüssen befestigt und mit Labyrinthdichtungen abgedichtet, der Getriebeausbau somit nach oben möglich. Im Führerhaus befinden sich jeweils in Fahrtrichtung rechts das Führerpult mit allen erforderlichen Bedienungs- und Überwachungseinrichtungen. Zentrale Schalt- und Überwachungseinrichtungen, die nicht während der Fahrt zu bedienen sind, sind ebenso wie die Steuerungsbauteile in zwei Schränken an den Stirnwänden untergebracht. Der Führerstand hat zwei verstellbare Sitze. Die Handbremse befindet sich an der Führerhausrückwand am rechten Einstieg, der Hebel für die Betätigung der Stufenschaltung (Langsam- und Schnellgang) am linken Einstieg. In der Heizperiode sorgen zwei Heizkörper, die an den Kühlkreislauf angeschlossen sind, für angenehme Raumtemperatur.

Geräuschminderung

Die Einhaltung der »Richtlinien zur Lärmbekämpfung – Schallschutz im Schienenfahrzeugbau« war, ebenso wie die von der DR geforderte Radsatzfahrmasse von maximal 15,75 t, ein Dauerthema zwischen LEW einerseits und HvM bzw. VES-M andererseits. Die V 100 006 (siehe auch Kapitel Versuchsergebnisse mit Baumuster- und Serienlokomotiven) hatte die geforderten Pegel überschritten. Die Einhaltung der Pegel waren aber zum Schutz des Personals (Lokomotivführer und Rangierer) und der Anlieger unbedingt erforderlich. Zur Geräuschminderungen sind folgende Maßnahmen getroffen worden:
– Befestigungsstellen der Aufbauten mit dem Hauptrahmen sind nicht metallisch, sondern unter Zwischenschaltung von Gummibeilagen ausgeführt, um Körperschallbrücken zu vermeiden. Dieselmotor und Luftverdichter sind elastisch gelagert, Rohrleitungen zum Führerhaus durch Schlauchverbindungen getrennt.
– Rohrdurchbrüche sind verblendet.
– Wo immer möglich, ist mit Hilfe der Isoliertechnik Schalldämmung, Schallschluckung und Entdröhnung erfolgt. So besitzen das Führerhaus und Teile der Vorbauten doppelte Wände, zwischen die das Isoliermaterial eingebracht ist.

Drehgestelle

Um der Forderung nach Befahren von Gleisbögen mit 80 m Halbmesser nachzukommen und ein gutes Laufverhalten zu erzielen, ist die Lokomotive mit zwei zweiachsigen Drehgestellen und Allachsantrieb ausgerüstet, besitzt also die Achsformel B'B'. Im Drehgestellrahmen sind zwei Radsätze mit 2300 mm Achsstand gelagert. Der Rahmen, eine verwindungssteife Schweißkonstruktion, besteht aus zwei Längsträgern, einem mittleren und zwei äußeren Querträgern. Aus Gründen der Masseersparnis sind Längsträger, mittlerer und äußerer Querträger in Hohlkastenträgerbauweise ausgeführt. Außen an den Längsträgern sind in Drehgestellmitte die Trägerplatten für die Sekundärfederung angeschweißt, auf dem Obergurt der Längsträger befinden sich die Platten für die Notabstützung und die Träger für die Bremshängeeisen. Am äußeren Querträger sind die Bremszylinder, die Bahnräumer und die Lager für die Bremshebel vorhanden, in Verstärkungen des mittleren Querträgers ist die Zugstange der Drehmomentstütze gelagert. In den mittleren Querträger taucht auch der Drehzapfen ein.

Radsätze

Die Radsätze sind in außenliegenden Achslagern gelagert. Ein Radsatz besteht aus der Radsatzwelle und den aufgepreßten Radscheiben, auf die die Radreifen aufgeschrumpft und mit eingewalztem Sprengring gesichert sind. Die Radreifen besitzen das Profil A 135 TGL 6080 und bestehen aus Stahl 60 Cr Mo 4. Damit die Radscheiben hydraulisch abgepreßt werden können, besitzt die Radnabe eine Ölbohrung und eine Rille. Die Radsätze 2 und 3, also die inneren Radsätze, besitzen Achsgetriebe mit Durchtrieb, die Radsätze 1 und 4, die äußeren Radsätze, Endachsgetriebe. Diese sind um 38 mm seitlich aus der Radsatzmitte verschoben, um den Mindestwinkel für die Gelenkwellen zu garantieren. Weil alle Radsätze durch die Gelenkwellen starr gekuppelt sind, ist nur der Einbau von Radsätzen zulässig, die nicht mehr als 0,3 mm im Laufkreisdurchmesser voneinander abweichen.

Radsatzlager

Zur Korrektur der Radsatzfahrmasse sind das rechte Lager des des 2. Radsatzes und das linke Lager des 3. Radsatz verstellbar. Ein Stellkeil mit Stellschraube zwischen Radsatzlagergehäuse und Gummifeder vergrößert beim Anziehen die Radsatzfahrmasse und verringert sie beim Herausdrehen. Durch Beilagen zwischen Lager und Gummifeder kann auch der Pufferstand der Lokomotive korrigiert werden. Die Achsgummifedern erfüllen die Forderung nach spielfreier Führung, Elastizität in Längs- und Querrichtung, sind wartungsarm und garantieren auch nach längerem Betriebseinsatz die Parallelität der Radsätze. Zusätzlich übernehmen sie noch die senkrechte Federung.

Drehgestellanlenkung

Drehgestell und Rahmen sind durch den mittig am Drehgestellträger des Rahmens befestigten Drehzapfen verbunden. Über ihn werden Zug-, Brems- und Führungskräfte vom Drehgestell auf den Rahmen übertragen. Der in einer Buchse geführte Drehzapfen ist mit dem oberen, kegligen Teil mit dem Drehgestellträger verschraubt und durch eine Mutter gesichert. Der untere, zylindrische Teil sitzt im Drehzapfenlager des Drehgestells. Relativbewegungen wie Tauchen, Nicken, Wanken und Neigungswechsel sind dank einer Kugel aus Hartgewebe möglich, deren Lagerung in zwei Schalen auch die Drehbewegung gestattet. Unterhalb des mittleren Querträgers im Drehgestell ist der Drehzapfen mit einem aufgeschraubten und besonders gesicherten Ring versehen, der das Anheben der Lokomotive einschließlich der Drehgestelle gestattet. Der Rahmen einschließlich aller Aufbauten stützt sich auf außen liegende, ölgeschmierte Gleitflächen ab, wobei sich die große Stützweite von 2400 mm günstig auf die Laufruhe auswirkt. Beim Bruch der Sekundärfedern wird der Rahmen von einer Notabstützung der Drehgestellträger aufgefangen.

5.3 Schema der Kraftübertragungsanlage

1 Dieselmotor
2 Abgasturbolader
3 Dämpfungskupplung
4 Lüftergenerator
5 Lichtanlaßmaschine
6 Strömungsgetriebe
7.1 Innere Achsgetriebe
7.2 Äußere Achsgetriebe
8 Gelenkwelle zwischen Dieselmotor und Strömungsgetriebe
9 Gelenkwelle zwischen Strömungsgetriebe und Lichtanlaßmaschine/Lüftergenerator
10.1 Vordere Gelenkwelle zwischen Strömungs- und Achsgetriebe
10.2 Hintere Gelenkwelle zwischen Strömungs- und Achsgetriebe
11 Gelenkwelle zwischen den Achsen des Drehgestells
12 Drehmomentstütze
13 Zugstange
14 Lager für Zugstange

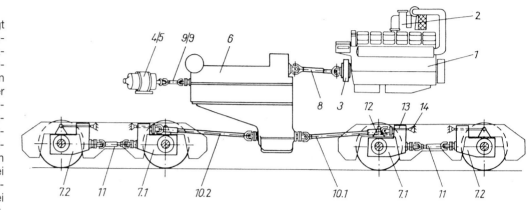

Federung

Die Primärfederung (Radsatzfederung) erfolgt durch wartungs- und verschleißfreie Gummifedern, die aus dreischichtigen Schub-Druck-Gummielementen mit anvulkanisierten Deckblechen bestehen. Entsprechend ihren Kennwerten müssen die Federelemente zu einer Gummifeder zusammengesetzt werden. Diese Radsatzgummifedern gestatten außer der senkrechten Abfederung auch eine Querfederung und, in geringerem Maße, auch eine Längsfederung. Die Sekundärfederung federt Rahmen und Aufbauten ab. Hierzu dienen auf jeder Drehgestellseite zwei Schraubenfedern, zwischen denen ein Schwingungsdämpfer angeordnet ist. Wie bereits bei der Baumusterlokomotive V 100 001 erwähnt, war als Sekundärfederung ursprünglich die Kombination von zwei Schraubenfedern und einer Blattfeder vorgesehen, wobei sich die Schraubenfedern auf die Enden der Blattfeder abstützten. Ein Schwingungsdämpfer war nicht vorhanden. Der geringe Anteil der Blattfeder am Gesamtfederweg und ihre hohe unkontrollierbare und veränderliche Reibung bewirkten nachteilige Laufeigenschaften des Fahrzeugs, so daß auf die Blattfeder verzichtet wurde und stärkere Schraubenfedern mit Schwingungsdämpfer zum Einsatz kamen.

Anheben und Aufgleisen

Es bestehen folgende Möglichkeiten, die Lokomotive anzuheben:
– Anheben mit beiden Drehgestellen an den seitlichen Rahmenverbreiterungen in Drehgestellquerebene durch seitliche Pratzen (1)
– Anheben mit beiden Drehgestellen durch vier am Rahmen anschraubbare Anhebehaken (2)
– Anheben des Rahmens mit Aufbauten ohne Drehgestelle (3) wie unter (1)
– Anheben des Rahmens mit Aufbauten ohne Drehgestelle (4) wie unter (2)
– Einseitiges Anheben der Lokomotive unter der Versteifung des Rahmenstirnbleches in Lokomotivmitte (5). Das benachbarte Drehgestell wird dabei mit angehoben, die Lokomotive stützt sich auf dem hinteren Drehgestell ab.

Beim Anheben nach (1), (2) und (5) werden nach 25 mm Hubhöhe die Drehgestelle durch den Drehzapfenring angehoben. Die Schraubenfedern müssen durch entsprechende Vorrichtungen blockiert sein.

Bremse (mechanischer Aufbau)

Jedes Rad wird beidseitig durch Graugußbremssohlen abgebremst. Der mechanische Aufbau ist für beide Drehgestelle gleich. Die Bremskraft wird pro Drehgestell von zwei 10''-Bremszylindern erzeugt und über Bremswellen, Zugstangen, Ausgleichshebel, Bremsbalken und Umkehrhebel auf die Bremsklötze übertragen. Diese Gestängeanordnung ist aufwendiger, als wenn vier Bremszylinder verwendet worden wären, hat aber den Vorteil des Auftretens gleicher Kräfte und damit gleichmäßigen Verschleißes ohne zusätzliche Belastung der Radsatzlager und Radsatzwellen. Eine Beeinflussung der Bremse durch den Drehgestelleinschlag beim Bogenlauf ist ausgeschlossen.

Die Handbremse wirkt nur auf das vordere Drehgestell. Vom Handrad an der Führerhausrückwand (Einstieg rechts) wird die Bremskraft über Rollengelenkkette, Gelenkwellenstrang und Kegeltrieb auf die Bremsspindel übertragen, die über sichelförmige Verlängerungen der vorderen Bremshebel die Bremskraft in das Bremsgestänge einleitet. Die Rückholung des Bremsgestänges übernehmen in den Bremszylindern eingebaute Federn.

Die Kraftübertragungsanlage
Die Einmaschinenanlage der V 100

Die V 100 war die erste Streckenlokomotive der DR mit Einmaschinenanlage und hydrodynamischer Kraftübertragung. Auch für die starre Kupplung aller vier Radsätze durch Gelenkwellen lagen keine Erfahrungswerte vor. Das Drehmoment wird vom Dieselmotor über Kupplung und Primärgelenkwelle an das Strömungsgetriebe geleitet, von diesem über zwei Abtriebsflansche auf die vordere und hintere Sekundärgelenkwelle zu den Achsgetrieben. Man war sich bei der Entwicklung dieser Kraftübertragungsanlage durchaus bewußt, daß eine bessere Haftwertausnutzung als beim Einzelachs- oder Gruppenantrieb erzielt werden kann, daß aber auch unterschiedliche Haftwerte an einzelnen Rädern, unterschiedliche Radsatzfahrmassen durch Achsentlastungen als Funktion der Zugkraft und im Betriebseinsatz unterschiedlich abgenützte Radreifen kaum berechenbare Einflußgrößen sind, die die Lebensdauer des Systems nachteilig beeinflussen können. Nicht nur die Erfahrungen anderer Bahnverwaltungen, sondern auch eigene theoretische Untersuchen ergaben die einwandfreie Beherrschbarkeit dieser Kraftübertragungsanlage, sofern sie sorgfältig dimensioniert ist.

Dieselmotor

Für die V 100 ist der vom Motorenwerk Berlin-Johannisthal entwickelte Dieselmotor 12 KVD 18/21 SVW in den Bauformen A-2 und A-3 mit einer Nennleistung von 1000 PS bei 1500 min^{-1} verwendet worden. Dieser Motor fand bereits bei den Diesellokomotiven V 180[1] und V 180[2] sowie im Schnelltriebwagen VT 18.16 Verwendung. Der Basistyp als Saugmotor dient der V 60 (BR 105/106; BR 345–347) als Antriebsquelle. Der Zwölfzylinder besteht aus zwei Reihen von sechs Zylindern, die in einem Winkel von 60° angeordnet sind. Für beide Zylinderreihen gibt es eine gemeinsame Nockenwelle, die im V-Winkel der Zylinder in Gleitlagern gelagert ist und die hängenden zwei Einlaß- und zwei Auslaßventile jedes Zylinders über Kipphebel betätigt. Jeder Zylinderkopf ist nach oben durch eine Haube öl- und staubdicht abgedichtet. Das aus Grauguß bestehende Kurbelgehäuse ist in Kurbelwellenebene längs in ein Ober- und ein Unterteil geteilt, wobei am Unterteil die vordere und die hintere Ölwanne angebracht ist. An das Oberteil sind

Dieselmotor 12 KVD 18/21 A-2. Der aufgeladene Motor mit einer Nennleistung von 736 kW war in den Bauformen A-2 oder A-3 die Standardmotorisierung aller V 100.
Foto: Werkfoto Motorenwerk Johannisthal

die Zylinderblöcke angegossen, und beide Teile sind durch Zuganker miteinander verbunden.
Die Kurbelwelle ist aus sechs Stahlkurbelteilen und zwei Endstücken zusammengebaut (geschraubt) und zwischen den Kröpfungen in Zylinderrollenlagern im Gehäuse gelagert. Je zwei Pleuel arbeiten auf einem Hubzapfen. Die Pleuellager sind so gestaltet, daß Kolben und Pleuel nach oben ausgebaut werden können. Ein Zahnrad auf dem Endstück der Abtriebsseite treibt Nockenwelle, Ölpumpe. Einspritzpumpe, Wasserpumpe und Regler an. An dem der Abtriebsseite gegenüberliegenden Ende der Kurbelwelle ist ein Viskositäts-Schwingungsdämpfer zur Dämpfung der Drehschwingungen vorhanden.
Der nach dem Vorkammerverfahren arbeitende Dieselmotor besitzt eine Druckumlaufschmierung mit einer Zahnraddoppelpumpe. Aus der Warmölkammer wird das Öl durch den im Kühlkreislauf der Lokomotive liegenden Motoröl-Wärmetauscher gedrückt und gelangt in die Kaltölkammer. Die zweite Pumpe befördert es durch Sieb und Filter zum Druckregelventil, von dem es durch die hohlgebohrte Kurbelwelle zu den Hubzapfen der Pleuellager gelangt. Kolbenbolzen und die Laufbuchsen der Zylinder werden durch Schleuderöl, die Lager der Kurbelwelle durch Ölnebel geschmiert. Über Spritzdüsen, die von im Kurbelgehäuse verlaufenden Leitungen gespeist werden, wird der Kolbenboden mit Öl angespritzt und gekühlt. Im Ölkreislauf sorgen Ölsiebe und -filter, Magnetfilter und ein Rotationsfilter für das Ausscheiden von Schmutzpartikeln und Abrieb. Bevor der Motor angelassen werden kann, sorgt eine Vorölpumpe für den erforderlichen Mindestdruck. Der Ölwechsel wird erleichtert, weil die Rohrleitungen der Ablaßstellen bis zur Außenseite der Lokomotive geführt sind.
Den Gaswechsel des Motors steuert die von der Kurbelwelle über Zahnräder angetriebene Nockenwelle, die über Zwischenhebel, Stößelstange und Kipphebel die je zwei Einlaß- und Auslaßventile pro Zylinder öffnet, die durch Federn geschlossen werden.
Die Leistungsanpassung erfolgt durch die Drehzahlregelung. Der Verstellregler hält, unabhängig von der Belastung, die eingestellten Drehzahlstufen, auch den Leerlauf, konstant und begrenzt die Vollastdrehzahl. Am Handrad des Fahrschalters wird die Fahrstufe eingestellt, die einer bestimmten Geschwindigkeit entspricht und der eine bestimmte Drehzahl zugeordnet ist. Diese wird vom Verstellregler konstant gehalten. Bei sinkender Drehzahl, z. B. Fahrt in die Steigung, veranlaßt der Regler, der mit dem Regelgestänge der Einspritzpumpen verbunden ist, diese zur Einspritzung einer größeren Kraftstoffmenge, bis die eingestellte Drehzahl wieder erreicht ist. Die Einspritzpumpen werden über Zahnräder von der Kurbelwelle angetrieben.
Gegenüber dem in der BR V 60 verwendeten Saugmotor besitzen die in den Baureihen V 100 und V 180[1] und V 180[2] eingebauten Motoren zur Leistungssteigerung einen Abgasturbolader vom Typ N 3. Die in den Abgasen des Dieselmotors enthaltene Wärmeenergie wird in der einstufigen Axialturbine des Laders in mechanische Energie umgewandelt und zum Antrieb des Radialverdichters benutzt. Dieser drückt verdichtete Luft in die Zylinder, womit die Verbrennung einer größeren Kraftstoffmenge möglich ist, ohne daß Bauvolumen und Drehzahl des Motors vergrößert werden und eine höhere thermische Belastung eintritt. Für den Abgasturbolader ist keine zusätzliche Regeleinrichtung erforderlich, weil mit steigender Motorleistung ein größerer Abgasstrom eine Drehzahlerhöhung der Turbine und damit eine größere Luftförderung nach sich zieht. Der Abgasturbolader wird von einem Nebenzweig des Motorkühlwassers gekühlt.

Die Dämpfungskupplung

Am Abtriebsflansch des Dieselmotors ist die drehelastische Kupplung angeschraubt, die die vom Dieselmotor erzeugten Drehschwingungen und Ungleichförmigkeiten, vor allem aber die beim Anlassen und Abstellen auftretenden Drehmomentspitzen durch Aufnahme von Verformungsenergie im zwischen zwei Stahlscheiben anvulkanisierten Gummielement aufnimmt. Von der Dämpfungskupplung wird das Drehmoment des Motors über die Primär-Gelenkwelle zum Strömungsgetriebe übertragen.

Strömungsgetriebe

Das Strömungsgetriebe als Kraftübertragungsanlage hat nach Hans Müller folgende Aufgaben zu erfüllen:
- Wandlung des Motor-Drehmoments
- Anpassung des Motordrehzahlbereichs an den Fahrbereich des Tfz
- Trennung zwischen Dieselmotor und Treibradsatz
- Umkehr der Drehrichtung
- möglichst verschleiß-, stoß- und schwingungsfreie Kraftübertragung und Schaltung.

Für das Leistungsprogramm der V 100 eignete sich das in der V 180[1-2] verwendete Strömungs-

Strömungsgetriebe mit Stufenschaltung
(Getriebeschema) (aus Sfz 4/90)

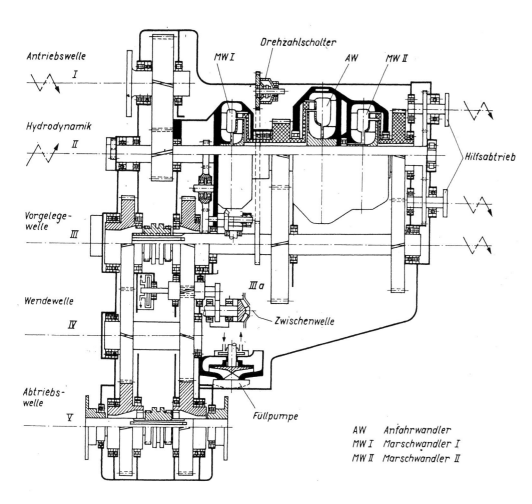

AW   Anfahrwandler
MW I Marschwandler I
MW II Marschwandler II

getriebe GSR 30/5,7, daß von der Forschungs- und Versuchsanstalt für Strömungsmaschinen Dresden und dem VEB Turbinenfabrik Dresden (später Strömungsmaschinen Pirna, Betriebsteil Dresden) entwickelt worden war und für die V 100 zusätzlich eine Stufenschaltung für zwei Geschwindigkeitsbereiche erhielt.

Das Strömungsgetriebe GSR 30/5,7 ist ein Dreiwandlergetriebe mit eingebautem Wende- und Stufengetriebe. Die komplette Bezeichnung lautet:

GSR 30/5,7 A Q e e s w
GS   Strömungsgetriebe
R   Rahmengelagert
3   Anzahl der Wandler
0   Anzahl der Kupplungen
5,7 Profildurchmesser des größten Strömungskreislaufes in dm
A   Anordnungsform des Antriebs
Q   Anordnungsform des Hauptantriebs
e   Anordnungsform der Hilfantriebe (zwei vorhanden)
s   Stufengetriebe
w   Wendegetriebe

Um den Typ des Strömungsgetriebes exakt zu definieren, ist auch die Angabe der Kenn-Nummer erforderlich. Lokomotiven der Baureihe V 100[0-1] besaßen Getriebe mit den Kenn-Nummern 63 104 und 63 112, später auch 63 119. Der Getriebeblock besteht aus vier Grauguß-Gehäuseteilen, in deren Ebenen der Teilfugen die Antriebswelle, die Hydrodynamikwelle, die Hilfsabtriebe, die Vorgelegewelle mit der Wendeschaltung, die Wendewelle und die Abtriebswelle mit der Schaltmuffe für die Stufenschaltung gelagert sind. Die Kraftübertragung im Strömungsgetriebe wird durch die Massekräfte der in den Kreisläufen beschleunigten oder verzögerten Ölströme bewirkt. In den Pumpenrädern wird die mechanische Energie des Dieselmotors durch die Beschleunigung der Ölmasse in Strömungsenergie umgewandelt und von den Turbinenrädern auf der Abtriebsseite in mechanische Energie zurückverwandelt. Der Wechsel der Fahrtrichtung erfolgt mit dem Wendegetriebe durch eine Schaltmuffe auf der Vorgelegewelle. Bei Abschleppfahrten, wenn der Kraftfluß zwischen Turbinen und Antriebswelle unterbrochen werden muß, wird die Schaltmuffe per Hand auf Mittelstellung gelegt. Das Gestänge an der Führerhausrückwand schaltet den Schnell- oder Langsamgang.

Kühlung und Schmierung

Die bei der Leistungsübertragung anfallende Verlustwärme wird durch das Getriebeöl abgeführt. Bei laufendem Motor saugt die Füllpumpe das erwärmte Öl aus der Ölwanne ab und drückt es in den vom Kühlwasser des Kühlkreislaufes umströmten Getriebeöl-Wärmetauscher. Von dort wird es über Stellglieder und Leitungen den Kreisläufen zugeführt, nimmt die Verlustwärme auf und gelangt über die Auslaßöffnungen und die Labyrinthdichtung der Wellenabdichtungen zurück in die Ölwanne. Weil der Anfahrwandler den höchsten Temperaturbeanspruchungen ausgesetzt ist, erhielt er eine zusätzliche Mantelkühlung. Bei Getrieben mit der Kenn-Nummer 63 104, die in den ersten Lieferserien der V 100[0-1] eingebaut waren, gelangte das Öl vom Wärmetauscher zum Kühlmantel des Anfahrwandlers und von dort zu den Stellgliedern. Es wurde also von der Füllpumpe gefördert. Ab Getrieben mit der Kenn-Nummer 63 112, die auch in der V 100[0-1] eingebaut waren, fördert im Fahrbetrieb die Sekundärschmierpumpe das Öl aus der Ölwanne und drückt es durch den Kühlmantel des Anfahrwandlers, von wo es über MW I oder MW II in die Ölwanne zurückfließt. Die AW-Mantelkühlung erfolgt nur bei Fahrt im MW I oder MW II. Im Abtriebsgehäuse sind größere Ölansammlungen unerwünscht, weil sie die Wellenabdichtungen belasten und zu Plantschverlusten der in den Ölsumpf eintauchenden Zahnräder führen. Deshalb wird überschüssiges Öl bei laufendem Motor von der Primärabsaugpumpe, bei abgeschaltetem Motor und rollendem Fahrzeug von der Sekundärabsaugpumpe zurück in die Ölwanne gefördert.

Sekundärgelenkwelle und Achsgetriebe mit Drehmomentstütze von unten gesehen.
Foto: Manfred Weisbrod

Unten: Radsatz mit Achsgetriebe und Achslagern.
Foto: Manfred Weisbrod

Getriebesteuerung

Mit dem Einstellen der Fahrstufe I wird das Füllventil geöffnet. Vom Füllpumpenölstrom wird das Steueröl abgezweigt, das über Steuerölpumpe und Drehzahlschalter zu den Stellgliedern gelangt, wo es den Steuerkolben verschiebt und das von der Füllpumpe geförderte Öl den Anfahrwandler füllen kann. Hiermit beginnt die Kraftübertragung. Mit steigender Drehzahl und damit steigender Ölmenge werden die Steuerkolben gegen Federkraft zusammengedrückt und erreichen den Anschlag. Das ist der Schaltpunkt X, die Umschaltung vom AW in den MW I. Bei weiterer Drehzahlerhöhung wird der Schaltpunkt Y erreicht, das Getriebe schaltet vom MW I in den MW II. Bei Verringerung der Drehzahl läuft der Prozeß im umgekehrter Richtung ab.

Die Fahrtrichtung wird durch die Verschiebung der Schaltmuffe des Wendegetriebes geändert. Die Wendeschaltung darf nur bei Stillstand des Fahrzeuges und Motorleerlauf betätigt werden, um Getriebeschäden zu vermeiden. Die Wendeschaltung wird mit besonderen Überwachungseinrichtungen geschützt, so daß es theoretisch unmöglich ist, sie während der Fahrt zu betätigen. Der Schalthebel für die Stufenschaltung (Langsamgang – Schnellgang), die ebenfalls nur im Stillstand zu betätigen ist, befindet sich im Führerhaus an der Rückwand auf der linken Seite.

Gelenkwellen

Vom Strömungsgetriebe werden die Achsgetriebe über Gelenkwellen angetrieben. Mit dieser einfachen und übersichtlichen Form der Übertragung des Drehmoments können Bautoleranzen und die Relativbewegungen der Bauteile in gefedertem und ungefedertem Zustand ausgeglichen werden, ohne daß Zwischen- oder Verteilergetriebe erforderlich sind. Die Wellen bestehen aus den beiden nadelgelagerten Kreuzgelenken und einem dazwischen liegenden, ineinander geschobenem Rohrstück, womit Längenänderungen ausgeglichen werden können. Die Gelenkwellen können dem Drehgestellausschlag im Gleisbogen, allen Lokomotivbewegungen und auch extremen Beanspruchungen wie Ausnutzung der größten Anfahrzugkraft oder Befahren von Ablaufbergen folgen, ohne daß der zulässige Beugungswinkel ausgenutzt wird.

Achsgetriebe

Das Achsgetriebe lenkt das vom Strömungsgetriebe abgegebene und von den Längsgelenkwellen übertragene Drehmoment um 90° um und überträgt es entsprechend der Achsgetriebeübersetzung gesteigert auf die Treibradsätze. Die Achsgetriebe vom VEB Getriebewerk Gotha tragen die Typbezeichnung AÜK 16. An den inneren Radsätzen sind Getriebe mit Durchtrieb (AÜK 16-3/2), an den äußeren Radsätzen Endachsgetriebe vom Typ AÜK 16-4/2 vorhanden. Die ursprüngliche Gehäusekonstruktion der Achsgetriebe, eine Kombination von Schweißkonstruktion aus Stahlblech und Stahlguß, ist durch eine komplette Stahlgußkonstruktion ersetzt worden. Das Gehäuseunterteil bildet zugleich die Ölwanne. Die Schmierung der Zahnräder erfolgt durch Tauchschmierung. Die Achsgetriebe besitzen Öleinfüllstutzen, Ölpeilstab, zwei Ölablaßstellen und Entlüftung.

Hilfseinrichtungen
Stromversorgungsanlage
Die Lokomotive ist mit einer 110-V-Gleichstromanlage ausgerüstet. Als Stromquelle dient eine 260 Ah-Gt-Batterie aus 19 Kästen mit je drei Zellen. Die Batterien sind seitlich im hinteren Vorbau untergebracht. Die 110-V-Gleichstromanlage dient zum Anlassen des Dieselmotors, zur Steuerung und Überwachung der Lokomotive und aller Hilfsbetriebe, für die optische und akustische Signalanlage und die Beleuchtung. Die Lichtanlaßmaschine mit einer Leistung von 22 kW startet den Dieselmotor über einen Hilfsabtrieb des Strömungsgetriebes und arbeitet dabei als Reihenschlußmotor. Wenn der Motor Zündung aufgenommen hat, arbeitet die Anlage als gegenkompoundierter Nebenschlußgenerator und ist in der Lage, bereits bei Leerlaufdrehzahl die Batterie zu laden. Ein elektronisch geregelter Doppelankerumformer erzeugt aus 110 V= die für die Temperaturmeßgeräte, den Betriebsstundenzähler und den Heizkessel erforderlichen 220 V~.

Optische Signalanlage und Beleuchtung
Die Signalleuchten sind so angeordnet und geschaltet, daß nach DV 301 (Signalbuch) folgende Signalbilder geschaltet werden können:
– Regelspitzensignal (Zg 1)
– Dreilichtspitzensignal (Zg 1 b)
– Falschfahrsignal (Zg 2)
– Regelschlußsignal (Zg 3)
– Rangierlokomotivsignal (Fz 1)

Die Signalbeleuchtung ist in zwei durch Leitungsschutzschalter gesicherte Stromkreise aufgeteilt. Bei Ausfall eines Stromkreises kann das vereinfachte Spitzensignal geschaltet werden. Die Deckenbeleuchtung des Führerhauses wird durch Wechselschalter ein- und ausgeschaltet. Die Vorbauleuchten werden über Kippschalter betätigt, die Apparateschränke besitzen türbetätigte Endkontaktschalter. An verschiedenen Stellen der Lokomotive sind mit einem Leitungsschutzschalter gesicherte Streckdosen zum Anschluß einer Kabelhandlampe vorhanden.

Kraftstoffanlage
Der Kraftstoff für den Dieselmotor und den Heiz-

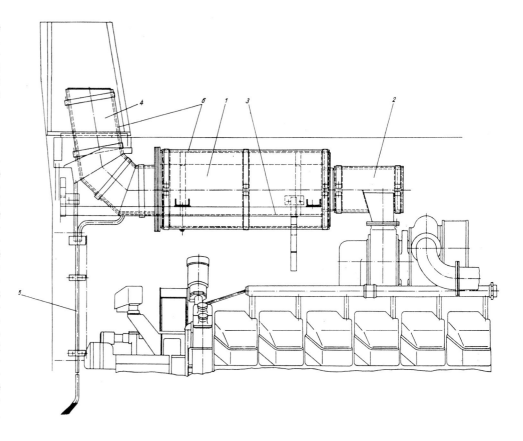

Abgasanlage
1 Schalldämpfer
2 Abgaskanal
3 Absorbereinsatz
4 Austrittsrohr
5 Abflußleitung
6 Wärmeschutzmantel

kessel wird in zwei längs unter dem Führerhaus mit Spannbändern aufgehängten Behältern von je 1300 l Fassungsvermögen mitgeführt. Der unterschiedlich hohe Anteil an Mineralölsteuer auf Dieselkraftstoff und Heizöl machte es Mitte der neunziger Jahre erforderlich, die Vorratsbehälter in einen größeren Bereich für Dieselkraftstoff und einen kleineren für Heizöl zu teilen und mit getrennten Einfüll- und Austrittsöffnungen zu versehen. Der dem hinteren Vorbau zugewandte Teil des Kraftstoffbehälters enthält das Heizöl. Der Umbau erfolgte im Raw Stendal anläßlich fälliger Schadgruppen und betraf die Baureihen 201, 202 und 204.

Für den Heizkessel wird das Heizöl von einer elektrisch angetriebenen Zahnradpumpe durch einen Spaltfilter zum Brenner und zum Verbundsteller gefördert. Der Dieselkraftstoff wird von einer an der linken Einspritzpumpe angeflanschten Kraftstoff-Förderpumpe über Vorfilter zum Saugraum der Einspritzpumpen gedrückt. Die Förderpumpe wird von einem Exzenter auf der Nockenwelle der Einspritzpumpe angetrieben. Ein Rückschlagventil verhindert das Leerlaufen der Saugleitung. Zu viel geförderter Kraftstoff fließt ebenso wie soviel geförderter Heizöl zurück in den entsprechenden Vorratsbehälter. Zu jeder Zylinderreihe gehören zwei Einspritzpumpen, die den Kraftstoff über die Einspritzleitungen zu den Düsenhaltern mit den Einspritzdüsen fördern. Falls die automatische Abstelleinrichtung versagen sollte, kann vom Führerhaus über Seilzug der Notabsperrhahn betätigt werden. Um auch bei niedrigen Temperaturen zuverlässigen Betrieb zu sichern und Paraffinausscheidungen im Kraftstoff zu verhindern, wird der dem Vorratsbehälter wieder zufließende, zu viel geförderte Diesel durch einen Kraftstoff-Wärmetauscher im Kühlkreislauf geleitet und der Warmkammer des Saugtopfes zugeführt, wo er sich mit dem kalten Kraftstoff mischt und so leicht vorgewärmt in die Einspritzanlage gelangt.

Luftfilteranlage
Bei Lokomotiven der ersten Lieferserie (V 100 004 bis V 100 043) ist die Verbrennungsluft aus dem Maschinenraum angesaugt worden. Sie gelangte über Filterplatten in den Seitenwän-

110 007-2 aus der ersten Lieferserie. Die letzte Hauptuntersuchung brachte die Angleichung an die Farbgebung der zweiten Lieferserie – es ist nur noch ein umlaufender Zierstrich vorhanden. Brand-Erbisdorf, 14. Juli 1990.
Foto: Manfred Weisbrod

Unten: 110 081-7 mit einem schweren Sandzug 1983 auf der Muldentalbahn bei der Einfahrt in Lastau. Das waren bis 1982 Leistungen der Baureihe 50.35-37.
Foto: M. Weisbrod

den des vorderen Vorbaus in den Maschinenraum und über ringförmige Trockenfilter mit Schalldämpfer in den Abgasturbolader. Betriebseinsatz und Versuche der VES-M Halle/Dessau zeigten jedoch, daß die Verbrennungsluft im Maschinenraum zu stark vorgewärmt wird, was zu thermischer Überbelastung des Motors und einer Verringerung des Gesamtwirkungsgrades führt. Die Lokomotiven sind deshalb auf Außenluftansaugung umgerüstet worden. Hinter den Mehrfachdüsen-Lüftungsgittern in den seitlichen Türen des vorderen Vorbaus, die der Grobentstaubung und zum Schutz vor Eintritt von Regenwasser und Schnee dienen, sitzen auswechselbare Filterplatten zur Feinreinigung. Die angesaugte Luft gelangt von den Türen über Ansaugtrichter und den als Hosenrohr ausgebildeten Ansaugkanal zum Abgasturbolader. Kanal und Ansaugtrichter sind durch Faltenbälge mit Schnellverschlüssen verbunden.

Abgasanlagen

Die V 100 besitzt zwei Abgasanlagen, eine für den Dieselmotor und eine für den Heizkessel. Die aus dem Abgasturbolader austretenden Gase müssen zur Geräuschminderung weiter entspannt und gasdicht ins Freie geleitet werden. Dazu ist am Laderaustritt der Abgaskanal angeflanscht, wodurch die Abgase in den Absorptionsschalldämpfer gelangen. Dieser ist, mit einem Wärmeschutzmantel versehen, auf der Haube des vorderen Vorbaus verlegt und führt zum Austrittsrohr in der Mitte der Führerhausstirnwand. Die Relativbewegungen zwischen dem Abgaskanal des eleastisch gelagerten Motors und dem starr gelagerten Schalldämpfer werden durch den Gleitring-Schwingungsausgleich aufgenommen. Zur weiteren Senkung des Geräuschpegels ist ab Lok-Nr. V 100 104 der zylindrische Schalldämpfer durch einen mit rechteckigem Querschnitt ersetzt worden, bei dem der Abgasstrom durch zwei parallele Kanäle geführt wird. Der neue Schalldämpfer kann bei Anpassung der Träger und Halter auch in die Lokomotiven mit den Betriebsnummern V 100 004 bis V 100 103 eingebaut werden.

Auf ähnliche Weise wie die Abgase des Motors sind die Abgase des Heizkessels abgeführt worden. Das wärmeisolierte Rauchrohr, das auch den Abdampf der Kessel-Sicherheitsventile aufnahm, war auf dem hinteren Vorbau bis zur Führerhausstirnwand geführt und mündete dort in einen Schornstein, der die Abgase über dem Führerhausdach ins Freie entließ.

Weil die Lokomotive die für den Nebenbahneinsatz angestrebten 15 t Radsatzfahrmasse über-

Vollständige Kühlergruppe, darunter der kleine Wasserbehälter.
Foto: Manfred Weisbrod

Heizkessel mit Brennertür, Verbundregler, modernisierter Wasserstandsregelung Bauart Gestra (oben rechts) und Schaltschrank (oben links). Aufgenommen im Raw Stendal am 20. Juni 1996.
Foto: Manfred Weisbrod

schritt, war eine Kommission beauftragt, nach Masseeinsparungen zu suchen. Da an keiner Stelle eine Tonne eingespart werden konnte, suchte die Kommission 1000 Stellen, um mit Einsparungen von 1 kg den gleichen Effekt zu erzielen. Dieser Einsparung fiel auch der Abgasschornstein des Heizkessels zum Opfer. Zwar ist die Dachhaube des hinteren Vorbaus nicht geändert worden, doch Schornstein und wärmeisoliertes Rauchrohr entfielen. Die Abgase des Heizkessels und der Abdampf der Kesselsicherheitsventile traten nun ab Lok 110 313 aus einer Öffnung unmittelbar über dem Heizkessel am hinteren Vorbau ins Freie. Das führte zur Belästigung des Lokführers bei Rückwärtsfahrt durch Abgase und wurde auch vom Medizinischen Dienst der DR beanstandet. Anfang der neunziger Jahre ist die ursprüngliche Abgasführung mit Schornstein wieder eingebaut worden.

Kühlanlage

Die im Dieselmotor, Abgasturbolader und Strömungsgetriebe entstehende Verlustwärme wird durch eine Wasserkühlung mit Zwangsumlauf abgeführt. Die Kühlanlage ist vorn im vorderen Vorbau untergebracht und als Seitenwandkühler ausgeführt. Hinter den beiden Öffnungen in jeder Vorbauseitenwand, die durch Jalousien verschließbar sind, wird die Wärme des Kühlwassers in Rundrohr- oder Flachrohr-Kühlelementen an die Kühlluft übertragen. Ab 110 104 sind Flachrohr-Kühlelemente eingesetzt worden, die bei geringerer Masse die gleiche Kühlleistung erbringen. Jeweils sieben Kühlelemente sind zu einem Block vereinigt und elastisch im Kühlertraggerüst gelagert, in dem auch das Kühlergehäuse befestigt ist. Zwei im Kühlergehäuse angeordnete Lüfterflügel, die durch Drehstromasynchronmotoren angetrieben werden, saugen die Luft durch die Jalousien in den Seitenwänden des Vorbaus und durch die Kühlelemente und stoßen sie durch Öffnungen in der Dachhaube des Vorbaus aus. Die Zu- und Abschaltung der Lüftermotoren erfolgt abhängig von der Temperatur des Kühlwassers. Die Jalousien vor den Seitenwandöffnungen können bei längeren Abstellzeiten (bei niedrigen Außentemperaturen) oder bei längeren Talfahrten zu Verhinderung von Auskühlung vom Führerstand aus pneumatisch geschlossen werden. Im Kühlertraggerüst ist auch der vordere Behälter für das Wasser des Heizkessels untergebracht. Das Traggerüst mit den Kühlerblöcken, dem Kühlergehäuse mit den Lüftern und dem Heizwasserbehälter kann komplett nach oben durch das Dachsegment ausgebaut werden.

Das vom Dieselmotor und dem Abgasturbolader kommende Kühlwasser wird zu gleichen Teilen in den rechten und den linken Kühlerblock geleitet. Das gekühlte Wasser wird in einem Hosenrohr vereinigt und dem Motoröl-Wärmetauscher zugeführt. In dem vom Kühlwasser umspülten Rohrbündel gibt das Motorenöl einen Teil seiner Wärme an das Kühlwasser ab, wenn die Öltemperatur größer als die Kühlwassertemperatur ist. Vom Motoröl-Wärmetauscher gelangt das Wasser durch die vom Dieselmotor angetriebene Kühlwasserpumpe, die den Wasserkreislauf bewirkt, zum Wärmeaustauscher für das Öl des Strömungsgetriebes, dessen Funktion der des Motoröl-Wärmetauschers entspricht. Das dem Getriebeöl-Wärmetauscher austretende Kühlwasser wird in zwei Teilströmen dem Dieselmotor und dem Abgasturbolader zugeführt, und der Kreislauf beginnt erneut. An der höchsten Stelle des Kühlkreislaufes (unter der Vorbauhaube) sind zwei durch eine Rohrleitung verbundene Ausgleichbehälter mit Ausgleich- und Entlüftungsleitungen vorhanden. Über die Ausgleichleitung werden Wasserverluste ausgeglichen, die Entlüftungsleitung verhindert Unterdruck und Luftpolster im Kreislauf. Durch ein Schauglas in den Ausgleichbehältern kann der Wasserstand kontrolliert werden. Ist er zu gering, schaltet der Betriebswächter »Kühlwasserstand« den Dieselmotor ab.

Heiz- und Kühlwasservorräte

Das zur Dampferzeugung im Heizkessel erforderliche Wasser wird in zwei Behältern mitgeführt, wovon einer im vorderen Vorbau (Fassungsvermögen ca. 1000 l) im Kühlertraggerüst, der andere im hinteren Vorbau (Fassungsvermögen ca. 2000 l) untergebracht ist. Die Aufteilung des Heizkessel-Speisewassers in zwei Behälter ist im Hinblick auf eine gleichmäßige Minderung der Reibungsmasse beider Drehgestelle bei abnehmenden Vorräten erfolgt. Der volle Wasservorrat von 3000 l darf jedoch nur mitgeführt werden, wenn die Lokomotive auf Strecken mit mindestens 17 t zulässiger Radsatzfahrmasse eingesetzt wird. Bei Strecken mit 16 t Radsatzfahrmasse ist der Wasservorrat auf 2000 l begrenzt. Die Behälter sind durch eine im Rahmenlängsträger verlegte Rohrleitung miteinander verbunden, und der vordere Behälter wird über den hinteren gefüllt. Der Gesamtwasserstand ist an einer Wasserstandsanzeige am hinteren Behälter kontrollierbar. Heiz- und Kühlwasser können von beiden Lokomotivseiten eingefüllt werden, das Heizwasser über einen »C«-, das Kühlwasser über einen »D«- Anschluß.

Ausfahrt der 110 104-7 aus Nossen in Richtung Riesa. Auch auf dieser Strecke ist der Reiseverkehr zum Fahrplanwechsel 1998 eingestellt worden. Aufnahme aus dem Jahre 1979. Die 110 104 ist 1993 zur 298 104 umgebaut worden.
Foto: Manfred Weisbrod

Schematische Darstellung des Heizkessels

1 Schornstein
2 Wassereintritt
3 Rauchkammer
4 Leitbleche
5 Heizkessel (Oberteil)
6 Teilungsflansch
7 Steigrohr
8 Ausmauerung
9 Feuerraum
10 Außenbekleidung
11 Heizkessel (Unterteil)
12 Fußschale
13 Fuß
14 Standrohr
15 Fallrohr
16 Blende
17 Dampfaustritt
18 Zyklon
19 Vorwärmer
20 Siebschale
21 Rauchrohr
22 Isolierung
23 Brenneranschluß
24 Flansch zur Abschlammung

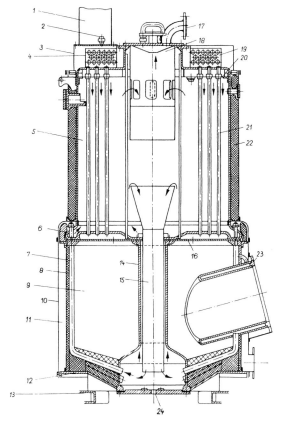

Vorwärmanlage

Der Dieselmotor darf nur bei einer Kühlwassertemperatur von mindestens 50° C angelassen werden, um die Standzeit von Motor und Anlaßeinrichtung zu verlängern und den Motor sicher anlassen zu können. Die Wärmeenergie zum Vorwärmen des Kühlwassers liefert der Heizkessel der Lokomotive (oder ein Fremddampfanschluß). Ein parallel zum Hauptkühlkreislauf liegender Rohrstrang, in den ein Vorwärm-Wärmetauscher und eine elektrische betriebene Kühlwasser-Umwälzpumpe eingeschaltet sind, übernimmt die Vorwärmung des Kühlwassers. Der der durchgehenden Heizleitung entnommene Dampf gelangt zum Vorwärm-Wärmetauscher, durchströmt ein vom Kühlwasser durchflossenes Rohrbündel und wärmt das Kühlwasser vor. Restdampf und Kondensat gelangen über eine Rücklaufleitung in den hinteren Heizwasserbehälter.

Für den Fall betrieblicher Einsätze der V 100 ohne Zugheizanlage ist von LEW auf Wunsch der DR der Einbau des bereits bei der V 60 bewährten Vorwärmgerätes *Heto 30* konstruktiv vorbereitet worden. In diesem Falle wird auf eine entsprechend dick ausgebildete Montageplatte (die die fehlende Heizkesselmasse ersetzt) das Vorwärmgerät und ein 30 l fassender Kraftstoffbehälter gesetzt und durch einen zusätzlichen Kanal eine Verbindung des Abgasaustrittes des Vorwärmgerätes zur Abgasführung des Heizkessels unter der hinteren Vorbauhaube hergestellt.

Warmhalteanlage

Geplant war, die Lokomotiven mit einer Warmhalteanlage auszurüsten, um ein Einfrieren der bei Minusgraden im Freien abgestellten Maschine zu verhindern. Für die Lieferserien 1967 und 1968 konnte der Einbau dieser Anlage noch nicht realisiert werden. Vorgesehen war, die benötigte Energie dem aufgeheizten Kesselspeisewasser oder dem vom Kessel erzeugten Dampf zu entnehmen. Später hat man gänzlich auf den Einbau verzichtet und in der Bedienvorschrift verfügt, im Güterzug- und Rangierdienst und bei Leerfahrten bei Frostgefahr den Heizkessel im unteren Lastbereich zu betreiben.

Zugheizanlage

Der am Ende des hinteren Vorbaus untergebrachte Heizkessel versorgt Reisezugwagen mit Heizdampf und dient zum Vorwärmen der Lokomotive. Die vorgesehene Warmhalteanlage, die ebenfalls mit diesem Kessel betrieben werden sollte, ist, wie dargestellt, nicht ausgeführt worden. Bereits bei der Entwicklung der Lokomotive war man zu der Erkenntnis gekommen, daß ein Heiz-Dampf-Kessel für eine Diesellokomotive nicht die optimale Lösung darstellt, weil er im Güterzug- und Rangierdienst nur als Ballast transportiert wird, doch waren Ende der sechziger Jahre viele Reisezugwagen nur mit Dampf heizbar und entsprechende Heizgeneratoren nicht verfügbar.

Der stehende Wasserrohr-Rauchrohr-Kessel wird durch Dieselkraftstoff beheizt und besitzt eine Speisewasserpumpe, eine Kraftstoffpumpe und ein Verbrennungsluftgebläse. Bis zur Betriebsnummer V 100 043 besaßen alle drei Aggregate einen eigenen Elektromotor, ab V 100 044 werden Brennstoff- und Wasserpumpe von einem gemeinsamen Motor angetrieben. Das aus den beiden Wasserbehältern geförderte Speisewasser wird durch einen Wofatit-Ionenaustauscher gedrückt und enthärtet. Es durchströmt den im oberen Teil des Kessels gelegenen Vorwärmer, gelangt entlang der Rauchrohre und durch das Fallrohr in den unteren Wasserraum des Standrohres und steigt im Ringraum zwischen Fall- und Standrohr nach oben, wobei es verdampft wird. Der Dampf gelangt in die durchgehende Heizleitung, an die auch der Vorwärmetauscher angeschlossen ist. Die Heizgase strömen durch die Rauchrohre und den Vorwärmer über den Austrittsstutzen zum Rauchrohr unter dem Dach der Vorbauhaube. Der Kessel ist mit einer umfangreichen Überwachungseinrichtung ausgestattet, die bestimmte Betriebszustände kontrolliert und an den Führerstand meldet und den automatischen Betrieb sichert. So wird der Wasserstand überwacht (bei Unterschreiten der Niedrigstwasserstandsmarke ist keine Zündung möglich bzw. wird die Feuerung abgeschaltet), eine Fotozelle überwacht die Flamme (erfolgt innerhalb von 5 sec keine Zündung, wird die Kraftstoffzufuhr abgestellt). Um Verpuffungen auszuschließen, wird der Verbrennungsraum vor Freigabe der Brennstoffzufuhr vorgelüftet (30 sec) und nach Unterbrechung der Brennstoffzufuhr nachbelüftet (8...15 sec). Beim Erreichen eines Dampfüberdruckes von 4 bar wird die Feuerung ebenso abgeschaltet wie beim Überschreiten der Marke für den höchsten und niedrigsten Wasserstand. Der Brennertürkontakt sorgt dafür, daß die Feuerung nur bei geschlossener Brennertür möglich ist. Die Funktions- und Störungsmeldungen werden auch über die Vielfachleitungen auf jedes Steuerpult (Überwachung Heizkesselanlage) weitergeleitet.

Druckluftversorgungsanlage

Die für die Bremsanlage und die Nebeneinrichtungen benötigte Druckluft wird in der Druckluft-

Vor der Silhouette der Wittenberger Schloßkirche fährt die 110 083-3 aus der zweiten Lieferserie mit einem Personenzug (1983).
Foto: Manfred Weisbrod

Unten: V 100 009 aus der ersten Lieferserie mit dem für diese Serie typischen Doppelzierstrich. Lokführer und Zugbegleiter beobachten bei dem unfreiwilligen Halt die Bauarbeiten im Nebengleis (November 1968).
Foto: Gerhard Thamm

V 100 020 auf der Leipziger Frühjahrsmesse 1967.
Foto: Michael Malke

Unten: 110 118-7 mit Gex 2603 in Gräfenroda auf der Strecke Arnstadt–Oberhof im Thüringer Wald (2. Oktober 1988).
Foto: Michael Malke

versorgungsanlage erzeugt und gespeichert. Sie besteht aus zwei baugleichen Luftverdichteraggregaten mit Zwischenkühlern, zwei Hauptluftbehältern, dem Sonderluftbehälter und den entsprechenden Armaturen. Die Luftverdichter und die zum Antrieb erforderlichen Elektromotoren sind unter Zwischenschaltung von Gummielementen rechts und links auf dem Rahmen unter dem Führerhausboden befestigt und von außen durch Klappen zugängig. Die beiden Hauptluftbehälter und der Sonderluftbehälter befinden sich im hinteren Vorbau. Im Betrieb erfolgt das Ein- und Ausschalten durch den Druckwächter. Sinkt der Druck im Hauptluftbehälter unter 7 bar, werden die Luftverdichter ein- und beim Erreichen von 8 bar wieder ausgeschaltet. Ein auf 8,5 bar eingestelltes Sicherheitsventil in der Hauptluftbehälter-Speiseleitung überwacht das System. Um die Bremse schneller betriebsbereit zu haben, wird der Sonderluftbehälter erst gefüllt, wenn der Druck in den Hauptluftbehältern auf 6,5 bar angestiegen ist. Aus dem Sonderluftbehälter werden die akustische Signalanlage, Sandstreuer, Scheibenwischer, Heizkesselanlage, Jalousiebetätigung und Wendeschaltung versorgt. Das ursprünglich auf der Dachhaube des vorderen Vorbaus zwischen Lüftervorbau und Maschinenraumvorbau angebrachte Druckluftläutewerk ist bald wieder entfallen.

Die jeweils dreizylindrigen Luftverdichter arbeiten zweistufig. In den ersten beiden Zylindern wird die Luft vorverdichtet, dann in den Zwischenkühlern rückgekühlt und im dritten Zylinder (Hochdruckzylinder) auf den Enddruck von 8 bar gebracht. Ab V 100 044 werden Luftverdichter mit einem Endüberdruck von 10 bar verwendet;

Fahrzeugmassen, Achslasten und technische Daten der BR 110.0-1.
Quelle: Merkbuch (DV 939 Tr.) der DR

für die nachgeschalteten Verbraucher wird der Druck durch ein Druckminderungsventil auf 8 bar begrenzt. Die Druckerhöhung machte eine Leistungssteigerung des Antriebsmotors von 6,8 kW auf 8,5 kW erforderlich, sicherte aber die Vorhaltung einer größeren Luftmenge. Die elastische Lagerung der Luftverdichter machte den Anschluß aller Druckluftleitungen über Druckschläuche erforderlich. Weil auch das Führerhaus elastisch gelagert ist, sind alle dort ankommenden und abgehenden Luftleitungen als Druckschläuche ausgeführt.

Druckluftbremse

Die Lokomotive besitzt zwei pneumatisch selbständige Bremsen – die indirekt wirkende, selbsttätige Einkammer-Druckluftbremse Bauart Kbr und die direktwirkende, nicht selbsttätige Einkammer-Druckluftbremse. Beide Bremsen wirken auf die gleichen Bremszylinder (pro Drehgestell 2 x 10"). Die indirekt wirkende Bremse wird über das Führerbremsventil betätigt. Weil für beide Führerbremsventile (rechts und links) nur ein Schlüssel existiert, wird das nicht benötigte in Mittelstellung verschlossen. In Betriebsstellung des Führerbremsventils wird die vom Hauptluftbehälter anliegende Druckluft über den Schnelldruckregler zum Füllen der Hauptluftleitung auf 5 bar reduziert und konstant gehalten. Mit den Einfachsteuerventilen ist stufenweises Bremsen, nicht aber stufenweises Lösen möglich. Das erfolgt durch die Löseventile, die sowohl bei der direkten als auch bei der indirekten Bremse ansprechen. Eine Vollbremsung mit der indirekten Bremse kann durch Öffnen der Notbremsventile, durch selbsttätiges Ansprechen der Sicherheitsfahrschaltung (Sifa) oder durch den Übertourungsschutz für das Strömungsgetriebe eingeleitet werden. In diesem Fall ist es nicht zulässig, den Bremsvorgang durch die Löseventile aufzuheben. Die direkte Bremse wird mit dem Zusatzbremsventil betätigt.

Sandstreuanlage

An den äußeren Enden der Drehgestellrahmenwangen sind die Sandbehälter angeschraubt, die über schräge Einfüllstutzen mit Schraubverschluß gefüllt werden. Über Sandstreugebläse und Fallrohr gelangt der Sand auf die Schienen. Es wird jeweils der vorauslaufende Radsatz gesandet, wobei elektropneumatisch über Magnetventile vom Führerpult aus über Schalter kurzzeitig oder dauernd gesandet werden kann. Die Luft für die Sandstreugebläse stammt aus dem Sonderluftbehälter.

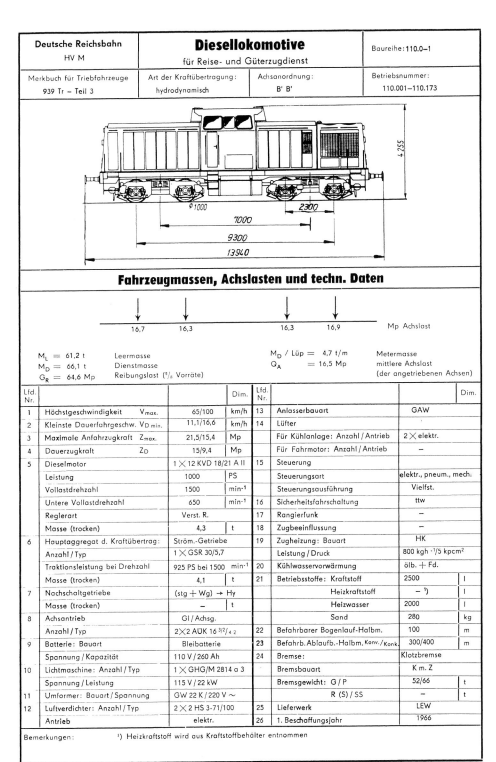

110 045-2 und eine zweite 110 vor einem schweren Güterzug in Doppeltraktion auf der Strecke Gößnitz–Glauchau bei Schönbörnchen. Die Ellok der Baureihe 250 läuft nur als gebremster Wagen mit; ihr Lokführer hat Zeit, die Aussicht zu genießen.
Foto: Manfred Weisbrod

Scheibenreinigungs- und Entfrostungsanlage

Zur Reinigung der Führerhaus-Frontscheiben sind vier pneumatisch betätigte Scheibenwischer vorhanden, die paarweise vom Führerstand aus über Anstellventile geschaltet und in ihrer Geschwindigkeit reguliert werden können. Die zur Bedienung erforderliche Druckluft stammt ebenfalls aus dem Sonderluftbehälter. Eine besondere Scheibenentfrostung ist nicht vorgesehen. Im Führerhaus sind an jeder Stirnwandseite zwei elektrisch betriebene und verstellbare Ventilatoren vorhanden, die das Beschlagen und Vereisen der Scheiben verhindern sollen.

Führerhauslüfter

An der linken vorderen Stirnwand des Führerhauses ist oberhalb des Umlaufs ein Lüfter mit verstellbarem Abdeckblech für die Belüftung des Führerhauses eingebaut.

Akustische Signalanlage

Die Lokomotive besitzt für die akustische Signalgebung zwei Typhone und ein Läutewerk. Die Typhone sind in Höhe des Führerhausdaches vor der Verkleidung der Abgaskanäle angebracht, das Läutewerk auf der Abdeckhaube des vorderen Vorbaus zwischen Kühleranlage und Maschinenraum. Die Versorgung mit Druckluft erfolgt aus dem Sonderbehälter. Zur Betätigung der Typhone sind für jede Fahrtrichtung hand- und fußbediente Druckknopfventile, für das Läutewerk zwei Anlaßventile vorgesehen.

Feuermelde- und Löschanlage

Die Temperatur im Einbauraum von Dieselmotor und Heizkessel wird durch Schmelzlotmelder überwacht, die bei unzulässig hohen Temperaturen ein akustisches Warnsignal auslösen. Reichen zur Brandbekämpfung die Handfeuerlöscher (zwei im Führerhaus, je einer in jedem Vorbau) nicht aus, muß vom Führerhaus aus per Hand die Löschanlage in Betrieb gesetzt werden, wodurch das Löschmittel Bromid über Rohrleitungen und Sprühdüsen zu den brandgefährdeten Stellen gelangt (Dieselmotor, Heizkessel, Lichtanlaßmaschine, Lüftergenerator).

Steuerung und Überwachung
Steuerung

Von jedem Führerpult aus kann das Anlassen und Abstellen des Dieselmotors, die Leistungssteuerung, das Füllen und Leeren der Kreisläufe des Strömungsgetriebes und die Umschaltung des Wendegetriebes vorgenommen werden. Der Fahrschalter mit Fahr- und Richtungswalze auf dem Führerpult dient in Verbindung mit den Kippschaltern und Tastern zum Ein- und Ausschalten der Stromkreise für die Fahrsteuerung. Mit der Fahrwalze können die Stufen 0 und 1 bis 6 geschaltet werden. Die Richtungswalze besitzt die Stellungen Vorwärts, Vorbereitung, Abschluß und Rückwärts. Steht die Richtungswalze in der Stellung Abschluß, ist die Fahrwalze mechanisch verriegelt, und in jeder Stellung der Fahrwalze außer 0 ist die Richtungswalze mechanisch verriegelt.

Steuerung des Dieselmotors

Vor dem Anlassen des Dieselmotors sind folgende Voraussetzungen zu erfüllen:
– Die Richtungswalze muß außerhalb der Stellung Abschluß liegen
– Die Fahrwalze muß in der Stellung Null liegen
– Der Drehzahlsteller muß in der Stellung Null liegen
– Im Schmierölkreislauf muß ein Druck von mindestens 1,5 bar anliegen
– Die Temperatur des Kühlwassers muß mindestens 50° C betragen.

Die Kühlwassertemperatur hat der Lokführer zu überprüfen, der Druck im Schmierölkreislauf des Motors wird vom Startwächter Motorölschmierdruck überwacht, dessen Kontakt erst bei 1,5 bar schließt und dann auch den Anlaßmagneten an

201 151, 201 142, 201 044, 201 050 am 23. Juni 1992 in Nossen. Die Lokomotiven sind nicht auf dem Weg zum Abstellgleis, sondern ins Raw Stendal, denn sie wurden alle mit Strömungswendegetriebe ausgerüstet und zur Baureihe 298 umgebaut.
Foto: Manfred Weisbrod

Spannung legt. Den erforderlichen Öldruck vor dem Anlassen des Motors erzeugt eine von einem 1-kW-Gleichstrommotor angetriebene Schmierölvorpumpe. Der Dieselmotor wird durch die Lichtanlaßmaschine über Gelenkwelle, die Primärteile des Strömungsgetriebes, die Primärgelenkwelle und die drehelastische Kupplung angelassen. Wenn er Zündung aufgenommen hat, bekommt er Leerlauffüllung.

Drehzahlverstellung

Fahrgeschwindigkeit und Zugkraft werden durch Drehzahlverstellung erreicht und konstant gehalten. Die vom Lokführer an der Fahrwalze eingestellte Fahrstufe entspricht einer bestimmten Drehzahl des Dieselmotors. Der Drehzahlverstellregler hält die Drehzahl unabhängig von der Belastung des Motors konstant. Er sitzt zwischen den beiden Einspritzpumpen am Kurbelgehäuse, begrenzt die Vollastdrehzahl und hält die Leerlaufdrehzahl konstant. Über die Kontaktwalze des Drehzahlverstellers und die nachgeschalteten Steuerglieder werden für die einzelnen Fahrstufen folgende Drehzahlen eingestellt:

Stufe 0	600 min^{-1} + 15 %
Stufe 1	600 min^{-1} + 2 %
Stufe 2	1000 min^{-1} + 2 %
Stufe 3	1125 min^{-1} + 2 %
Stufe 4	1250 min^{-1} + 2 %
Stufe 5	1375 min^{-1} + 2 %
Stufe 6	1500 min^{-1} + 2 %

Abstellen

Das Abstellen erfolgt entweder über Betätigung des Abstelltasters durch den Lokführer oder zwangsläufig durch einen Betriebswächter. Bei Ausfall der elektrischen Steuerung kann der Dieselmotor per Seilzug von Hand abgestellt werden.

Steuerung des Strömungs- und Wendegetriebes

Die Arbeitskreisläufe des Strömungsgetriebes können nur gefüllt werden, wenn die Richtungswalze in den Stellungen *Vorwärts* oder *Rückwärts* liegt. Die Steuerung des Wendegetriebes erfolgt ebenfalls durch die Richtungswalze des Fahrschalters. Je nach Stellung der Richtungswalze

Schlepplastentafel und z/V-Diagramm der BR 110.0-1.
Quelle: Merkbuch (DV 939 Tr.) der DR

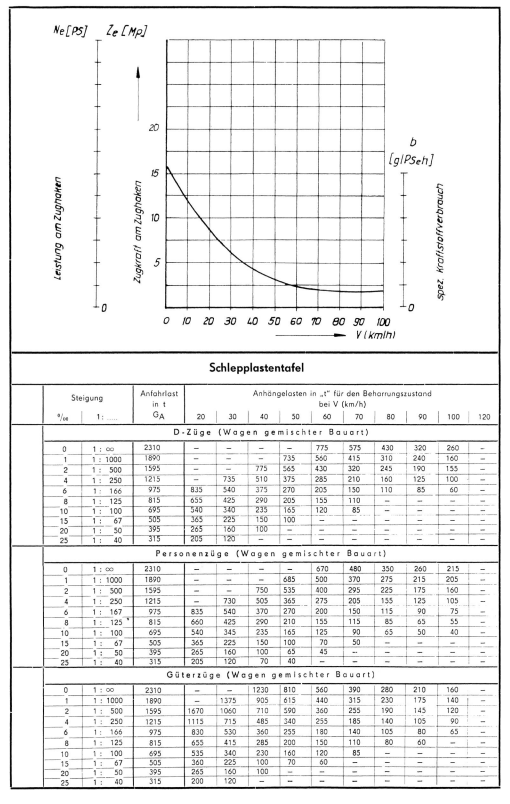

Schlepplastentafel

Steigung °/₀₀	1:	Anfahrlast in t G_A	Anhängelasten in „t" für den Beharrungszustand bei V (km/h)								
			20	30	40	50	60	70	80	90	100	120

D-Züge (Wagen gemischter Bauart)

Steigung	1:	G_A	20	30	40	50	60	70	80	90	100	120
0	1: ∞	2310	–	–	–	–	775	575	430	320	260	–
1	1: 1000	1890	–	–	–	735	560	415	310	240	160	–
2	1: 500	1595	–	–	775	565	430	320	245	190	155	–
4	1: 250	1215	–	735	510	375	285	210	160	125	100	–
6	1: 166	975	835	540	375	270	205	150	110	85	60	–
8	1: 125	815	655	425	290	205	155	110	–	–	–	–
10	1: 100	695	540	340	235	165	120	85	–	–	–	–
15	1: 67	505	365	225	150	100	–	–	–	–	–	–
20	1: 50	395	265	160	100	–	–	–	–	–	–	–
25	1: 40	315	205	120	–	–	–	–	–	–	–	–

Personenzüge (Wagen gemischter Bauart)

Steigung	1:	G_A	20	30	40	50	60	70	80	90	100	120
0	1: ∞	2310	–	–	–	–	670	480	350	260	215	–
1	1: 1000	1890	–	–	–	685	500	370	275	215	205	–
2	1: 500	1595	–	–	750	535	400	295	225	175	160	–
4	1: 250	1215	–	730	505	365	275	205	155	125	105	–
6	1: 167	975	835	540	370	270	200	150	115	90	75	–
8	1: 125	815	660	425	290	210	155	115	85	65	55	–
10	1: 100	695	540	345	235	165	125	90	65	50	40	–
15	1: 67	505	365	225	150	100	70	50	–	–	–	–
20	1: 50	395	265	160	100	65	45	–	–	–	–	–
25	1: 40	315	205	120	70	40	–	–	–	–	–	–

Güterzüge (Wagen gemischter Bauart)

Steigung	1:	G_A	20	30	40	50	60	70	80	90	100	120
0	1: ∞	2310	–	–	1230	810	560	390	280	210	160	–
1	1: 1000	1890	–	1375	905	615	440	315	230	175	140	–
2	1: 500	1595	1670	1060	710	590	360	255	190	145	120	–
4	1: 250	1215	1115	715	485	340	255	185	140	105	90	–
6	1: 166	975	830	530	360	255	180	140	105	80	65	–
8	1: 125	815	655	415	285	200	150	110	80	60	–	–
10	1: 100	695	535	340	230	160	120	85	–	–	–	–
15	1: 67	505	360	225	100	70	60	–	–	–	–	–
20	1: 50	395	265	160	100	–	–	–	–	–	–	–
25	1: 40	315	200	120	–	–	–	–	–	–	–	–

werden die Magneten Wendegetriebe vorwärts oder rückwärts angesteuert.

Überwachung

Der Dieselmotor wird durch den Startwächter Motorschmieröldruck und die Betriebswächter Kühlwasserstand, Motorschmieröldruck, Motorschmieröltemperatur und Kühlwassertemperatur überwacht und bei nicht bedingungsgemäßen Betriebszuständen abgestellt. Die erste Gruppe der Betriebswächter (Motorschmieröldruck und -temperatur, Kühlwasserstand) schaltet den Dieselmotor ab und entleert die Arbeitskreisläufe des Strömungsgetriebes. Die zweite Gruppe (Kühlwassertemperatur) entleert die Arbeitskreisläufe des Strömungsgetriebes und steuert den Motor auf Leerlaufdrehzahl; sie stellt ihn aber nicht ab, weil damit auch die Kühlwasserumwälzpumpe außer Betrieb ginge und Wärmestauungen im Motor auftreten können.
Das Strömungsgetriebe wird durch Druck- und Temperaturwächter überwacht. Bei unzulässig hohen Drehzahlen im Langsam-Gang des Strömungsgetriebes spricht ein mechanisch-elektrischer Überdrehzahlschalter an, der eine Zwangsbremsung einleitet. Im Streckengang ist diese Einrichtung kurzgeschlossen.

Sicherheitsfahrschaltung (Sifa)

Die Sifa überwacht die Dienstfähigkeit des Lokführers, der in einem bestimmten Zeitabstand den Hand- oder Fußschalter drücken und loslassen muß. Sie ist als wegeabhängige Sicherheitsfahrschaltung und als zeitabhängige Wachsamkeitskontrolle ausgeführt. Sie bewirkt bei Dienstunfähigkeit des Lokführers eine Notbremsung und die sofortige Abschaltung der Kraftübertragung.

Die Weiterentwicklung zur V 100.2

Eine Vielzahl von Bauartänderungen, die die V 100.2 kennzeichnen, ist bereits bei der V 100.0-1 ab V 100 044 oder ab V 100 104 in die Serie eingeführt worden. Sie sind im Kapitel über die Serienlieferung der V 100.0-1 dargestellt.

Ein Hauptziel bei der Überarbeitung der Konstruktion blieb die Masse-Ersparnis, um auf eine Lokomotivmasse von maximal 15,75 t zu kommen. Mit dem Wegfall des Fischbauchrahmens ab V 100 104 konnten schon ca. 1,8 t eingespart werden.

Änderungen an den Drehgestellen

Für die Instandhaltung waren der Ausbau des Strömungsgetriebes und der beiden großen Sekundärgelenkwellen problematisch. Der Getriebeausbau ist ab V 100 044 durch die Dachklappe des Führerhauses möglich. Das Absenken der schweren Sekundärgelenkwellen konnte durch den Wegfall des inneren Querträgers am Drehgestellrahmen vereinfacht werden. An den Drehgestellen der V 100 052 und V 100 053 ist erprobt worden, ob durch den Wegfall der inneren Querversteifung Spannungen im Drehgestellrahmen auftreten oder Querschnitte gefährdet werden. Die sogenannten A-Drehgestelle ohne durchgehenden inneren Querträger, die auch eine geringe Masse-Ersparnis brachten, sind ab V 100 201 serienmäßig eingebaut worden.

Rahmenabstützung

Die in einem Ölbad laufenden seitlichen Abstützungen mit der Verschleißpaarung Stahl/Hartgewebe, die mit Aufwand für die Abdichtung der Ölwannen bei Fertigung und Instandhaltung und laufender Schmierung im Betriebseinsatz verbunden war, ist durch eine *trockene* Paarung Stahl/Hartgewebe mit einer eingewalzten Schicht aus Molybdänsulfid (MoS_2) ersetzt worden. Verbessert wurden ebenfalls die innerhalb der Schraubenfedern der Sekundärabstützung liegenden Federführungen, an denen Schäden durch Bruch der Hartgeweberinge und Rohrstücke durch selbsttätiges Herausdrehen der eingeschraubten und gesicherten Teller der Ölwanne zu verzeichnen waren.

Kraftübertragung

Nachdem die Ausbausituationen für Strömungsgetriebe und Sekundärgelenkwellen geändert worden waren, sind auch die Achsgetriebe geändert worden. Dadurch war ein einwandfreies Absenken der großen Gelenkwellen und ein ungehinderter Zugang zu den Flanschanschlüssen möglich. Ab V 100 241 sind für die Radsätze 2 und 3 anstelle der Achsgetriebe AÜK 16-3/2 die des Typs ADU 20-8, für die Radsätze 1 und 4 anstelle der Achsgetriebe AÜK 16-4/2 die des Typs AK 20-12 eingebaut worden.

Gleichzeitig mit den neuen Achsgetrieben sind auch neue Drehmomentstützen in querelastischer Ausführung eingebaut worden, die wartungsfrei am Drehgestellquerträger gelagert sind. Bereits bei den Lieferungen des Jahres 1968, die mit V 100 044 begannen, sind die neuen Strömungsgetriebe GSR 30/5,7 AQ eesw mit der Kenn-Nr. 6 3112 eingebaut worden. Diese mit dem Ziel einer höheren Lebensdauer und eines unkomplizierteren Aufbaus konstruktiv überarbeiteten Getriebe, die statt speziell gefertigter Bauteile handelsübliche enthalten, sind zuvor in den Lokomotiven V 100 035, 036, 037, 039, 041 und 042 erprobt worden. Eine Forderung an den Hersteller war die Tauschbarkeit mit den Getrieben der Kenn-Nr. 6 3104 ohne Änderung an der Lokomotivsteuerung und ohne nennenswerte bauliche Änderungen am mechanischen Teil der Lokomotive.

Untersuchungen der Stufenschaltung (Langsamgang/Schnellgang) bezüglich Wirkungsgrad und Verbrauchsverhalten im Langsamgang hatten zum Ergebnis, daß eine spürbare Überlegenheit bei Fahrbetrieb im Langsamgang nicht nachgewiesen werden konnte. Die Stufung LG/SG und der Fahrbetrieb im Langsamgang hätte nur unter bestimmten, sich ständig wiederholenden Einsatzbedingungen wirtschaftliche Vorteile gebracht, die aber bei dem breiten und ständig wechselnden Einsatzspektrum in der Gesamtbilanz nicht zu Buche schlugen. So ist ab V 100 201 auf die Stufenschaltung verzichtet worden, was auch den Vorteil der Einsparung von 0,5 t Getriebemasse brachte. Um dem Betriebsdienst bereits mit der Betriebsnummer zu signalisieren, ob die Lokomotive ein Getriebe mit Stufenschaltung besitzt, ist für Lokomotiven ohne Stufenschaltung eine neue Nummernreihe (V 100 201 ff.) begonnen worden. Das Getriebe ohne Stufenschaltung trägt die Typenbezeichnung GSR 30/5,7 Apeew und die Kenn-Nr. 6 3115. Es ist tauschbar mit dem Strömungsgetriebe der BR 118 (Kenn-Nr. 6 3109). Mit Verzicht auf die Stufung ist jedoch das Getriebe mit LG/SG nicht für unsinnig erklärt worden, im Gegenteil. Für den Einsatz unter bestimmten Betriebsbedingungen, z. B. ständiger Dienst auf steigungsreichen Strecken, war die Verwendung von Lokomotiven mit Stufengetriebe durchaus wirtschaftlich sinnvoll.

Weitere Änderungen

Die HvM hatte den Wegfall des Läutewerkes bei

A-Drehgestell ohne durchgehenden inneren Querträger, wie es ab V 100 201 eingebaut worden ist.

Unten: Anlenkung der Drehmomentstütze am Achsgetriebe. Oben in neuer, unten in alter Form.

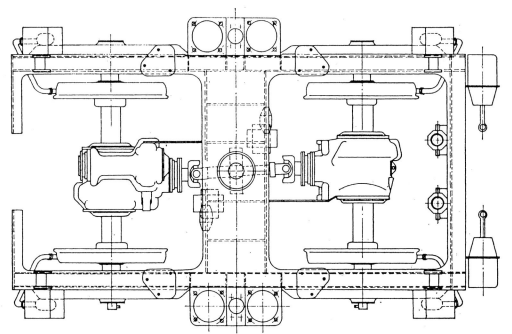

scher Reichsbahn und LEW Hennigsdorf *TECHNISCHE BEDINGUNGEN* zur Lieferung von Diesellokomotiven der Baureihe V 100 B'B' mit einer Dienstmasse von 63 t für die Deutsche Reichsbahn ausgehandelt worden, *gültig ab V 100 201(LEW-FB-Nr. 116 007)*. Die überarbeitete Fassung stammt vom August 1969 und ist im September 1969 von den Herren Wagner für die Hauptverwaltung der Maschinenwirtschaft und Martin für den VEB Lokomotivbau Elektrotechnische Werke »Hans Beimler« Hennigsdorf unterzeichnet worden. Sie war gültig für die Lieferungen der Jahre 1969/1970.

Die wichtigsten Änderungen ab V 100 201 im Zitat der *TECHNISCHEN VEREINBARUNGEN*:

3. Fahrzeugteil
3.3. Drehgestelle

Die beiden zweiachsigen Drehgestelle sind als unter sich gleiche Triebdrehgestelle in Schweißkonstruktion ausgeführt. Sie haben außengelagerte Achsen, die verschleißarm im Drehgestell geführt werden und mit Zylinderrollenlagern ausgerüstet sind. Der Drehgestellrahmen hat eine A-Form. Die Parallelität der Achsen eines Dreh-

der V 100 verfügt. Ab V 100 201 sind die Lokomotiven ohne Läutewerk geliefert worden. Bei Maschinen der Serie V 100.0-1 ist das Läutewerk, das seinen Platz auf dem vorderen Vorbau hatte, entfernt worden. Ab V 100 313 (Baujahr 1970) verzichtete man darauf, die Abgase des Heizkessels zum Abgasschacht an der hinteren Führerhaus-Stirnwand zu führen, sondern ließ sie oberhalb des Heizkessels durch einen Stutzen in der Dachhaube ins Freie entweichen. Damit entfielen das in der Erhöhung der Dachhaube verlegte Rauchrohr und der Abgasschacht am Führerhaus, womit wieder einige Kilo an Masse gespart wurden. Die Form der Dachhaube ist jedoch nicht geändert worden. Diese Einsparung erwies sich nicht als zweckmäßig, denn bei Fahrt in Richtung 2 (also Rückwärtsfahrt) drangen die Abgase des Heizkessels ins Führerhaus, was auch vom Medizinischen Dienst des Verkehrswesens beanstandet wurde. So gab es nicht wenige Lokomotiven höherer Ordnungsnummer, bei denen die ursprüngliche Abgasführung wieder nachgerüstet worden ist. Auf die Darstellung von Änderungen und Verbesserungen an der elektrischen Anlage, an Steuerung und Überwachung, die in die Serie einflossen, muß hier verzichtet werden.

Lieferung

Auch für die Lieferung der Lokomotiven ab Betriebsnummer V 100 201 sind zwischen Deut-

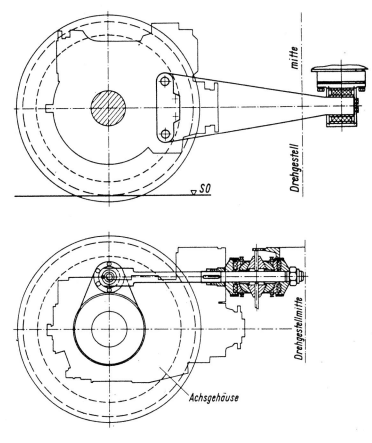

Ausbauverhältnisse der Sekundärgelenkwelle, oben beim neuen A-Drehgestell (ab V 100 201), unten beim alten H-Drehgestell (V 100 003-173)

Bremsgestängeschema:
1 Bremszylinder 10''
2 Bremswelle mit Hebel
3 Bremszugstange
3.1 Spannschloß mit Fallbügelsicherung
4 Bremszugstange
5 Zugstange
6 Bremsbalken
7 Umkehrhebel
8 Ausgleichhebel
9 Bremshängeeisen
10 Bremsklotz
11 Festpunkthebel
12 Bremsgehängeträger
13 Festpunktlager
14 Handrad
15 Rollenkette
16 Gelenkwellenstrang
17 Kegeltrieb
18 Bremsspindel
19 Bremsspindelmutter
20 Lager für Bremshebel

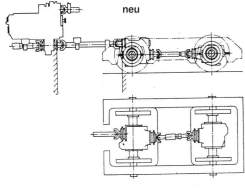

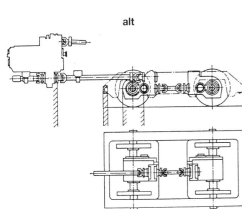

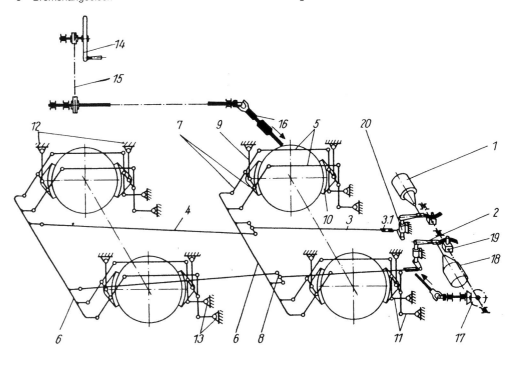

gestells ist gewährleistet, wobei die Stichmaßdifferenz max. 1 mm beträgt.

5. **Kraftübertragung**
5.2. Strömungsgetriebe
Strömungsgetriebe-Typ GSR 30/5,7
Bauart Wandler-Wandler-Wandler mit Wendegetriebe
Eingangsleistung $N_{\varepsilon nenn}$ = 736 kW
Primärleistung $N_{\pi nenn}$ = 680 kW
Es kommen Strömungsgetriebe der Kenn-Nr. 63115 zum Einbau.
5.4. Achsantrieb
Zum Antrieb der Achsen werden werden Achsgetriebe mit Einheitsbauteilen vom Typ ADU 20-8 und AK 20-12 verwendet. Die Achsgetriebe der 1. und 4. sowie 2. und 3. Achse sind untereinander tauschbar.
6. **Hilfseinrichtungen**
6.7. Signalanlage
...Für die akustische Signalgebung ist für jede Fahrtrichtung ein Typhon, das den UIC-Bedingungen entspricht, vorgesehen. Sie sind vom jeweiligen Führerstand aus bedienbar.

Dann gibt es den **Nachtrag 1** zu den *TECHNISCHEN BEDINGUNGEN* für die Lieferung der Diesellokomotive V 100, gültig ab V 100 201 (LEW-FB-Nr. 116 007) vom 12.06.68 (05.06.69), der da besagt:
Infolge der nicht termingemäßen Lieferung der Achsgetriebe mit Einheitsbauteilen durch den VEB Getriebewerk Gotha (s. unser Schreiben vom 18.06.69) müssen für die ersten 40 Lokomotiven der obigen FB-Nr. noch die bisher verwendeten Achsgetriebe eingesetzt werden. Die Technischen Bedingungen ändern sich daher in folgenden Punkten für die Lok Nr. 201-240:
S. 4 Pkt. 2.1.04
Statische Achslast mit 2/3 Vorräten, max. 15,75 t
Dabei ist eine Überschreitung an einzelnen Achsen von ca. 250 kp bei etwa 35 % der Lok durch ungünstige Häufung von Gewichtstoleranzen zulässig.
S. 5 Pkt. 2.1.16
Übersetzungsverhältnis Achsgetriebe: 3,92
S 12 Pkt. 5.4.
Zum Antrieb der Achsen werden die Achsgetriebe AÜK 16-3/2 und AÜK 16-4/2 verwendet.

Reduzierung der Höchstgeschwindigkeit
Die Lokomotiven des Typs V 100.2-8 (110.2-8) sind von November 1969 (ab V 100 201) bis zum März 1978 (Betriebsnummer 110 896) in 695 Exemplaren an die Deutsche Reichsbahn geliefert worden und waren wohl in nahezu allen Bahnbetriebswerken vertreten. In Unterhaltung und Erhaltung waren die Lokomotiven unproblematisch.
Auf bestimmten Streckenabschnitten, auf denen überwiegend Lokomotiven der Baureihen 201, 202 und 204 im Einsatz standen, hatte man zu Beginn der neunziger Jahre Gleisverwerfungen beobachtet, für die Gutachter eine »Laufinstabilität« dieser Baureihen als Ursache ansahen. Nach dem Beheben dieser Schäden und weiterem Betrieb mit diesen Baureihen bemerkte man erneut Verwerfungen. Die danach veranlaßten meßtechnischen Untersuchungen zeigten, daß die Radsatzführungskräfte die nach *Prudhomme* zulässigen Grenzwerte überschritten. Eine Abhilfe, die durch konstruktive Veränderungen an der Drehzapfenführung und/oder Flexicoil-Abstützung erfolgversprechend und möglich gewesen wäre, kam infolge des Niedergangs im Personen- und Güterverkehr über das Stadium von Diskussionen nie hinaus. Weil nichts getan wurde, blieb als einzige mögliche Maßnahme die Herabsetzung der bisherigen Höchstgeschwindigkeit von 100 km/h für die Baureihen 201, 202 und 204 auf 80 km/h. Damit hat man letztendlich das Urteil über die bewährten und zuverlässigen Lokomotiven gefällt.

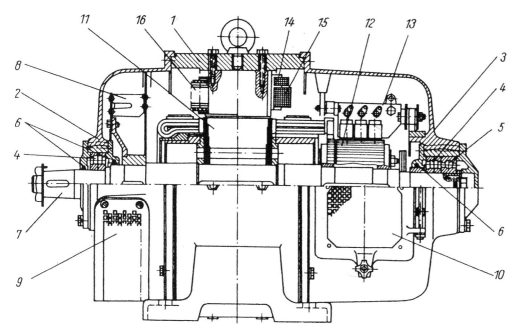

Lichtanlaßmaschine:
1 Ständer (Gehäuse)
2 Lagerschild (Antriebsseite)
3 Lagerschild (Antriebsgegenseite)
4 Zylinderrollenlager
5 Radialkugellager
6 Dichtringe
7 Wellenstumpf
8 Lüfter
9 Luftansauggitter
10 Besichtigungsklappe mit Gitter
11 Anker
12 Kommutator
13 Bürstenhalter
14 Reihenschlußwicklung
15 Nebenschlußwicklung

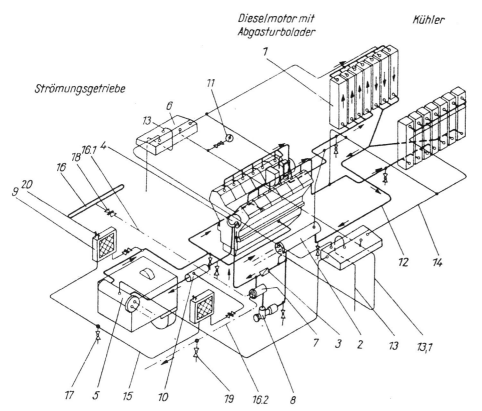

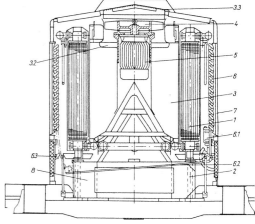

Schnitt durch die Kühlanlage:
1 Kühlerblock
2 Kühlertraggerüst
3 Kühlergehäuse
3.1 Bodenleitblech
3.2 Leitapparat
3.3 Schutzgitter
4 Lüfterflügel
5 Lüftermotor
6 Jalousie
6.1 Bremszylinder zur Jalousiebetätigung
6.2 Zugstange
6.3 Betätigungswelle
7 Staugitter
8 Vorderer Heizwasserbehälter

Schema der Kühlanlage:
1 Kühlelement
2 Motorölwärmetauscher
3 Rückschlagklappe
4 Kühlwasserpumpe
5 Strömungsgetriebeölwärmetauscher
6 Ausgleichbehälter
7 Vorwärmwärmetauscher
8 Kühlwasserumwälzpumpe
9 Führerhausheizkörper
10 Kraftstoff-Vorwärm-Wärmetauscher
11 Betriebswächter Kühlerwasserstand
12 Hauptkühlkreislauf
13 Fülleitungen
13.1 Ausgleichleitung
14 Entlüftungsleitungen
15 Heizleitungen für Führerhausheizung
16 Durchgehende Heizleitung
16.1 Zuleitung zum Vorwärmwärmetauscher
16.2 Rücklaufleitung zum Wasserbehälter
17 Durchgangshahn
18 Absperrschieber
19 Selbsttätiges Entwässerungsventil

Rechts: 110 285-4 im Juli 1990 in Langenau (Strecke Brand–Erbisdorf - Langenau ist stillgelegt).
Foto: Manfred Weisbrod

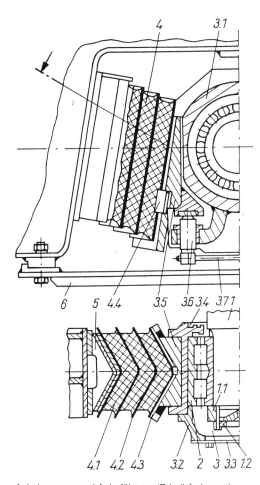

Achslagerung und Achsführung (Primärfederung):
1   Achswelle
1.1 Nutmuttern
1.2 Sicherung
2   Rollenachslager
3   Verstellbares Achslager
3.1 Achslagergehäuse
3.2 Lagerdeckel
3.3 Abschlußdeckel
3.4 Labyrinthring
3.5 Stellkeil
3.6. Stellschraube
3.7 Sicherung
4   Achsgummifeder
4.1 Gummifederelement
4.2 Deckbleche
4.3 Bearbeitungsleiste
4.4 Arretierungszapfen für Achsgummifeder
5   Lager für Achsgummifeder
6   Achsgabelsteg

Rechts: 110 303-5 vom Bw Leipzig Hbf Süd (LEW 1970/12767) passiert das Einfahrsignal von Leipzig-Plagwitz (1983).
Foto: Manfred Weisbrod

110 487-6 mit einem Personenzug auf dem Weg nach Saalfeld vor den Industriebauten der Maxhütte Unterwellenborn (1978).
Foto: Manfred Weisbrod

Unten: Die 110 508-9 unterquert mit einem Personenzug von Karl-Marx-Stadt nach Pockau-Lengefeld den Flöha-Viadukt in Hetzdorf, der seit dem 12. Mai 1992 nicht mehr befahren wird, sondern durch neue Brücken ersetzt worden ist (1982).
Foto: Manfred Weisbrod

Riesa 1991. Der Personenzug nach Chemnitz, bespannt mit der 112 587-1 wartet auf Ausfahrt. Vom Gleis rechts fuhren die Züge nach Nossen ab.
Foto: Manfred Weisbrod

110 365-4 mit einer Garnitur »Donnerbüchsen« am 9. Februar 1975 in Hettstedt.
Foto: Michael Malke

110 758-0 am 14. April 1976 in Aue. Die Personale von 58 2051 und 58 1111 und der Zugfertigsteller schauen skeptisch auf die Ankunft des P 18614 mit neuer Traktion.
Foto: Michael Malke

Dieselmotor 12 KVD 18/21 A-3 mit 736 kW Nennleistung. Dieser Motor ist bis zur Betriebsnummer 110 896 eingebaut worden.
Foto: Werkfoto Kühlautomat Berlin

Rechts der Drehstromlüftergenerator (DGF 11-340), links die Lichtanlaßmaschine GHG/M 2814).
Foto: Manfred Weisbrod

Der A-förmige Drehgestellrahmen, bei dem der hintere Querträger entfallen war, entstand auf Forderung der DR und erleichterte den Ausbau der Sekundärgelenkwellen und der inneren Achsgetriebe (mit Durchtrieb) erheblich.
Foto: Manfred Weisbrod

Zum Einbau vorbereitete und lackierte Schraubenfedern für die Sekundärfederung.
Foto: Manfred Weisbrod

Zu den letzten Planleistungen der Baureihe 201 zählte der Dienst auf der Strecke Freiberg–Holzhau im Osterzgebirge. 201 868-7 am 24. Oktober 1995 beim Halt in Mulda.
Foto: Manfred Weisbrod

Strömungsgetriebe-Eingang (Hochtrieb) mit Primärgelenkwelle Dieselmotor-Strömungsgetriebe. Im Vordergrund rechts eine der neuen Flexmaster-Verbindungen, die die alten Schlauchmuffen im Kühlkreislauf ersetzen.
Foto: Manfred Weisbrod

Strömungsgetriebe GSR 30/5,7. Rechts oben der Antriebsflansch, unten der Flansch zum inneren Achsgetriebe.
Foto: Manfred Weisbrod

Strömungsgetriebe GSR 30/5,7 mit Wirbelzellen-Wärmetauscher (oben rechts), darüber die Steckverbindung zum Anschluß der Getriebelektrik an die Lokomotivsteuerung, darunter die Hilfsabtriebsflansche für Lichtanlaßmaschine und Lüftergenerator. Die Getriebe vom VEB Strömungsmaschinen Dresden waren so zuverlässig, daß sie einen Vergleich mit Voith-Getrieben nicht zu scheuen brauchten.
Foto: Manfred Weisbrod

201 878-7 ist am 25. Juli 1994 am Zielbahnhof Vejprty (Weipert) in der Tschechischen Republik mit dem Personenzug aus Flöha angekommen.
Foto: Manfred Weisbrod

1980, als die Aufnahme der 110 815-8 in der Nähe des mecklenburgischen Crivitz entstand, wurden noch richtige Personenzüge gefahren – der Zug hat elf Wagen!.
Foto: Manfred Weisbrod

110 793-7 und 110 877-8 vor dem Lokschuppen in Saalfeld. Die 110 793 ist zur 112 793 umgebaut worden, aus der 110 877 wurde die 199 877 in 1000 mm Spurweite für die Harzquerbahn.
Foto: Manfred Weisbrod

Fahrzeugmassen, Achslasten und technische Daten der BR 110.2-8.
Quelle: Merkbuch (DV 939 Tr.) der DR

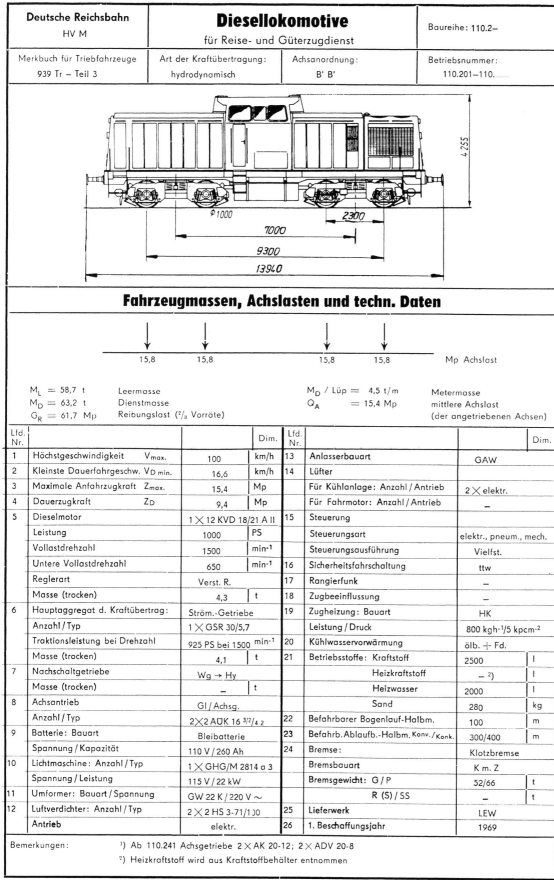

Deutsche Reichsbahn HV M	Diesellokomotive für Reise- und Güterzugdienst		Baureihe: 110.2–
Merkbuch für Triebfahrzeuge 939 Tr – Teil 3	Art der Kraftübertragung: hydrodynamisch	Achsanordnung: B' B'	Betriebsnummer: 110.201–110. ....

Fahrzeugmassen, Achslasten und techn. Daten

Mp Achslast: 15,8 / 15,8 / 15,8 / 15,8

M_L = 58,7 t Leermasse
M_D = 63,2 t Dienstmasse
G_R = 61,7 Mp Reibungslast (²/₃ Vorräte)

M_D / Lüp = 4,5 t/m Metermasse
Q_A = 15,4 Mp mittlere Achslast (der angetriebenen Achsen)

Lfd. Nr.			Dim.	Lfd. Nr.			Dim.
1	Höchstgeschwindigkeit $V_{max.}$	100	km/h	13	Anlasserbauart	GAW	
2	Kleinste Dauerfahrgeschw. $V_{D\,min.}$	16,6	km/h	14	Lüfter		
3	Maximale Anfahrzugkraft $Z_{max.}$	15,4	Mp		Für Kühlanlage: Anzahl / Antrieb	2 × elektr.	
4	Dauerzugkraft Z_D	9,4	Mp		Für Fahrmotor: Anzahl / Antrieb	–	
5	Dieselmotor	1 × 12 KVD 18/21 A II		15	Steuerung		
	Leistung	1000	PS		Steuerungsart	elektr., pneum., mech.	
	Vollastdrehzahl	1500	min⁻¹		Steuerungsausführung	Vielfst.	
	Untere Vollastdrehzahl	650	min⁻¹	16	Sicherheitsfahrschaltung	ttw	
	Reglerart	Verst. R.		17	Rangierfunk	–	
	Masse (trocken)	4,3	t	18	Zugbeeinflussung	–	
6	Hauptaggregat d. Kraftübertrag:	Ström.-Getriebe		19	Zugheizung: Bauart	HK	
	Anzahl / Typ	1 × GSR 30/5,7			Leistung / Druck	800 kgh⁻¹/5 kpcm⁻²	
	Traktionsleistung bei Drehzahl	925 PS bei 1500	min⁻¹	20	Kühlwasservorwärmung	ölb. + Fd.	
	Masse (trocken)	4,1	t	21	Betriebsstoffe: Kraftstoff	2500	l
7	Nachschaltgetriebe	Wg → Hy			Heizkraftstoff	– ²)	l
	Masse (trocken)	–	t		Heizwasser	2000	l
8	Achsantrieb	Gl / Achsg.			Sand	280	kg
	Anzahl / Typ	2 × 2 AÜK 16 ³/²/₄,₂		22	Befahrbarer Bogenlauf-Halbm.	100	m
9	Batterie: Bauart	Bleibatterie		23	Befahrb.Ablaufb.-Halbm. Konv./Konk.	300/400	m
	Spannung / Kapazität	110 V / 260 Ah		24	Bremse:	Klotzbremse	
10	Lichtmaschine: Anzahl / Typ	1 × GHG/M 2814 a 3			Bremsbauart	K m. Z	
	Spannung / Leistung	115 V / 22 kW			Bremsgewicht: G / P	52/66	t
11	Umformer: Bauart / Spannung	GW 22 K / 220 V ~			R (S) / SS	–	t
12	Luftverdichter: Anzahl / Typ	2 × 2 HS 3-71/100		25	Lieferwerk	LEW	
	Antrieb	elektr.		26	1. Beschaffungsjahr	1969	

Bemerkungen:
¹) Ab 110.241 Achsgetriebe 2 × AK 20-12; 2 × ADV 20-8
²) Heizkraftstoff wird aus Kraftstoffbehälter entnommen

DV 939 Tr. Ber. Nr. 2 — Ausgabe 1973

Schlepplastentafel und z/V-Diagramm der BR 110.2-8.
Quelle: Merkbuch (DV 939 Tr.) der DR

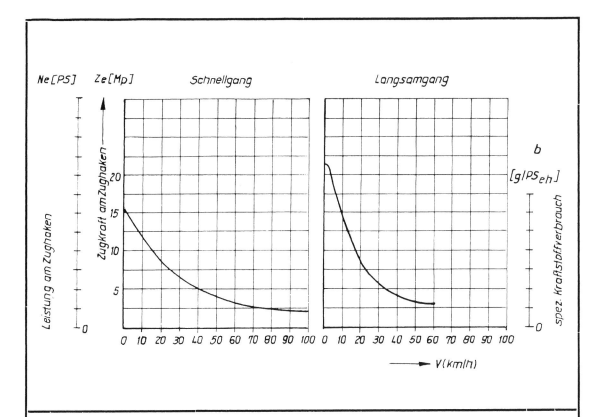

Schlepplastentafel

Steigung		Anfahrlast in t G_A	Anhängelasten in „t" für den Beharrungszustand bei V (km/h)								
⁰/₀₀	1:		20	30	40	50	60	65	70	80	90	100
D-Züge (Wagen gemischter Bauart)											
0	1 : ∞	2310	—	—	—	—	670	585	480	350	260	215
1	1 : 1000	1890	—	—	—	685	500	440	370	275	215	205
2	1 : 500	1595	—	—	750	535	400	350	295	225	175	160
4	1 : 250	1215	—	730	505	365	275	255	205	155	125	105
6	1 : 166	980	835	540	370	270	200	180	150	115	90	75
8	1 : 125	815	660	425	290	210	155	135	115	85	65	55
10	1 : 100	700	540	340	235	165	125	105	90	65	50	40
15	1 : 67	510	365	225	150	100	70	60	50	—	—	—
20	1 : 50	395	265	160	100	65	45	—	—	—	—	—
25	1 : 40	325	205	120	70	40	—	—	—	—	—	—
Personenzüge (Wagen gemischter Bauart)											
0	1 : ∞	2310	—	—	1230	810	560	480	390	280	210	160
1	1 : 1000	1890	—	1375	905	615	440	385	315	230	175	140
2	1 : 500	1595	1670	1060	710	590	360	315	255	190	145	120
4	1 : 250	1215	1115	715	485	340	255	235	185	140	105	90
6	1 : 167	980	830	530	360	255	180	165	140	105	80	65
8	1 : 125	815	655	415	285	200	150	130	110	80	60	—
10	1 : 100	700	535	340	230	160	120	100	85	—	—	—
15	1 : 67	510	360	225	100	70	60	—	—	—	—	—
20	1 : 50	395	265	160	100	—	—	—	—	—	—	—
25	1 : 40	325	200	120	—	—	—	—	—	—	—	—
Güterzüge (Wagen gemischter Bauart)											
0	1 : ∞	3225	—	—	1340	875	565	490				
1	1 : 1000	2645	—	1435	1080	760	440	385				
2	1 : 500	2235	1790	1100	770	530	360	315				
4	1 : 250	1705	1195	765	525	370	255	235				
6	1 : 166	1375	890	555	395	275	190	165				
8	1 : 125	1150	700	435	310	215	150	130				
10	1 : 100	985	575	355	250	175	120	100				
15	1 : 67	720	390	235	165	110	70	—				
20	1 : 50	565	290	170	115	75	—	—				
25	1 : 40	460	225	125	80	—	—	—				

Bemühungen um eine 1200-PS-Lokomotive

Im Frühjahr 1967 überraschte LEW Hennigsdorf die Deutsche Reichsbahn mit dem Angebot, eine V 100 mit 1200 PS Motorleistung zu liefern, und die Deutsche Reichsbahn möge möglichst schnell ihre Technischen Forderungen formulieren.
Zu diesem Zeitpunkt war bei LEW die erste Lieferserie der V 100 mit 736-kW-Motor gerade ausgeliefert, lief die Probezerlegung von V 100 017 und V 100 034 im Raw Karl-Marx-Stadt, und Reichsbahn und Hersteller stritten sich noch um einen Getriebeausbau nach oben durch das Führerhausdach und neue Drehgestellrahmen, die den Gelenkwellenausbau erleichterten. Für die Ausarbeitung Technischer Forderungen war die VES-M zuständig, die dann auch unter dem 28. Juli 1967 folgendes Schreiben an LEW richtete:

Technische Forderungen V 100 (1200 PS)
Wie vereinbart, übersenden wir Ihnen in der Anlage vorab den Teil »Drehgestelle und Bremsanlage« für die neu zu erstellenden Technischen Forderungen V 100 (1200 PS).
Wir bitten Sie, uns nach Prüfung dieser Unterlagen Ihre Vorstellungen der neuen Drehgestellkonzeption bekanntzugeben.
gez. i. V. Bölke   gez. i. V. Müller

Danach folgte zunächst nichts. Die Technischen Forderungen für das Drehgestell sind sicher deshalb vorgezogen worden, weil man bei der VES-M damit beschäftigt war, ein neues Drehgestell für die zweite Lieferserie zu konzipieren. Die Initiative von LEW ist wohl nicht damit zu begründen, die Reichsbahn mit einer leistungsstärkeren Lokomotive zu beglücken. Vermutlich steckte hinter dem Projekt ein von LEW gewitterter Exportauftrag, der in der Regel die Initialzündung für Neuentwicklungen der volkseigenen Industrie war. Die VES-M hatte sich inzwischen durch Stückzahlerhebungen kundig gemacht, daß eigentlich gar kein Bedarf für eine Lokomotive mit 1200 PS bestand. Vor weiteren hartnäckigen Nachfragen der LEW nach den Technischen Forderungen rettete sie sich auf dem Dienstweg. Die 1200-PS-Lokomotive sei eine Beschaffungsfrage, und dafür sei die HvM zuständig. Bevor man weitere Technische Forderungen formuliere, so ein Fernschreiben der VES-M an LEW vom 22. September 1967, sei eine Abstimmung mit der HvM erforderlich, die aber erst am 27. September 1967 möglich sein werde.
Reichsbahn-Oberrat Wirth von der HvM vertröstete die Hennigsdorfer mit einem Bahndienstfernschreiben vom 4. Oktober 1967:

Betr.: Technische Forderungen V 100 (mit 1200 PS)
Die Grundkonzeption der V 100 (mit 1200 PS) wird z. Zt. unter Berücksichtigung der bisherigen Betriebserfahrungen mit dieser BR bei der DR überprüft. Da die Ergebnisse dieser Untersuchungen nicht vor dem 20.10.67 vorliegen, können wir Ihnen unsere Technischen Forderungen erst nach diesem Termin übergeben.
Wir sind bemüht, die Übergabe der Technischen Forderungen bis zum 31.10.67 zu realisieren und bitten um Ihr Verständnis.

Auch am 31. Oktober 1967 hatte LEW keine Technischen Forderungen auf dem Tisch, so daß die VES-M in Dessau an diesem Tag folgendes Fernschreiben erhielt:

Betr.: Technische Forderungen V 100 - 1200 PS
In Anbetracht der Dringlichkeit des Konstruktionsbeginns für die neue 1200 PS-Variante bitten wir, uns Ihre Techn. Forderungen für diese Lok nun umgehend zuzuleiten. Geben Sie uns bitte bis 1.11.67 FS-Bescheid, wann die Unterlagen bei uns im Hause sind.
gez. Köhler

Außer zu Drehgestell und Bremsanlage sind keine Technischen Forderungen bekannt, die die VES-M an LEW übergeben hätte. Dafür lagen der VES-M und der HvM mit Datum vom 8. Dezember 1967 die Technischen Bedingungen auf dem Tisch, zu denen LEW die Lokomotiven liefern wollte, gültig zunächst für zwei Baumuster mit der Fabriknummer 116 008.
Zu diesem Zeitpunkt hatte LEW bereits die dritte Variante dieser Lokomotive als Entwurfszeichnung fertig. Die Projektzeichnung 10-02.114 stammt vom 30. August 1967, die Projektzeichnung 10-02.117 vom 27. Oktober 1967 und die Projektzeichnung 10-02.118 vom 3. November 1967. Bei allen drei Projekten handelte es sich um eine vierachsige Lokomotive mit zwei zweiachsigen Drehgestellen und Mittelführerstand, die eine LüP von 13 540 mm und einen Achsstand von 2300 mm im Drehgestell besaß. Als Dieselmotor war der 12 VD 21/20 A vom Motorenwerk Johannisthal vorgesehen, der bei 1500 min^{-1} eine Nennleistung von 1200 PS abgab. Gemeinsam war allen drei Projekten auch die Kraftübertragung durch das Strömungsgetriebe GSR 30/5,7 (Kenn-Nr. 3110), Gelenkwellenantrieb der Radsätze und ein Heizkessel im hinteren Vorbau für die Zugheizung. Zum Unterschied von der V 100 (1000 PS) war nur ein zentraler Kühlerlüfter im vorderen Vorbau vorgese-

hen. Die Verbrennungsluft für den Dieselmotor wurde bei den Projekten 114 und 117 aus dem Kühlergestell angesaugt (also Innenluftansaugung), Projekt 118 hatte Außenluftansaugung. Die Projekte mit Innenluftansaugung besaßen drei Ölbadfilter zur Reinigung der Verbrennungsluft, das Projekt mit Außenluftansaugung hatte Plattenfilter in den Seitenwänden des vorderen Vorbaus. Das Anlassen des Dieselmotors erfolgte bei allen drei Projekten mittels Lichtanlaßmaschine im hinteren Vorbau und Durchtrieb durch das Strömungsgetriebe. Der hintere Vorbau enthielt auch die Batteriekästen.

Völlig neu war die Konstruktion der Drehgestelle. Vom Prinzip der Schub-Druck-Gummifedern als Primärfederung und der Schraubenfedern als Sekundärfederung war man abgegangen. Projekt Nr. 114 hatte Drehgestelle mit Schwingenachsführung, für die Projekte Nr. 117 und 118 wurde als Variante I Schwingenachsführung, als Variante II Doppellenker-Achsführung angeboten.

Der hintere Vorbau wirkte im Gegensatz zur Reichsbahn-V 100 recht aufgeräumt, weil man die Hauptluftbehälter unter den Pufferbohlen quer zur Fahrtrichtung aufgehängt hatte und im hinteren Vorbau nur den Steuerluftbehälter beließ. Durch den Wegfall der Ölbadfilteranlage beim Projekt Nr. 118 konnten hier auch die beiden Luftverdichter zwischen Dieselmotor und Kühlanlage im vorderen Vorbau untergebracht werden.

In den *Richtlinien für die Instandhaltung* formuliert LEW in den Technischen Bedingungen:
»Es wurden weitgehend die gleichen Bauteile und Aggregate wie für die Lokomotiven V 15, V 60 und V 180 verwendet. Die Tauschbarkeit folgender Baugruppen der V 100 - 1200 PS ist möglich:
Dieselmotor (einschließlich seiner Baugruppen), Strömungsgetriebe, Gelenkwellen, Achsgetriebe (einschließlich seiner Baugruppen), Lichtanlaßmaschine, Kühler komplett, Kühlerelemente komplett, Drehgestellrahmen, Abgasanlage komplett, Kraftstofftank, Heizkessel komplett, Wasserbehälter, Kühlerlüfter komplett, Bedienungspulte komplett. Ohne Einschränkung können komplette vordere Drehgestelle und komplette hintere Drehgestelle untereinander getauscht werden. Der Tausch vorderer Drehgestelle gegen hintere und umgekehrt ist möglich, Sifa und Ferndrehzahlgeber lassen sich an allen Drehgestellen an den dafür vorgesehenen Stellen montieren.«

Die VES-M hat eine Vielzahl kritischer Anmerkungen zu den Technischen Bedingungen gemacht, doch diese haben heute für eine nicht gebaute Lokomotive nur rhetorischen Wert. Für das Jahr 1968 existiert kein Schriftverkehr mehr zwischen LEW und Reichsbahn über die 1200 PS-Lokomotive. Alle Projekte waren vom Tisch.

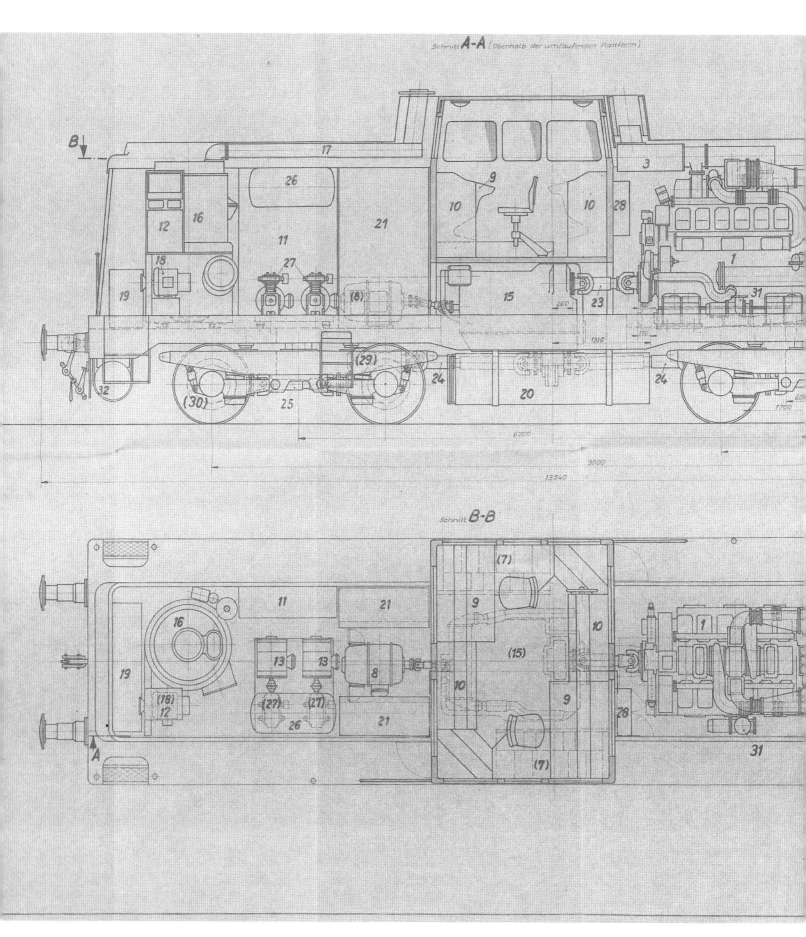

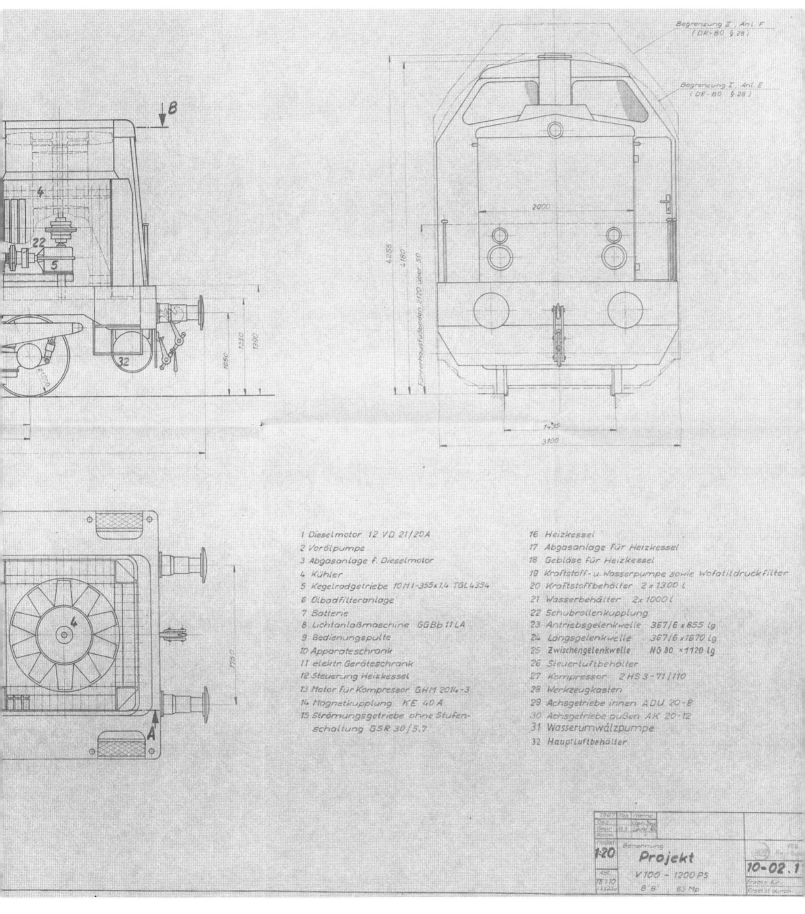

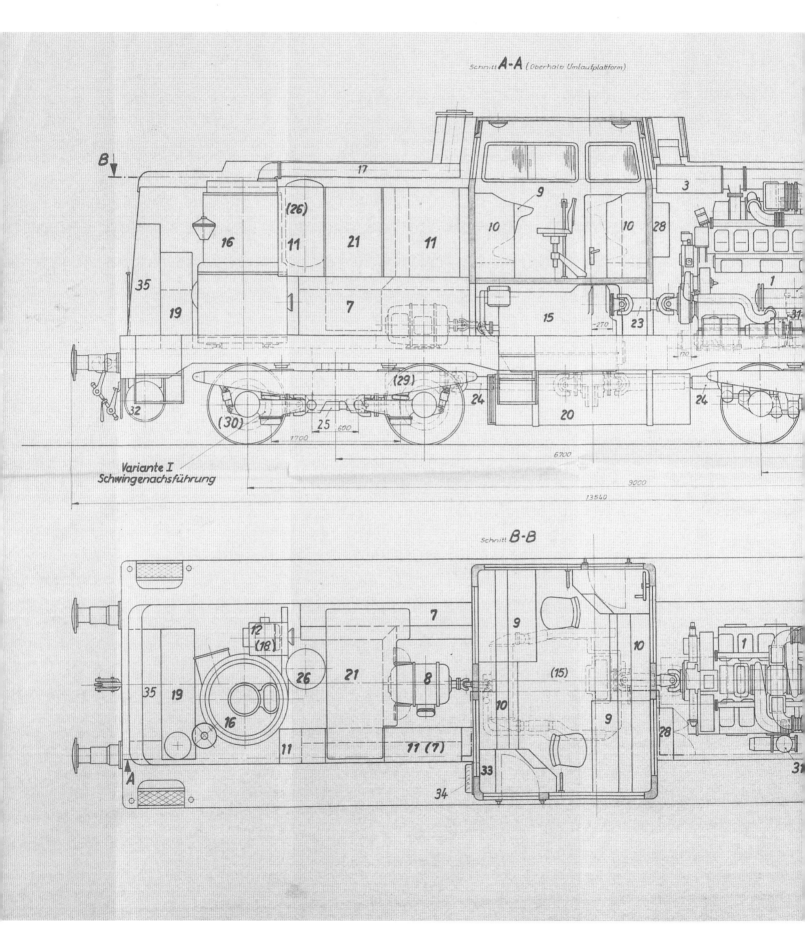

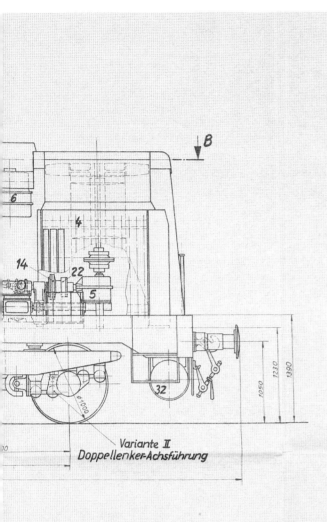

Variante II
Doppellenker-Achsführung

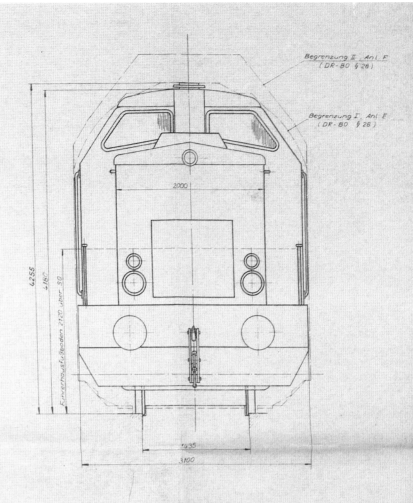

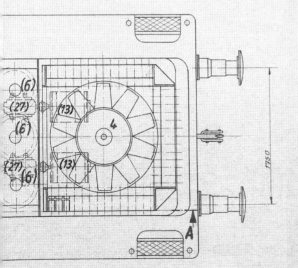

1 Dieselmotor 12 VD 21/20 A
2 Vorölpumpe
3 Abgasanlage f. Dieselmotor
4 Kühler
5 Kegelradgetriebe 10M1-355x1,4 TGL 4354
6 Ölbadfilteranlage
7 Batterie
8 Lichtanlaßmaschine GGBb 11 LA
9 Bedienungspulte
10 Apparateschrank (einmal mit Kühlfach)
11 elektr. Geräteschrank
12 Steuerung Heizkessel
13 Motor für Kompressor GHM 2014-3
14 Magnetkupplung KE 40 A
15 Strömungsgetriebe ohne Stufenschaltung GSR 30/5,7
16 Heizkessel
17 Abgasanlage für Heizkessel
18 Gebläse für Heizkessel
19 Kraftstoff- u. Wasserpumpe sowie Wofatitdruckfilter
20 Kraftstoffbehälter 2 x 1300 l
21 Wasserbehälter 2000 l
22 Schubrollenkupplung
23 Antriebsgelenkwelle NG 85 x 855 lg
24 Längsgelenkwelle NG 85 x 1670 lg
25 Zwischengelenkwelle NG 80 x 1120 lg
26 Steuerluftbehälter
27 Kompressor 2 HS 3 - 71/110
28 Werkzeugkasten
29 Achsgetriebe innen ADU 20-8
30 Achsgetriebe außen AK 20-12
31 Wasserumwälzpumpe
32 Hauptluftbehälter
33 Garderobenschrank
34 Führerhauslüfter
35 Zubehörteile für Wartung u. Pflege

Projekt V 100 – 1200 PS 10-02

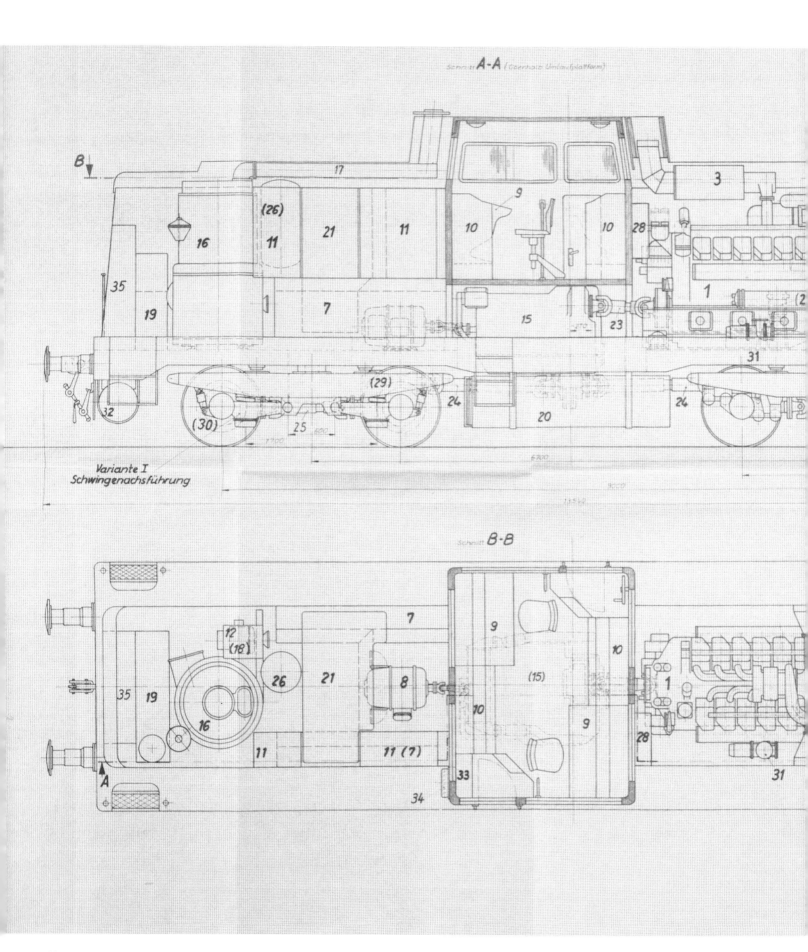

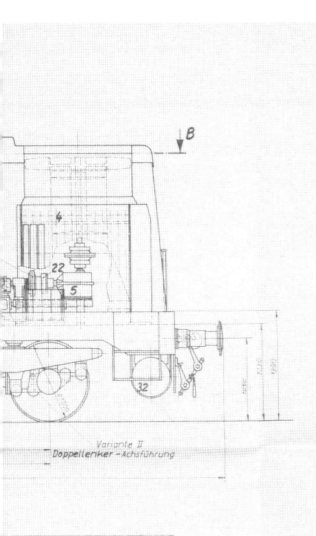
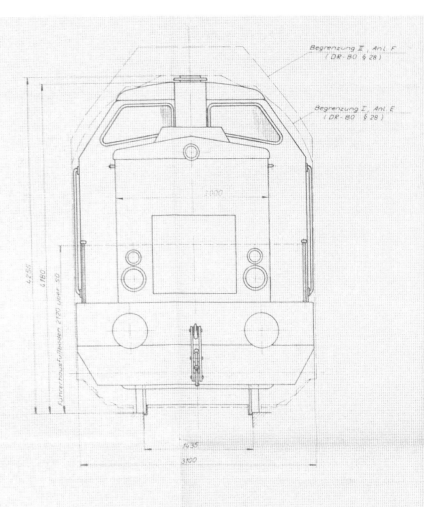
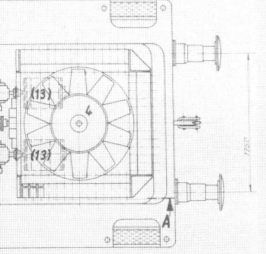

1 Dieselmotor 12 KVD 18/21 A-II
2 Vorölpumpe
3 Abgasanlage f. Dieselmotor
4 Kühler
5 Kegelradgetriebe 10M1-355x1,4 TGL 4354
6 Plattenfilter
7 Batterie
8 Lichtanlaßmaschine GGBb 11 LA
9 Bedienungspulte
10 Apparateschrank (einmal mit Kühlfach)
11 elektr. Geräteschrank
12 Steuerung Heizkessel
13 Motor für Kompressor GHM 2014-3
14 Magnetkupplung KE 40 A
15 Strömungsgetriebe ohne Stufenschaltung GSR 30/5,7
16 Heizkessel
17 Abgasanlage für Heizkessel
18 Gebläse für Heizkessel
19 Kraftstoff- u. Wasserpumpe sowie Wofatitdruckfilter
20 Kraftstoffbehälter 2 x 1300 l
21 Wasserbehälter 2000 l
22 Schubrollenkupplung
23 Antriebsgelenkwelle NG 80 x 770
24 Längsgelenkwelle NG 85 x 1670 lg
25 Zwischengelenkwelle NG 80 x 1120 lg
26 Steuerluftbehälter
27 Kompressor 2 HS 3-71/110
28 Werkzeugkasten
29 Achsgetriebe innen ADU 20-8
30 Achsgetriebe außen AK 20-12
31 Wasserumwälzpumpe
32 Hauptluftbehälter
33 Garderobenschrank
34 Führerhauslüfter
35 Zubehörteile für Wartung u. Pflege

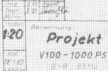

Projekt V100 – 1000 PS

Die Extremerprobungen des 12 KVD 18/21

Die Entwicklung der Baureihen 112 und 114

Der 12-Zylinder-Viertakt-Dieselmotor vom Grundtyp 12 KVD 18/21 (180 mm Bohrung, 210 mm Hub) ist die Antriebsquelle für alle Lokomotiven der Deutschen Reichsbahn mit hydrodynamischer Leistungsübertragung ab 600 PS gewesen. Er arbeitete als Saugmotor in den Baureihen 105/106 (heute 345-347) und als aufgeladener Motor in den Baureihen 110 und 118, heute auch in der Baureihe 219 (ehemals 119) und war im Schnelltriebwagen der BR 175 (VT 18.16) installiert.

Geschichte des Dieselmotors 12 KVD 21

Die Entwicklung des Motors begann 1952 in der Außenstelle Berlin-Johannisthal (dem späteren VEB Motorenwerk Johannisthal) des VEB IFA-Forschungs- und Entwicklungswerkes Karl-Marx-Stadt. Auf der Basis eines Achtzylinder-Triebwagenmotors entstand der 12 KVD 21, dessen erstes Funktionsmuster am 15. August 1956 als Saugmotor auf dem Prüfstand in Johannisthal gestartet wurde. In der Baumusterlokomotive V 60 1002 wurde der Motor im Dezember 1958 erstmals angelassen. Die Fertigungsmuster Nr. 5 und 6, bereits aufgeladene Motoren, kamen in die Baumusterlokomotive V 180 001 und wurden dort am 22. Januar 1960 in Babelsberg angelassen. Sie hatten bei 1500 min^{-1} eine Nennleistung von je 662 kW (ca. 900 PS). Es folgte der Saugmotor der Bauform I mit 478 kW für die V 60, der von der Bauform II, später von der Bauform 3 mit gleicher Leistung abgelöst wurde. Die Bauform A-II, aufgeladene Motoren mit 736 kW, war für die V 100 und die V 180 bestimmt. Sie wurde abgelöst durch die Bauform A-3 mit geändertem Ölkreislauf, einteiliger Ölwanne und dem Abgasturbolader H 3, der die Bauform N 3 ersetzte. Mit Motoren der Bauform A-II bzw. später A-3 sind alle 110 bis zur Ordnungsnummer 896 ausgeliefert worden (ausgenommen 110 511/512). Nach Extremerprobungen des A-3-Motors, der bei einer Einstellung auf 882 kW Ladeluftkühler erhielt und als Bauform AL-3 in den Baureihen 110 und 118 erprobt wurde, entstand die Bauform AL-4 mit 900 kW, die in die Baureihen 112 und 118.6-8 eingebaut wurde, auch in die Baureihe 119. Die Produktion dieses Motors ist 1990 ausgelaufen. Es gab auch Extremerprobungen mit dem auf 1100 kW eingestellten AL-4-Motor in der Baureihe 114. Aus diesem Motor wurde als Endstufe der Typenreihe die Bauform AL-5 (900 bzw. 1100 kW) für die Baureihen 112 bzw. 114 und 119 und die Bauform A-5 (ohne Ladeluftkühlung) für die Baureihe 298 (750 kW) entwickelt. Die Lieferung der AL-5-Motoren begann 1990, die der Bauform A-5 1991.

Heute gibt es keine Motorenproduktion in Johannisthal mehr und auch keine Firma Kühlautomat Berlin. Experten der DB AG schätzten ein, daß die Ersatzteilversorgung für die V-100-Familie bis zum Jahre 2010 gesichert ist. Der VEB Motorenwerk Johannisthal war durch Entscheidung des Ministers für Schwermaschinen- und Anlagenbau 1968 aufgelöst worden; die Motorenproduktion übernahm zum 1. Juli 1968 der VEB Kühlautomat Berlin (KAB). Zur Qualitätssicherung und -überwachung war die Arbeitsgemeinschaft »V 100-Dieselmotor« gegründet worden, die aus Vertretern von LEW Hennigsdorf, Kühlautomat Berlin und der Deutschen Reichsbahn bestand (Vertreter der VES-M Halle und der Abnahme der HvM). Die Arbeitsgemeinschaft trat mehrmals im Jahr zusammen und konnte schnell Schadensanalysen erstellen, die Beseitigung der Ursachen im Betrieb eingetretener Störungen einleiten und kontrollieren, Entwicklungstendenzen festlegen.

Leistungssteigerung

Anfang der siebziger Jahre sind bei der DR Überlegungen angestellt worden, die Leistungen der im Streckendienst eingesetzten Brennkraftlokomotiven zu erhöhen, um die ständig anwachsenden Transportaufgaben zu bewältigen. Mit dem Rückgang der Dampftraktion waren besonders auf Strecken, die nicht für 20 t Radsatzfahrmasse ausgebaut waren, leistungsstarke Diesellokomotiven gefragt, die für den Übergang von der Haupt- auf die Nebenbahn und umgekehrt tauglich waren. Der zu einem zuverlässigen Motor mit guter Laufleistung ertüchtigte 12 KVD 18/21 A-3 ließ den Gedanken, die Nennleistung auf 900 kW (1225 PS) anzuheben, aussichtsreich erscheinen. In der Aufgabenstellung war festgeschrieben, die Einbau- und Anschlußmaße des A-3-Motors beizubehalten, keine Masseerhöhung vorzunehmen und die Laufleistung zwischen zwei Erhaltungsabschnitten nicht zu beeinträchtigen. Außerdem war zu untersuchen, wie sich die Leistungserhöhung des Dieselmotors auf die anderen Komponenten der Kraftübertragungsanlage auswirken könnte. Bei der drehelastischen Kupplung Vds 90/500 ergaben Berechnungen, daß sie an ihre Leistungsgrenze stoßen werde. Das Strömungsgetriebe GSR 30/5,7 war bereits für eine Eingangsleistung von 900 kW ertüchtigt, die bisher nur als Reserve für längere Instandhaltungsintervalle genutzt wurde. Beim Betrieb mit 900-kW-Motoren empfahl SM Dresden eine Zwi-

Auszug aus dem Buchfahrplan Heft 33b der Rbd Dresden, Sommerabschnitt 1976, Strecke Zwickau (Sachs) Hbf–Aue (Sachs). Der Dg 51623 mit 1150 t Planlast wurde mit Lok der BR 110 in Doppeltraktion gefahren.

● Dg 51623 (60,1) Regis-Breitingen—Altenburg— -
● Dg 51669 B (60,3) Zwickau (Sachs) Hbf—Aue (Sachs)

Hg max 60 km/h
Tfz 2 × 110
51669: 58.1
Höchstlast { 1150 t ○ a) / 51669: 1300 t }
Mbr 28

1	2	3	51623		51669 b)	
Lage der Betriebsstelle km	Höchstgeschwindigkeit km/h	Betriebsstelle, Grund u Lage der Hg-Änderung, verkürzter Vorsignalabstand, maßgebende Neigung	Ankunft	Abfahrt oder Durchfahrt	Ankunft	Abfahrt oder Durchfahrt
38,0	60	Zwickau (Sachs) Hbf	—	1**13**	—	16**01**
37,6	40	Zwickau (Sachs) Hbf Stw B 4	·	14	—	02
	45	37,52 ⌒				
		37,20 ▼				
	20	35,97				
		35,90				
34,2	60	Bk Cainsdorf Hp	—	23	—	11
		34,10 ▼				
32,7	30	Wilkau-Haßlau	—	26	—	14
	60	29,00				
		27,90 ▼				
27,2	30	Wiesenburg (Sachs)	—	37	—	25
23,0		Fährbrücke	—	46	—	33
	60	22,70				
	40	21,65 ▼				
		20,80				
19,3	60	Hartenstein	—	1**53**	—	16**40**

1	2	3	Noch 51623		Noch 51669			
			4	5	4	5	4	5
19,3	60	Hartenstein	—	153	—	16**40**		
	50	14,60 E ⌒						
		14,35						
14,2	60	Schlema unt Bf	—	2**02**	—	49		
		13,66 ⌐						
	20	13,31						
10,6	60	Aue (Sachs)	2**10**	—	16**58**	—		

a) Dg 51623 darf im Bf Hartenstein am Ein- und Ausfahrsignal und im Bf Aue am Zwischensignal nicht zum Halten kommen.
b) Darf nicht verkehren, wenn Dg 53324 verkehrt.

● Dg 51679 (60,1) Altenburg—Zwickau (Sachs) Hbf—Aue (Sachs)
● Gag 56351 (63,1) Rochlitz (Sachs)—Zwickau (Sachs) Hbf
● Gag 56351 Di Mi Fr So (63,1) Zwickau (Sachs) Hbf—Wilkau-Haßlau
● Gag 56351 Mi So (63,1) Wilkau-Haßlau—Aue (Sachs)
● Gag 56351 Mi (63,1) Aue (Sachs)—Schwarzenberg (Erzgeb)
● Gag 56351 B Mi (63,3) Schwarzenberg (Erzgeb)—Grünstädtel

Hg max 60 km/h
Tfz 120
56351: 58.1
Höchstlast { 1200 t Üb 72493 siehe S. 107 / 56351: 1080 t }
Mbr 28

1	2	3	51679 a)		56351		b) 56351 Fpl an Di Fr	
38,0	40	Zwickau (Sachs) Hbf	—	18**08**	6**54**+ c)	7**17** b)	6**46**+	7**30**
37,6		Zwickau (Sachs) Hbf Stw B 4	—	09	—	18	—	31
	45	37,52 ▼						
		37,20 ▼						
	20	35,97						
		35,90						
34,2	60	Bk Cainsdorf Hp	—	18	—	27	—	40
		34,10 ▼						
32,7	30	Wilkau-Haßlau	—	18**21**		7**30**		7**43**

schenrevision nach 7000 bis 8000 Motorbetriebsstunden. Die Primärgelenkwelle und die Sekundärgelenkwellen waren der höheren Belastung gewachsen. Man rechnete ungünstigenfalls mit einer Minderung der Lebensdauer bei der Primärgelenkwelle von 20 % und bei den Sekundärgelenkwellen von 10 %. Für die Achsgetriebe war nur eine unerhebliche und im Bereich der Toleranzen liegende Verringerung der Nutzungsdauer zu erwarten. Die Leistungserhöhung ist weitgehend parallel an Lokomotiven der Baureihe 110 und der Baureihe 118 erprobt und ausgeführt worden. Sie erfolgte auf Initiative der Deutschen Reichsbahn in Zusammenarbeit mit dem Motorenhersteller KAB, aber auch mit anderen Industriebetrieben wie VEB Strömungsmaschinen Dresden, VEB Getriebewerk Gotha, VEB Gelenkwellenwerk Stadtilm, dem VEB Einspritzgerätewerk Aken (EGA), das die Regler lieferte und dem Hersteller der Abgasturbolader (ATL), dem VEB Kompressorenbau Bannewitz. Der Umbau der Lokomotiven erfolgte in den Bahnbetriebswerken oder den Ausbesserungswerken Karl-Marx-Stadt (BR 118) und Stendal (BR 110). Auf langwierige und kostspielige Prüfstandsversuche hat man zugunsten einer Betriebserprobung verzichtet, und hier hat bei beiden Baureihen das Bahnbetriebswerk Leipzig Hbf Süd hervorragende Arbeit geleistet.

Umbauten an einzelnen Lokomotiven - Entwicklung der Baureihe 112

Als erste sind die 110 024-7 (Bw Halle G) und die 110 207-8 (Bw Zittau) im Jahre 1970 in ihren Heimatdienststellen mit dem Dieselmotor 12 KVD 18/21 A-II mit verbesserten Bauteilen ausgerüstet worden und in die Betriebserprobung gegangen. Die Motoren waren auf eine Nennleistung von 736 kW eingestellt. Es ging hier nicht

Auszug aus dem Buchfahrplan Heft 33b der Rbd Dresden, Sommerabschnitt 1976, Strecke Zwickau August-Bebel-Werk–Zwickau (Sachs) Hbf. Für die 1200 t Höchstlast der Kohlezüge waren zwei Lok der BR 110 in Doppeltraktion und eine Lok BR 110 als Schublok erforderlich.

Unten: Triebfahrzeugbedarfs- und -verwendungsübersicht des Bw Nossen (Rbd Dresden) vom April 1993. Damals gehörten noch 15 Maschinen der Baureihen 201/202 zum Einsatzbestand. Die DB AG hat diese Dienststelle inzwischen aufgelassen.

			Noch 54304		Noch 54308			
1	2	3	4	5	4	5	4	5
34,2	60	Bk Cainsdorf Hp	–	207	–	18^{44}		
		35,90 ▼						
	20	35,97						
		37,20 ⌒						
37,6	40	Zwickau (Sachs) Hbf Stw B 4 .	–	15	–	51		
38,0 / 129,4	25	Zwickau (Sachs) Hbf Stw B 8 .	–	18	–	54		
130,7		**Zwickau (Sachs) Hbf Stw B 12**	224	–	1901	–		

			Noch 54304		Noch 54308			
1	2	3	4	5	4	5	4	5
34,2	60	Bk Cainsdorf Hp	–	207	–	18^{44}		
		35,90 ▼						
	20	35,97						
		37,20 ⌒						
37,6	40	Zwickau (Sachs) Hbf Stw B 4 .	–	15	–	51		
38,0 / 129,4	25	Zwickau (Sachs) Hbf Stw B 8 .	–	18	–	54		
130,7		**Zwickau (Sachs) Hbf Stw B 12**	224	–	1901	–		

Deutsche Reichsbahn
Rbd/Bw NOSSEN

Triebfahrzeugbedarfs- und -verwendungsübersicht April 93

Bw/Tfz-Nr.	BR	1.	2.	3.	4.	5.	6.	7.	8.	9.	10.	11.	12.	13.	14.	15.	16.	17.	18.	19.	20.	21.	22.	23.	24.	25.	26.	27.	28.	29.	30.	31.	Summe
201 018-9	H	–	–	Döbeln				H	H	H	H	H	H	H	H	H	H	H	H	H				ZR	ZR	ZR	ZR	ZR		ZR	ZR		
025-4		l	l	r	r	r	r	v	V	r	r	r	r	r	r	r	v	v	o	l	r	r	r	r	r	r	v	o	r	r	r		
873-7		r	r	r	r	O	l	Tw V	V	r	r	r	r	r	l	l	V	r	V	l	r	Tw	r	r	r	r	l	V	r	r	r		
202 429-7		UER	WER	WER	WER	WER	WER	WER	WER	WER	UER	WER	WER	UER	WER	WER	WER	WER	WER	WER	WER	WER	WER	WER	WER	WER	UER	WER	WER	WER	WER		
498-2		l	l	o	l	l	Tw l	l	l	r	r	r	r	r	r ←	Tw l	l	v	l	l	l	l	l	Tw r	l	l	V2	V2	V2	V2	l		
503-9		b	Tw	l	o	l	l	l	Tw	l	l	l	l	l	b ←	Tw	b	v	v	b	l	l	Tw r	r	r	O	l	l	l	l	l		
550-0		l	l	l	l	Tw l	l	l	l	l	l	l	Tw →	b	l	l	l	l	l	Tw	l	l	l	l	r	r	Tw b	l	l	l	l		
561-7		l	l	l	l	Tw b	hoM	hoM	hoM	r	r	r	r	r	l	l	l	o	o	l	l	Tw r	l	l	l	l	l	l	Tw	l	l		
579-9		l	o	l	l	l	Tw l	l	l	r	r	r	Tw r →	?	l	l	b	l	l	r	Tw	l	o	l	l	l	b	Tw r	l	l	b		
615-1		Tw WER	WER	WER	WER	WER	b	V	o	r	r	r	r	l	r	l ←	Tw	v	v	V3	V3	V3	r	r	r	O	l	l	Tw	l	l		
621-9		l	l	o	o	l	l	Tw	v	r	r	l	l	b	V4	V4	Tw V4	v	o	l	l	l	Tw l	l	l	l	l	l	0	Tw 0	l		
635-9		l	l	l	o	l	Tw o	l	l	l	l	l	l	l	l ←	Tw	l	l	l	l	Tw	l	l	l	l	l	l	Tw WER	r	r	l		
672-2		Tw	l	r	r	V3	V3	V3	v	r	r	r	r	l	b	l	Tw o	l	l	l	l	l	l	Tw	l	l	l	l	o	Tw b	b		
720-9		l	Tw	l	l	l	l	l	Tw	l	l	l	l	l	l	b ←	Tw b	v	o	l	l	r	Tw r	r	r	O	l	l	l	l	Tw l		
744-9		hoM	hoM	r	r	o	l	o	l	l	l	l	Tw →	o	b	b	l	l	l	Tw O	l	l	l	l	l	l	Tw V	l	l	l	l		
088 235-7	W	W	W	W	W	W	W	W	W	W	W	W	W	W	W	W	W	W	W	W	W	W	W	W	W	W	W	W	W	W	W		
Summe																																	

Summe der erforderlichen Lz-km: ....

aufgestellt: ....

.............................., den ....

Best.-Nr. **948 026** Drucksachenverlag der DR Tfz-Bedarfs- und -verwendungsübersicht

1,2 Bk Je 50 Bl Ag 312/81 II./81 III/18/37 354 O

Kennlinienfelder für die Diesellokomotiven der Baureihen 110 und 112.

Kraftstoffverbrauch der Diesellokomotiven BR 110, 112 und 114 bei v = 65 km/h.

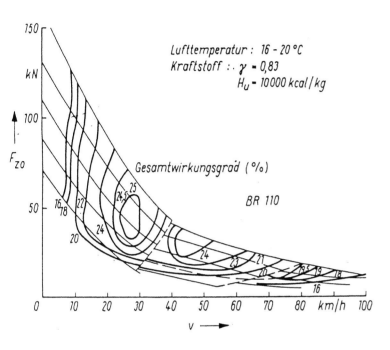

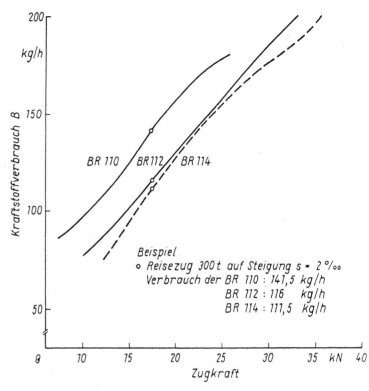

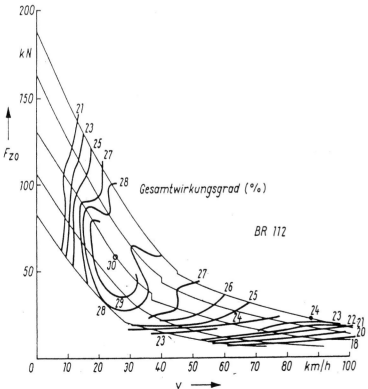

Kühlwasserkreislauf einer Einkreiskühlanlage (Bf AL-4)
1 Heizkörper (Führerhaus)
3 Muffenschieber
4 Muffenhahn 1" Entwässerung
5 Muffenhahnh fi" Entwässerung
6 Rückschlagklappe
7 Umwälzpumpe UP 100
8 Kühlerteilblock 1000 TGL 31234
12 Druckregler 250 Wassermangel.
13 Temperaturregler für Kühlwasser 80° C
13 A Temperaturregler für Kühlwasser 75° C
14 Temperaturregler für Kühlwasser 87,5° C
15 Widerstandsthermometer f. Kühlwasser
16 Durchgangshahn NW 10
17 Wasserstandsanzeiger
18 Kraftstoffwärmetauscher
19 Festkupplung D (Anschl. Warmhaltebetrieb)
20 Meßstutzen M 20 x 1,5
21 Meßstutzen M 14 x 1,5
22 Geradsitzventil AR 1 1/4"
23 Geradsitzventil AR 1"
24 Geradsitzventil AR 3/4"

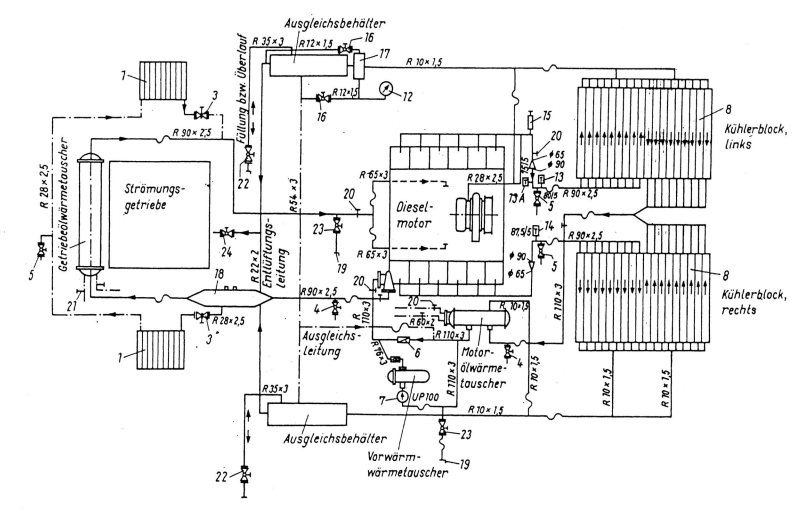

um eine Leistungssteigerung, sondern um die Erprobung von neuen Bauteilen.

1972 erhielt die 110 457-9 vom Bw Leipzig Hbf Süd den auf eine Leistung von 900 kW eingestellten Dieselmotor 12 KVD 21 A-3 und das für eine Leistungsaufnahme von 900 kW vorbereitete Strömungsgetriebe GSR 30/5,7. Der Umbau erfolgte im Bw Leipzig Hbf Süd. Die Lokomotive wurde in Dienstplänen der Baureihe 118 eingesetzt, so vor dem Eilzugpaar E 891/E 892 auf der Strecke Leipzig–Cottbus–Leipzig und vor dem E 773 Leipzig–Karl-Marx-Stadt. Die 110 457-9 war de facto die Baumusterlokomotive für die spätere Baureihe 112.

Ende 1972 bekam LEW Hennigsdorf für die im Bau befindlichen 110 511 und 110 512 auf Veranlassung der Reichsbahn von KAB Dieselmotoren 12 KVD 21 A-3 mit 900 kW Leistung angeliefert. Die noch im Dezember 1972 in Dienst gestellten Lokomotiven mit den Fabriknummern 13550 und 13551 waren die einzigen Lok der BR 110, die ab Werk Hennigsdorf mit einer höheren Motorleistung als 736 kW geliefert worden sind. Die Lokomotiven bekam das Bw Rostock für den Einsatz im Wendezugbetrieb auf der S-Bahn-Strecke Rostock–Warnemünde–Rostock zugewiesen.

Der erste Dieselmotor der Bauform AL-4 mit 900 kW Leistung ist 1977 vom Bw Güstrow in die 110 137-7 eingebaut worden. Ein Jahr später erhielt die 110 203-7 im Bw Leipzig Hbf Süd einen auf eine Leistung von 1050 kW eingestellten Dieselmotor der Bauform AL-4 zur Extremerprobung. Der Kraftübertragung diente ein Strömungsgetriebe GS 30/5,5, wie es auch zur Vorerprobung für die Baureihe 119 in der Baureihe 118 (118 225 und 118 402) getestet worden war. Allerdings war gegenüber den Seriengetrieben der BR 119 durch den Einsatz eines veränderten Hochtriebes die Wandler-Eingangsdrehzahl erhöht worden, wodurch eine Leistungsaufnahme von 1050 kW erreicht werden konnte. Im Gegensatz zur BR 119 war der Zusatzwandler immer zugeschaltet. Die Lokomotive, die als Baumuster für die spätere Baureihe 114 gilt, ist ausschließlich in Dienstplänen der Baureihe 118 eingesetzt worden, so beispielsweise auf der Strecke Leipzig–Karl-Marx-Stadt–Cranzahl. Als Zuglokomotive des E 326 war allerdings ein Herausfahren von eventuellen Verspätungen in der Regel nicht mehr möglich. Charakteristisch für diese Lokomotive war die um 150 mm höhere Dachhaube auf dem vorderen Vorbau (bedingt durch die hohe Drehzapfenauflage). Im April 1978 wurde die

Kühlwasserkreislauf einer Zweikreiskühlanlage (Bf AL-5)
1 Dieselmotor 12 KVD 21 AL-5
2 Wärmetauscher WZW 4100
3 Ausgleichbehälter
4 Kühlerteilblock 1200 TGL 31234
5 Heizkörper (Führerhaus)
6 Ölwärmetauscher 306 c
7 Wärmetauscher 0,9/6
8 Kraftstoffwärmetauscher
9 Umwälzpumpe UP 100
10 Rückschlagklappe
11 Festkupplung D TGL 121-306
12 Wasserstandsglas
13 Muffenschieber AR 1''
14 Muffengeradsitzventil AR 2½'' TGL 21914
15 Muffengeradsitzventil AR 1'' TGL 21914
16 Muffengeradsitzventil AR 1 1/2''
17 Absperrventil CD-N-16 MPa - 15 Ast
18 Muffenhahn B fi'' TGL 7846
19 Muffenhahn B 1'' TGL 7846
20 Wächter Typ 660.02 250 V 6A 100 mm VS
21 Temperaturwächter 653.30 50/5
22 Temperaturwächter 653.30 75/5
23 Temperaturwächter 653.30 80/5
24 Temperaturwächter 653.30 87,5/5
25 Widerstandsthermometer 380.1 100 10m^A
26 Rohrverschraubung (dichtgeschweißt)

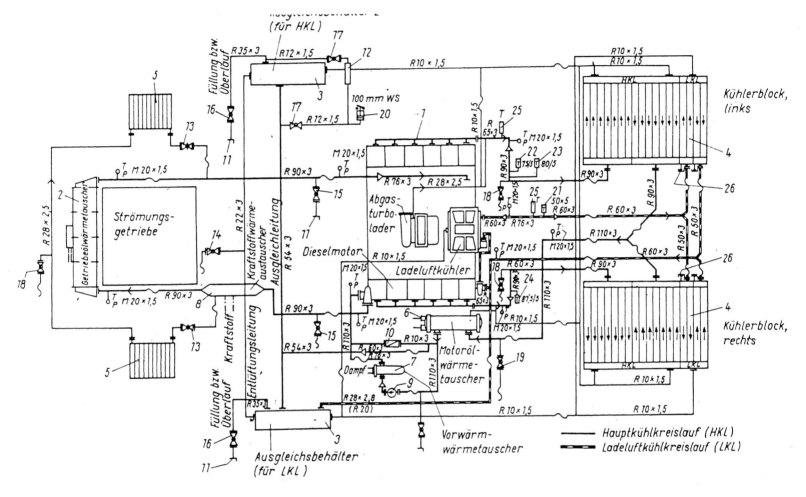

110 203 in der VES-M Halle einer leistungstechnischen Untersuchung unterzogen. Die z/V-Kennlinie lag etwa zwischen den Kennlinien der BR 110 mit 736 kW und der 118.2 mit 1472 kW. Die relativ geringe Anfahrzugkraft von 158 kW war auf die Charakteristik des Strömungsgetriebes GS 30/5,5 zurückzuführen. Die 110 203 erreichte beim Bw Leipzig Hbf Süd ohne wesentliche Störungen bis 1981 eine Laufleistung von 10 000 Motorbetriebsstunden und wurde planmäßig im I. Quartal dem Raw Stendal zur Schadgruppe V 7 zugeführt. Die Konzentration der Erprobungslokomotiven auf wenige spezielle Bahnbetriebswerke ermöglichte eine gute Überwachung des Erprobungsablaufes durch die VES-M Halle und eine optimale Betreuung durch die Industrie.

Die Erprobung der Antriebsanlagen mit 900 kW ist von der VES-M in allen Teilen positiv bewertet worden. Eingetretene Schäden waren nicht auf die Leistungserhöhung zurückzuführen. Der Wirkungsgrad der Antriebsanlage konnte um ca. 2 % verbessert werden, wobei der Hauptanteil dem Dieselmotor zuzuschreiben ist. Ein Mehraufwand an Wartung gegenüber der Antriebsanlage von 736 kW war nicht erforderlich. Die leistungsgesteigerten Lokomotiven der BR 110 erreichten Laufleistungen von 220 000 bis 240 000 km bis zur planmäßigen Raw-Zuführung und damit zur Beendigung der Erprobung. Für die Raw-Zuführung war kein Bauteil der Kraftübertragung die Ursache.

Beim Dieselmotor 12 KVD 21 AL-4, der aus der Bauform 12 KVD 21 A-3 entstand, waren Kurbelgehäuse, Triebwerk (Hauptlager und Kolben), Zylinderkopf, Kühlkreislauf, Schmierölkreislauf, Kraftstoffanlage sowie Luftansaugung und Abgasanlage verändert worden. Einer der Hauptunterschiede zwischen dem Motor der Bauform A-3 und dem der Bauform AL-4 waren die größeren Zylinderrollenlager als Hauptlager der Kurbelwelle. Dadurch mußte ein neues und größeres Kurbelgehäuse entwickelt werden. Es gelang, eine Form zu finden, die die gleichen Auflagepunkte beim Einbau in die Lokomotive nutzt wie der A-3-Motor mit seinem Hilfsrahmen. Der AL-4, und auch der AL-5, konnte ohne Hilfsrahmen und ohne mechanische Anpaßarbeiten in die Lokomotive eingesetzt werden. Ab 1979 begann KAB mit der Serienfertigung des Dieselmotors der Bauform AL-4. Zum 1. Januar 1981 verfügte die HvM die Umzeichnung aller Lokomotiven der BR 110 mit einer 900-kW-Antriebsanlage in die Baureihe 112. Zum gleichen Zeitpunkt sind auch

Geänderte Abgasanlage für die Dieselmotoren 12 KVD 21 AL-4 und AL-5.

Getriebecharakteristik für die Strömungsgetriebe mit 736 kW (BR 110, 111), 900 kW (BR 112) und 1050 kW (BR 114) Leistung.

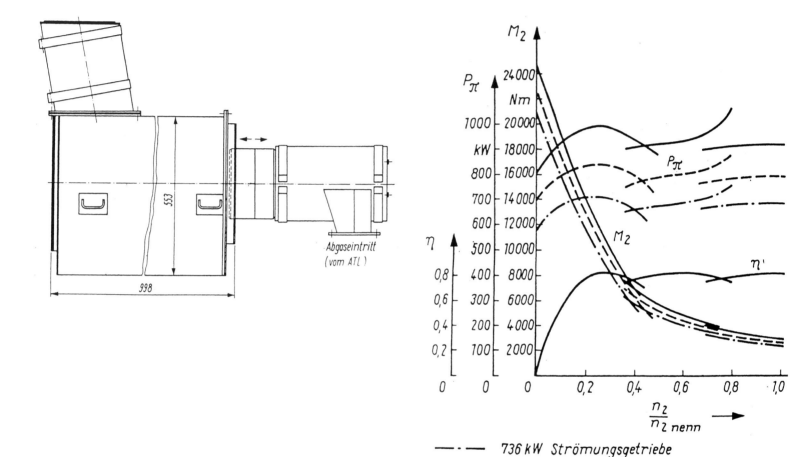

die Lokomotiven der Baureihe 118.0, die 2 x 736-kW-Motoren erhalten hatten, in die Baureihe 118.5 und Lokomotiven der Baureihe 118.2-4, die mit 2 x 900-kW-Motoren ausgerüstet worden waren, in die Baureihe 118.6-8 umgezeichnet worden.

Die Deutsche Reichsbahn hat 20 Lokomotiven der Baureihe 110.0-1 (mit Stufengetriebe) zur Baureihe 112.0-1 umgebaut. Die Maschinen erhielten das Strömungsgetriebe GSR 30/5,7 AQ eews (Kenn-Nr. 6 3130) mit Stufenschaltung. Insgesamt 512 Lokomotiven der Baureihe 110.2-8 sind zur Baureihe 112.2-8 umgebaut worden. Sie bekamen das Getriebe GSR 30/5,7 AP eew (Kenn-Nrn. 6 3120 oder 6 3122) ohne Stufenschaltung. Alle Getriebe hatten eine Eingangsleistung von 900 kW. Der Serienumbau zur Baureihe 112 erfolgte im Raw Stendal. Beim Vergleich der Zughakenkraft-Diagramme der Baureihen 110 und 112 zeigt sich, daß die Zunahme der Motorleistung von 736 kW auf 900 kW (= 22 Prozent) eine Erhöhung der Traktionsleistung um 24 Prozent, bei Höchstgeschwindigkeit sogar um 30 Prozent brachte. Die größere Zunahme der effektiven Leistung erklärt sich mit dem Konstanthalten der Verlustleistungen. Kühlerlüfter und Lichtanlaßmaschine verbrauchten in der 900-kW-Lokomotive nicht mehr Energie als in der 736-kW-Lokomotive, auch der Luftwiderstand stieg bei gleicher Höchstgeschwindigkeit von 100 km/h nicht an.

Die Entwicklung der Baureihe 114
Die überaus günstigen Ergebnisse, die die Leistungssteigerung auf 900 kW brachte, ermutigten die Deutsche Reichsbahn, bei einem Teil der Lokomotiven die Motorleistung auf 1100 kW zu steigern und sie unter speziellen Bedingungen einzusetzen. Erprobungsträger war die 110 203-7 des Bw Leipzig Hbf Süd, die im Bw einen auf 1050 kW eingestellten Dieselmotor 12 KVD 21 AL-4 und das Strömungsgetriebe GS 30/5,5 erhielt. Wie bereits oben erwähnt, erfolgte der Umbau im Jahre 1978. 1981 erhielt die gleiche Lokomotive, die inzwischen zur 112 203-5 umgezeichnet worden war, und 1982 die 112 358-7, beide im Bw Leipzig Hbf Süd beheimatet, im Raw Stendal den auf 1100 kW eingestellten Dieselmotor 12 KVD 21 AL-4 und das Strömungsgetriebe GS 30,5,7. 1986 ist in die 114 673-7 im Raw Stendal ein auf 1100 kW eingestellter Dieselmotor 12 KVD 21 AL-4 mit Zweikreiskühlanlage eingebaut worden, der Vorläufer des späteren AL-5-Motors. In dieser Lokomotive wurde auch die stufenlose Drehzahlregelung erprobt. Die erste Lokomotive mit einem Dieselmotor der Bauform AL-5 war die 114 660-4 des

Dieselmotor 12 KVD 21 AL-4
Foto: Sammlung Weisbrod

Bw Saalfeld, die den Motor 1988 im Raw Stendal eingebaut bekam.

Der 12 KVD 21 AL-5 stellt die Endstufe in der Entwicklung dieser Motorenbaureihe dar. Eine weitere Leistungssteigerung war weder notwendig noch möglich. Die bewährte Vierpunktauflage des Motors in der Lokomotive blieb erhalten, so daß keine Änderungen am Rahmen erforderlich waren. Die Anschlußstellen und Anschlußmaße für den Eintritt der Verbrennungsluft und den Austritt der Abgase blieben ebenso unverändert wie die Anschlußpunkte für Haupt- und Nebenabtrieb. Auf Wunsch der Deutschen Reichsbahn sind die Kühlwassereintritte der beiden Zylinderreihen am hinteren Motorende durch eine Rohrleitung zusammengefaßt. Der AL-5 besitzt als einziger dieser Motorenbaureihe Zweikreiskühlung, denn die Kühlung der Ladeluft erfolgt in einem von der Motorkühlung getrennten Kreislauf. Dazu war eine zweite, kleinere Kühlmittelpumpe erforderlich, die unterhalb der Zylinderreihe B angebracht und über Gelenkwellen von der Kühlmittelpumpe des Motorkreislaufs angetrieben wurde.

Zur Minimierung des Kraftstoffverbrauchs und der Geräuschbelastung im Leerlauf ist die kleinste Leerlaufdrehzahl von 660 min^{-1} auf 550 min^{-1} herabgesetzt worden. Die Motorsteuerung und Drehzahlregelung ist vom AL-4-Motor übernommen worden, allerdings wegen der höheren Motorleistung mit verändertem Hebelübersetzungsverhältnis zwischen Regler und Einspritzpumpen-Regelstangen. Beim AL-5-Motor hat jede Einspritzpumpe eine eigene Kraftstofförderpumpe und ein eigenes Kraftstoffdoppelfilter. Die Kraftstofförderpumpen sind identisch mit denen des Saugmotors 12 KVD 21-3. Aus konstruktiven Gründen mußte bei den Motoren der Bauformen AL-4 und AL-5 der Abgasturbolader um 180° gedreht werden, was jedoch, wie Messungen ergaben, keine negativen Auswirkungen auf den Abgasgegendruck und den Außengeräuschpegel der Lokomotive hatte. Diese Drehung des ATL erforderte Änderungen an der gesamten Luftansauganlage. Die Luftansaugöffnungen in den Seitensegmenten des vorderen Vorbaus wurden nach hinten gesetzt und befanden sich jetzt im 2. Segment von Führerhaus aus gesehen (bei 736-kW-Motor im 5. Segment). Das ist, außer der Betriebsnummer, äußerlich das einzige Merkmal, an dem Lokomotiven mit Motoren der Bauformen 4 und 5 erkannt werden können. Die geänderte Luftansaugung und Abgasführung schließt einen freizügigen Tausch mit Motoren der Bauform 3 aus. Für die höhere Motorleistung war der Abgasturbolader H 31 des VEB Kompressorenwerk Bannewitz nicht mehr ausreichend. Die Firma entwickelte einen leistungsfähigeren ATL mit der Bezeichnung H 32. Für den größeren Luftdurchsatz des AL-5 war auch ein größerer Ladeluftkühler erforderlich, den der VEB Kühlerbau Freiberg entwickelte (Typ 3016 L). Um die Bauhöhe des Motors nicht zu vergrößern, ist der Ladeluftkühler liegend angebracht.

Die Leistungserhöhung der Dieselmotoren der Bauformen AL-4 und AL-5 gegenüber dem A-3-Motor ist vor allem durch eine Erhöhung des effektiven Mitteldruckes auf 1,13 MPa bzw. 1,38 MPa erreicht worden. Um die höhere Verlustwärme abzuführen, war eine Optimierung der Kühlanlage erforderlich. Die Anzahl der 1000 mm langen Kühlerteilblöcke ist von 56 Elementen beim 736-kW-Motor auf 72 beim 900- bzw. 1100-kW-Motor erhöht worden. Die Abmessungen der beiden Kühlerlüfter und ihre Leistung blieben gleich. Die Unterschiede im Kühlwasserkreislauf der Einkreiskühlanlage beim AL-4 und der Zweikreiskühlanlage beim AL-5 sind aus den Zeichnungen ersichtlich.

Bei der Baureihe 114 war die Motorleistung gegenüber der Serienausführung um ca. 50 % gesteigert worden, was auch eine Steigerung der effektiven Zughakenleistung in gleicher Größenordnung bewirkte. Die bei der Baureihe 112 beobachtete prozentual höhere Steigerung der Zughakenleistung wurde hier nicht erreicht, weil das Strömungsgetriebe mit einer Eingangsleistung von 1050 kW die Nennleistung des Motors nicht voll ausnutzen konnte. Die Serienausführung des Strömungsgetriebes für die Baureihe 114 trug die Bezeichnung GSR 30/5,8. Wenn im Mittelbereich des Anfahrwandlers mit voller Hilfsbetriebeleistung gefahren wurde, erreichte die Motorleistung den Wert von 1090 kW. Den-

Die 112 822-2 war die erste Lokomotive, die außer dem 1200-PS-Motor mit PZB 80 und MESA 2002 ausgerüstet war.
Foto: Hans Müller

112 593-9 im Vorfeld des Leipziger Hauptbahnhofs bei der Fahrt zum Zug (1990).
Foto: Manfred Weisbrod

Der berühmte, aber bald zugewachsene Dreistreckenblick an der Muldentalbahn bei Wechselburg. Im Vordergrund verläuft die Strecke der Chemnitztal-Bahn (von der DB AG 1998 stillgelegt), auf der Muldental-Bahn hat die 202 346-8 am 22. April 1994 Einfahrt in Wechselburg, und im Hintergrund sieht man den Göhrener Viadukt der Strecke Chemnitz–Leipzig.
Foto: Manfred Weisbrod

Eine Besonderheit war im Sommerfahrplan 1995 der Haltepunkt Muldebrücke. Wegen des Neubaus der Brücke über die Strecke Borsdorf–Coswig konnte die Muldental-Bahn nicht nach Großbothen einfahren. Sie endete am Prellbock der ehemaligen Verbindungskurve zwischen Muldental-Bahn und BC-Linie. An einem auf der grünen Wiese errichteten Behelfsbahnsteig war das Umsteigen möglich. 202 374-5 und 628 581-1 treffen sich am 29. Mai 1995 am Hp Muldebrücke.
Foto: Manfred Weisbrod

202 268-9 im März 1992 im Bw Sangerhausen. Bemerkenswerterweise hat man der Lokomotive noch ordentliche Lokschilder anstelle der nach DB-Muster angeklebten Ziffern spendiert.
Foto: Günter Scheibe

Unten: 112 245-6 mit einem Personenzug aus Reko-Wagen im Juli 1986 bei der Ausfahrt aus Oberröblingen.
Foto: Günter Scheibe

noch war die BR 114 gegenüber der BR 112 dem Leistungsbereich der BR 118.2-4 ein gutes Stück nähergekommen. Mit 190 kN blieb die maximale Anfahrzugkraft der BR 114 noch unterhalb der Reibungsgrenze ($\mu = 0{,}33$), so daß keine Überbeanspruchung von Gelenkwellen und Achsgetrieben eintrat. Es konnten die gleichen Achsgetriebe bzw. deren Nachfolgetypen verwendet werden, wie sie ab 110 241 zum Einbau gekommen waren. Theoretisch hätte die Lokomotive mit dem 1100-kW-Motor die Baureihenbezeichnung V 150 bzw. 115 tragen müssen, denn nach dem noch aus DRG-Zeiten stammenden Prinzip sollte die Baureihenbezeichnung 1/10 der Motorleistung angeben (V 100 = 1000 PS, V 180 = 1800 PS). Doch hing da noch das Projekt der Neubaulok V 100 mit Heizgenerator im Raum, dem die HvM schon die Baureihe 115 zugeordnet hatte. Es gab kurze Zeit im Saalfelder Raum einige wenige Lokomotiven mit dem *richtigen* Nummernschild 115 ..., doch verfügte die HvM die Einordnung der 1100-kW-Lokomotiven in die Baureihe 114, was sie am 1. Januar 1992 zur Baureihe 204 werden ließ.

Zur Jahresmitte 1998 waren noch alle 65 Lokomotiven der Baureihe 114/204 im Erhaltungsbestand. Es sind nur Lokomotiven ab Betriebsnummer 110 203 (also ohne Stufengetriebe) umgebaut worden. Sie waren vor allem in den Bw der südlichen Direktionen wie Zwickau, Dresden, Saalfeld, Nordhausen und Halle G beheimatet. Auch Wittenberg besaß schon 1995 Lokomotiven dieser Baureihe. 1998 tauchen auch die Bh Magdeburg, Erfurt und Reichenbach als Heimatdienststellen auf. Für die Baureihe 112/202 gibt es, wie bereits dargestellt, keine Hauptuntersuchungen mehr. In der Statistik für Jahresmitte 1998 ist diese Baureihe im Norden von der DB AG nahezu ausgerottet worden, nur der Bh Neustrelitz verfügt noch über einige Maschinen. Der unglaubliche Kahlschlag im Nebennetz, bei dem besonders der Freistaat Sachsen, der einst das dichteste Eisenbahnnetz Deutschlands besaß, eine unrühmliche Rolle spielte, hat die Baureihen 112/114 weitgehend entbehrlich gemacht. Es gibt kaum einen erbärmlicheren Anblick, als eine 202, die mit hohem ingenieurtechnischen Aufwand auf 900 kW Leistung gebracht wurde, mit einem leeren Bom-Wagen über eine verwahrloste Strecke zuckeln zu sehen. Noch deutlicher wird sichtbar, wie weit die privatisierte Bahn gekommen ist, wenn am Bom-Wagen vorn und hinten eine Lokomotive hängt, weil am Zielbahnhof wegen ausgebauter Weichen nicht mehr umgespannt werden kann und nur noch ein Stück gerades Gleis mit Prellbock liegt.

Dieselmotor 12 KVD 21 AL-5 mit 1100 kW Leistung am Abtriebsflansch.
Foto: Manfred Weisbrod

Die 112 301-7 auf der Fahrt von Wechselburg nach Rochlitz überquert im Februar 1991 in Rochlitz die zugefrorene Zwickauer Mulde. Die Mulde hat wegen ihrer hohen Strömungsgeschwindigkeit nur in langen und strengen Wintern eine geschlossene Eisdecke.
Foto: Manfred Weisbrod

202 377-8 mit Doppelstock-Steuerwagen DBmq auf der für 20 t Radsatzfahrmasse ausgebauten Nebenbahn Bitterfeld–Stumsdorf im Bahnhof Sandersdorf (b. Bitterfeld). Aufnahme vom 4. März 1997.
Foto: Manfred Weisbrod

Am 25. April 1998 fuhren die letzten Reisezüge zwischen Hainichen und Roßwein durch Berbersdorf. Die 202 416-4 vom Bh Chemnitz führte einen der letzten Züge, wenn die Kombination noch das Prädikat »Zug« verdient. Tags darauf hat das »Unternehmen Zukunft« den Reiseverkehr eingestellt.
Foto: Manfred Weisbrod

Leipzig Hbf am 25. Oktober 1996. 143 945-4 fährt mit einem Regionalzug aus Doppelstockwagen der Gattungen DBmu und DBmq ein, 202 546-8 wartet auf Ausfahrt ins Bw.
Foto: Manfred Weisbrod

Die 202 576-5 hat auf der Muldental-Bahn den Viadukt Göhren (Strecke Chemnitz–Leipzig) unterquert und fährt Richtung Glauchau (23. April 1994).
Foto: Manfred Weisbrod

Die 202 152-5 war eine der 20 Lokomotiven, die mit Stufengetriebe auf 900-kW-Motor umgebaut worden sind. Als sie am 18. Oktober 1997 von Freiberg kommend in Holzhau einfuhr, erinnerte an das Stufengetriebe nur noch der Schalthebel im Einstieg.
Foto: Manfred Weisbrod

Mit dem Heizkessel voran – 202 167-3, eine der 20 Lokomotiven mit 900-kW-Motor und Stufengetriebe, zwischen Waldheim und Rochlitz bei Döhlen am 16. Januar 1996.
Foto: Manfred Weisbrod

202 502-1 (mit einem Bom Richtung Freiberg) und 202 503-9 mit einem Zug aus Rungenwagen treffen sich am 11. Oktober 1996 im Bahnhof Rechenberg (Strecke Freiberg–Holzhau, die einst bis ins böhmische Moldau führte).
Foto: Manfred Weisbrod

202 516-1 mit RB 7988 fährt am 12. Januar 1997 aus Geringswalde (Strecke Rochlitz–Waldheim) aus. Zum Fahrplanwechsel im Mai legte die DB AG die Strecke still.
Foto: Manfred Weisbrod

Auch einige V 100 blieben von den Farbspielereien der DB AG nicht verschont. Die 202 687-0 am 26. September 1997 im Werk Chemnitz.
Foto: Manfred Weisbrod

Durch die mit Rauhreif bedeckte Fröhne führt die 202 625-0 am 22. Januar 1996 ihren Bom-Wagen von Waldheim nach Rochlitz.
Foto: Manfred Weisbrod

Am Fuße der Festung Königstein in der Sächsischen Schweiz führt eine Lok der Baureihe 204 einen schweren Güterzug zum Grenzbahnhof Bad Schandau (1. August 1994).
Foto: Manfred Weisbrod

202 579-9 mit vier Bghw-Wagen am 20. März 1993 zwischen Klosterbuch und Westewitz auf der Strecke Borsdorf–Coswig.
Foto: Manfred Weisbrod

Zweimal 1200 PS, um einen Wagen zu bewegen! Der Personenzug nach Gera ist im Leipziger Hbf am
25. Oktober 1996 vorn mit der 202 814-0 und hinten mit einer zweiten Lok der BR 202 bespannt.
Foto: Manfred Weisbrod

Die Dresdener 204 686-0 war zur Schadgruppe V 6 im Werk Stendal (20. Juni 1996).
Foto: Manfred Weisbrod

204 805-6 vor dem Hilfszug im Bw Dresden-Friedrichstadt am 15. Juni 1993.
Foto: Manfred Weisbrod

202 778-7 mit einer vierteiligen Doppelstock-Garnitur auf dem Viadukt über die A 4 bei Chemnitz-Borna am 20. Juli 1992.
Foto: Manfred Weisbrod

115 314-7 (Bw Saalfeld) im Sommer 1983 in Saalfeld. Weil die Baureihennummer 115 für die Neubaulok mit elektrischer Zugheizung reserviert wurde, ist die Lok noch im gleichen Jahr in 114 314-8 umgezeichnet worden.
Foto: Hans Wiegard

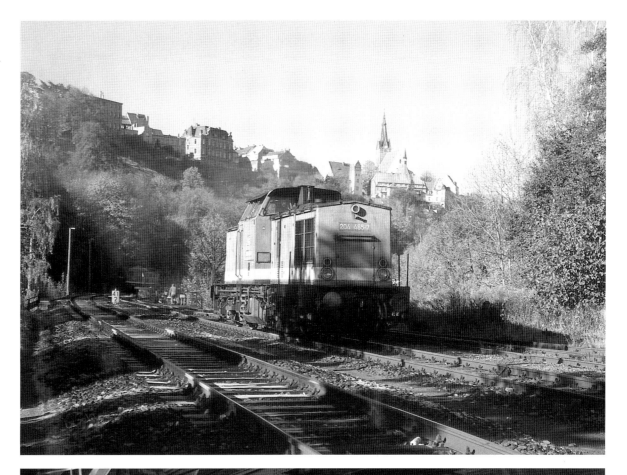

204 485-7 in Leisnig (Strecke Borsdorf–Coswig) vor der Kulisse des Burgberges mit der Stadtkirche St. Nikolai (28. Oktober 1997)
Foto: Manfred Weisbrod

114 626-0 abfahrbereit vor einem Personenzug nach Zittau im Bahnhof Dresden-Neustadt im Juli 1990.
Foto: Manfred Weisbrod

Im Führerstand der mit MESA 2002 und PZB 80 ausgerüsteten 202 152-5 (18. Oktober 1997).
Foto: Manfred Weisbrod

Der Schalthebel für das Stufengetriebe, mit dem die 202 152-5 ursprünglich ausgerüstet war, befindet sich im Aufstieg zum Führerhaus.
Foto: Manfred Weisbrod

Die Baureihe 111 (V 100.4)

Im Jahre 1981 hat LEW Hennigsdorf die ersten Lokomotiven mit der Werksbezeichnung V 100.4 an Industriebetriebe und Werkbahnen geliefert. Die Maschinen basierten auf dem LEW-Typ V 100.1 (DR-Baureihe 110.2-8) und hatten als äußeres Kennzeichen Rangierbühnen mit Geländer. Eine Änderung an der Übersetzung des Strömungsgetriebes begrenzte die Höchstgeschwindigkeit auf 65 km/h. Ein Heizkessel für die Zugheizung war nicht vorhanden, die Vorwärmung erfolgte über den Vorwärmetauscher oder zwei Vorwärmgeräte mit Hochdruckölbrennern von je 35 kW. Zu den ersten Abnehmern dieser Industrieversion zählten das Eisenhüttenkombinat Ost in Eisenhüttenstadt, die Leuna-Werke und das Petrolchemische Kombinat in Schwedt. Diese Bauform ist auch exportiert worden.

Ab 1982 stellte auch die Deutsche Reichsbahn Lokomotiven vom Typ V 100.4 mit der Baureihenbezeichnung 111 in Dienst und beschaffte insgesamt 37 Maschinen. Eine weitere Lokomotive (V 100.4) mietete man von der Industrie an und gab ihr für die Zeit des Reichsbahneinsatzes die Betriebsnummer 111 991. Die erste Lieferserie umfaßte die 111 001 bis 111 010, die zweite Serie die 111 011 bis 111 020. Die zweite Serie besaß eine geänderte Drehzahlstufung zum feinfühligeren Anfahren im Rangierdienst. Die Einrichtung zur Doppeltraktion, mit der alle Lokomotiven der Baureihen 110.0-1 und 110.2-8 ausgerüstet waren, fand sich auch bei der Baureihe 111, jedoch konnten nur die Lokomotiven der 1. Serie untereinander in Doppeltraktion verkehren und die Lokomotiven ab 111 011 unter sich. Die Lokomotiven besaßen den Dieselmotor 12 KVD 21 A-3 von Kühlautomat Berlin mit einer Nennleistung von 736 kW bei 1500 min^{-1}. Die Kraftübertragung erfolgte über das Strömungsgetriebe GSR 30/5,7 Aqeew (Kenn-Nr. 6 3131). Je nach Typ der Achsgetriebe betrug die Höchstgeschwindigkeit 65 km/h oder 60 km/h. Eine Höchstgeschwindigkeit von 65 km/h war möglich, wenn der 2. und 3. Radsatz die Achsgetriebe ADU 20-8 (Durchtrieb) und der 1. und 4. Radsatz Achsgetriebe AK 20-12 (Endachsgetriebe) besaßen. Diese Achsgetriebe besaßen auch die Lokomotiven ab 110 241 und die nach China exportierten Maschinen des Typs V 100.3. Als die Produktion dieser Achsgetriebe im Getriebewerk Gotha auslief, sind bei den Radsätzen 2 und 3 Achsgetriebe AÜK 18-6 und bei den Radsätzen 1 und 4 Achsgetriebe AÜK 18-7 eingebaut worden, mit denen eine Höchstgeschwindigkeit von 60 km/h erzielt werden konnte. Gegenüber der Baureihe 110 war das Volumen der Hauptluftbehälter um 400 l vergrößert worden, und die Lokomotiven besaßen Rangierfunkeinrichtung. Hilfseinrichtungen, Steuerung und Überwachung entsprachen, von den aufgeführten Änderungen abgesehen, denen der Baureihe 110.2-8. Ab 111 011 waren Führerbremsventile der Bauart DAKO BS 4 und als Zusatzbremsventil die Bauart DAKO BP verwendet worden. Die Bremseinrichtungen wie Steuerventil G-P-Wechsel und Doppelrückschlagventile waren im hinteren Vorbau untergebracht. Vom linken Umlauf des hinteren Vorbaus führte eine Leiter zur Dachhaube, klappbare Aufstiege waren an der hinteren Stirnwand des Führerhauses nicht vorgesehen.

Die Lokomotiven 111 001 bis 111 020 sind der Rbd Schwerin zugewiesen worden und waren bei den Bw Wittenberge, Neuruppin und Rostock Seehafen im Einsatz. Wittenberger Maschinen waren auf den Strecken Wittenberge–Neustre-

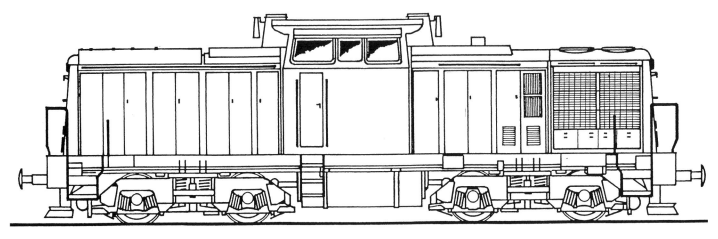

Typenskizze der Baureihe 111

litz–Wittenberge, Neustadt (Dosse)–Brandenburg und Neustadt (Dosse)–Ludwigslust in Einsatz. Die Unterhaltung der Wittenberger Maschinen erfolgte in der Triebfahrzeug-Einsatz- und -Unterhaltungsstelle (TEU) Wittstock, einer Außenstelle des Bw Wittenberge. Lokomotiven der BR 111 konnten nicht die Zugkraft einer Dampflokomotive der Baureihen 50.35 oder 52.80 aufbringen, so daß besonders in der Direktion Schwerin der Einsatz 111er in Doppeltraktion zum vertrauten Bild gehörte.
Die letzten 17 Lokomotiven sind an die Bahnbetriebswerke Falkenberg, Leipzig Hbf Süd und Altenburg geliefert worden. Die 111 025 hatte das Bw Röblingen erhalten.

Die Baureihe 111 blieb im Lieferzustand nur wenige Jahre im Bestand der DR. Für den Zugdienst war sie nicht leistungsfähig genug, für den Rangierdienst wegen fehlender Stufenschaltung und einer kleinsten Dauerfahrgeschwindigkeit von 11,8 km/h nicht sonderlich prädestiniert. So entstand die Idee, sie nach dem Muster der 110 156 und 110 161 zur modernen Rangierlokomotive mit Strömungswendegetriebe und Seitenführerpulten umzubauen, was auch ab 1990 im Raw Stendal erfolgte und zur Umzeichnung in die Baureihe 108 führte. Mit Inkrafttreten des Umzeichnungsplanes vom 1. Januar 1992 wurde die Baureihe 111, sofern sie noch nicht im Umbau war, als Baureihe 293 bezeichnet. Die auf Strömungswendegetriebe umgebauten Maschinen der Baureihe 111 erhielten eine um 300 erhöhte Ordnungsnummer und die Baureihenbezeichnung 298.

Wie im Kapitel über die BR 298 nachzulesen, sind außer den 37 Lokomotiven der BR 111 auch 45 Lokomotiven der BR 110.0-1 zur BR 298 umgebaut worden. Dennoch gab es bis 1997 in der Est Falkenberg des Bh Wittenberg zwei Lokomotiven

111 025-3 im Bw Röblingen am See.
Foto: Hans Müller

STATISTIK Baureihe 111

BetrNr	Hersteller	Baujahr	Fabrik-Nr.	Indienststellung	Umbau in	Werksausgang	zum Bw
111 001	LEW	1981	16678	Bw Neuruppin	298 301	12.91	LeS
111 002	LEW	1981	16679	Bw Neuruppin	298 302	11.91	LeS
111 003	LEW	1981	17302	Bw Neuruppin	298 303	10.92	Reich
111 004	LEW	1981	17303	Bw Neuruppin	298 304	04.93	Chem
111 005	LEW	1981	17304	Bw Neuruppin	298 305	12.92	LeS
111 006	LEW	1981	17305	Bw Wittenbge.	298 306	04.92	Nbb
111 007	LEW	1981	17306	Bw Wittenbge.	298 307	12.91	Rost
111 008	LEW	1981	17307	Bw Wittenbge.	298 308	04.92	Nbb
111 009	LEW	1981	17308	Bw Wittenbge.	298 309	12.91	Dres
111 010	LEW	1981	17309	Bw Wittenbge.	298 310	12.91	Rost
111 011	LEW	1982	17839	Bw Rostock H	298 311	04.93	Chem
111 012	LEW	1982	17840	Bw Wittenbge.	298 312	04.92	Rost
111 013	LEW	1982	17841	Bw Rostock H	298 313	04.92	LeS
111 014	LEW	1982	17842	Bw Wittenbge.	298 314	10.92	Reich
111 015	LEW	1982	17843	Bw Wittenbge.	298 315	01.92	LeS
111 016	LEW	1982	17844	Bw Wittenbge.	298 316	12.91	Rost
111 017	LEW	1982	17845	Bw Rostock H	298 317	05.92	Sedd
111 018	LEW	1982	17846	Bw Rostock H	298 318	12.91	Rost
111 019	LEW	1982	17847	Bw Rostock H	298 319	12.91	LeS
111 020	LEW	1982	17848	Bw Rostock H	298 320	04.92	Rost
111 021	LEW	1982	17710	Bw Falkenberg	298 321	12.91	LeS
111 022	LEW	1982	17711	Bw Falkenberg	298 322	12.92	HG
111 023	LEW	1982	17712	Bw Falkenberg	298 323	09.92	HG
111 024	LEW	1982	17713	Bw Leipzig Süd	298 324	10.92	LeS
111 025	LEW	1982	17714	Bw Leipzig Süd	298 325	05.92	HG
111 026	LEW	1982	17715	Bw Leipzig Süd	298 326	12.91	LeS
111 027	LEW	1982	17716	Bw Falkenberg	298 327	07.92	LeS
111 028	LEW	1982	17717	Bw Röblingen	298 328	01.92	LeS
111 029	LEW	1982	17718	Bw Falkenberg	298 329	06.92	HG
111 030	LEW	1982	17719	Bw Altenburg	298 330	01.92	LeS
111 031	LEW	1982	17720	Bw Falkenberg	298 331	01.92	Sedd
111 032	LEW	1982	17721	Bw Leipzig Süd	298 332	04.93	LeS
111 033	LEW	1982	17722	Bw Leipzig Süd	298 333	05.93	LeS
111 034	LEW	1982	17723	Bw Altenburg	298 334	06.92	LeS
111 035	LEW	1982	17724	Bw Altenburg	298 335	11.91	LeS
111 036	LEW	1982	17725	Bw Leipzig Süd	108 036 [1]	05.90	HG
111 037	LEW	1982	17726	Bw Altenburg	108 037 [1]	11.90	HG

[1] zum 01.01.92 in 298 336 und 298 337 umgezeichnet
Abkürzungen der Bahnbetriebswerke in der letzten Spalte:
Chem = Chemnitz, Dres = Dresden, HG = Halle G, LeS = Leipzig Hbf Süd,
Nbb = Neubrandenburg, Reich = Reichenbach, Rost = Rostock Seehafen, Sedd = Seddin.

der Baureihe 293. Ursprünglich als 111 107 und 111 128 bezeichnet, 1992 in 293 107 und 293 128 umgenummert, entstanden sie aus den Lokomotiven 110 107 und 110 128. Die Lokomotiven waren zwar von der DR umgebaut worden, jedoch nicht für den Eigenbedarf, sondern zum Verkauf an die Lausitzer Braunkohleindustrie bestimmt. Dort bestand nach den ab 1990 veränderten wirtschaftlichen Bedingungen weder Bedarf noch Interesse an den Maschinen, so daß sie im Bestand der DR bzw. DB AG bis zur z-Stellung im Jahre 1998 verblieben.

111 004 und 111 003 in Doppeltraktion bei der Einfahrt in Rathenow am 8. August 1983. Gut sichtbar ist die Leiter am hinteren Vorbau.
Foto: Jürgen Kalewe

111 005-5 führt in Doppeltraktion einen Kalkzug (Rathenow, 26. August 1983). Nicht nur auf diesem Foto ist zu beobachten, daß das Personal, wenn es sich einrichten ließ, bevorzugt rückwärts fuhr, also mit dem Heizkessel oder dem Vorwärmgerät voraus, weil dann die Geräuschbelästigung durch den Dieselmotor geringer war.
Foto: Jürgen Kalewe

111 006-3 mit einem Zementzug bei der Einfahrt in Premnitz (5. Juli 1986).
Foto: Jürgen Kalewe

111 002 und 110 148 des Bw Neuruppin mit einem Kesselzug bei Rathenow (21. Juli 1984). Die 111 002 hat, im Gegensatz zu den anderen Maschinen, einen klappbaren Aufstieg an der Führerhausrückwand.
Foto: Jürgen Kalewe

Die Deutsche Reichsbahn hatte eine Werklok der MIBRAG (LEW 1983/17853) angemietet und sie für die Dauer des Mieteinsatzes als 111 991-6 bezeichnet.
Foto: Marco Berger

Nur 111 001 bis 111 010 und 111 011 bis 111 037 konnten untereinander in Doppeltraktion verkehren. 111 007 und 111 006 führen einen Zementzug bei Rathenow (August 1981).
Foto: Jürgen Kalewe

Der 111 009-7 fehlt der klappbare Tritt an der Führerhausrückwand und auch die Leiter (Rathenow, 22. Juli 1983).
Foto: Jürgen Kalewe

Die Baureihen 108 und 109

Bereits Mitte der sechziger Jahre gab es bei der Deutschen Reichsbahn Überlegungen, eine schwere Rangierlokomotive zu bauen, die leistungsfähiger (im Sinne von höherer Zugkraft) als die Baureihe V 60 sein sollte. Die zunehmende Verlagerung des Güterverkehrs auf die Schiene zog einen Anstieg des Rangierbedarfs nach sich. In den siebziger Jahren ist das Projekt weiter durchgearbeitet worden, nachdem man zuvor analysierte, in welchen Direktionen Bedarf für eine Lokomotive bestand, die die V 60 an Leistung übertraf. Parallel zu diesem Projekt liefen die Studien zu einer Diesellokomotive für den Nebenbahnbetrieb mit Übergang auf Hauptbahnen, die anstelle des Heizkessels einen Generator für die elektrische Zugheizung besitzen sollte. Beide Baureihen sollten auf Basis der bewährten V 100 entstehen, also Lokomotiven mit zwei zweiachsigen Drehgestellen und Mittelführerstand sein. Für die schwere Rangierlokomotive war die Baureihenbezeichnung 108, für die Lokomotive mit Heizgenerator die Baureihenbezeichnung 115 vorgesehen. Beide Lokomotiven sind nicht mehr gebaut worden (zumindest die BR 108 nicht als Neubaulokomotive), aber vom Ideengut der BR 108 ist viel in die Baureihe 298 eingeflossen. Als die Rangierlokomotive auch durch Umbauten vorhandener Lokomotiven entstand, wählte man für Umbaulokomotiven die Baureihenbezeichnung 108, für den Neubau die Bezeichnung BR 109.

Es gab bereits im Herbst 1966 einen Ideenaustausch zwischen Hans Müller von der VES-M Halle/Dessau und Olaf Herfen von »Strömungsmaschinen Dresden« über eine Rangierlokomotive ohne mechanische Wendeschaltung, ohne daß man wußte, daß bei Voith dieser Gedanke ebenfalls diskutiert wurde. Erst als die HvM der VES-M den Auftrag zur Entwicklung einer schweren Rangierlokomotive, eben der Baureihe 108, erteilte, ist der Gedanke, ein hydrodynamisches Wendegetriebe einzubauen, wieder aufgegriffen worden.

Entwicklung von Wendegetrieben

Als das Thema Strömungswendegetriebe wieder aktuell wurde, hat Strömungsmaschinen Dresden am 9. und 10. Juni 1972 zunächst an einem V-60-Getriebe GS 12/5,2 und einem V-100-Getriebe GSR 30/5,7 Versuche mit rückwärts angetriebener Turbine auf seinem Prüfstand gefahren und dann am 17. Mai 1975 ein Strömungsgetriebe in der 110 039-6 gegen die Zugkraft der Bremslokomotive 130 102 arbeiten lassen (Wendeschaltung entgegen der Fahrtrichtung eingelegt). Hier gab es Probleme mit der Wärmeabfuhr beim Öl des Getriebes. Vom 26. bis 29. April 1976 ist bei der 118 225 die hydrodynamische Bremskraft gemessen worden. Der Wärmeabfuhr dienten zwei Wirbelzellen-Ölkühler am zu messenden Getriebe.

Am 3. Januar 1978 war die Montage des ersten 580-kW-Strömungswendegetriebes bei SM Dresden abgeschlossen, und vom 17. Januar bis 15. April 1978 ist es auf dem Prüfstand erprobt worden. Das Raw Stendal hat vom 20. April bis zum 2. Mai 1978 das Getriebe GS 20-20/4,8 in die 110 156 eingebaut und die Lokomotive entsprechend umgerüstet. Die steuerungsseitige Ausrüstung der 110 156 erfolgte vom 7. Mai bis zum 20. Juli 1978 im Bw Halle G. Die meßtechnische Erprobung der Lok mit Meßwagen durch die VES-M Halle fand zwischen dem 21. Juli und dem 21. August 1978 statt. Ab 14. September 1978 erfolgte die Betriebserprobung im Güterbahnhof Halle. Vom 11. September bis 29. Oktober 1978 ist auch die 110 161 im Raw Stendal mit Strömungswendegetriebe GS 20-20/4,8 ausgerüstet und beim Bw Halle G komplettiert und erprobt worden. Von Anfang Dezember 1978 bis zum Januar 1979 war die 110 161 zu Messungen im Institut für Schienenfahrzeuge in Berlin-Grünau, und ab 16. Februar 1979 ist die Betriebserprobung beider Lokomotiven im Güterbahnhof Halle fortgesetzt worden. Es folgten Bremsmeß- und Demonstrationsfahrten auf der Strecke Ilmenau–Großbreitenbach (17. Oktober 1979) und auf der Steilstrecke Hüttenrode–Michaelstein der Rübelandbahn (2. Oktober 1980). Vom 1. bis 10. September 1981 war die 110 156 zur Erprobung auf der Rostocker Hafenbahn, wo sie vorzugsweise schwere Ölzüge vom Ölhafen zur Ausfahrgruppe brachte und gegenüber der sonst eingesetzten Lok der BR 118 über 50 % weniger Kraftstoff verbrauchte.

Wenngleich die Maschinen mit Strömungswendegetriebe nicht für den Steilstreckenbetrieb vorgesehen waren, unterzogen VES-M Halle, Bw Halle G und Strömungsmaschinen Dresden die beiden Lokomotiven ab 2. Oktober 1980 einer Extremerprobung auf der Strecke Blankenburg–Hüttenrode der Rübelandbahn im Harz.

Die Zugkomposition bestand aus den beiden Diesellokomotiven, zwischen die der Meßwagen eingestellt war; talwärts waren somit auf der Gefällestrecke von 62 o/oo reichliche 180 t abzubremsen. Es bremste nur die bergseitig eingestellte Lokomotive mit dem Strömungswendegetriebe, die ohne Schwierigkeiten eine Beharrungsgeschwindigkeit von 50 km/h erreichte. Beide Lokomotiven waren mit drei Wirbelzellen-Getriebeöl-Wärmetauschern ausgerüstet. Das

Auslaßventil des Getriebeölkreislaufes war voll geöffnet, um eine große Ölmenge in den Umlauf zu bringen. Die mit dem Getriebe erzeugte Bremsenergie wird in Wärmeenergie umgewandelt, die über die Wärmetauscher abgeführt werden muß. Je höher die geforderte Bremsleistung, desto größer ist die anfallende Wärmeenergie. Bei den Meßfahrten erreichte das Getriebeöl bei keiner der beiden Lokomotiven die kritische Temperatur. Nach Abschluß der Versuchsfahrten sind alle Betriebsingenieure Maschinenwirtschaft der Reichsbahndirektionen nach Blankenburg eingeladen worden. Ihnen wurden die Vorteile des hydrodynamischen Bremsens erläutert und in praxi demonstriert. Die Erprobung von 110 156 und 110 161 auf der Rübelandbahn diente nur der Extremerprobung des Strömungswendegetriebes und war kein Test für den Einsatz der Lokomotiven auf dieser Strecke.

Der Umbau

Für die 110 156 und 110 161 hatte SM Dresden in eigener Regie die Nummernschilder 108 001 und 108 002 anfertigen lassen und an den Lokomotiven angeschraubt. Eine Baureihe 108 gab es zum damaligen Zeitpunkt noch nicht im Bestand der DR. Die Schilder mußten wieder entfernt werden, sind aber von SM Dresden bei Demonstrationsfahrten angeschraubt worden. Erst 1985 sind die Lokomotiven unter Beibehaltung ihrer Ordnungsnummer offiziell zur Baureihe 108 umgezeichnet worden.

Trotz der in den Jahren 1978 und 1979 erfolgreichen Betriebserprobung der beiden Maschinen mit Strömungswendegetriebe unternahm die DR keine weiteren Aktivitäten. Vielmehr sind ab 1981 Lokomotiven des LEW-Typs V 100.4 beschafft worden, den Hennigsdorf für Industrie- und Werkbahnen entwickelt und auch erfolgreich abgesetzt hatte (vgl. Kapitel zur Baureihe 111). Die DR verzichtete also darauf, ihre erfolgreiche Neuentwicklung in Serie zu geben und kaufte quasi Lokomotiven *von der Stange*. Als nach nur kurzer Einsatzzeit der BR 111 offensichtlich war, daß die Lokomotiven weder im Strecken- noch im Rangierdienst die optimale Lösung waren, tauchte das Projekt einer Baureihe 108 wieder auf, und Hans-Joachim Krauß, Hauptingenieur der Hauptverwaltung Maschinenwirtschaft, verkündete in der Augustausgabe der Zeitschrift *Modelleisenbahner* des Jahrgangs 1986, daß mit den ersten Prototypen dieser Baureihe Mitte 1987 zu rechnen sei und der sich über mehrere Jahre erstreckende Serienumbau 1988 beginnen solle. In diesen Umbau sollten die durch die Elektrifizierung freigesetzten Lokomotiven der Baureihe V 100.0-1 und auch die in nur geringer Stückzahl vorhandenen Lokomotiven der Baureihe 111 einbezogen werden. Daß man es nun ernst meinte mit der Baureihe 108, wird mit der zum 1. Januar 1985 erfolgten Umzeichnung der 110 156 und 110 161 in 108 156 und 108 161 dokumentiert. Doch erst Anfang 1990 begann das Raw Stendal mit dem Umbau der 111 036 auf Strömungswendegetriebe, die im Mai 1990 das Werk mit der Betriebsnummer 108 036-5 verließ. Im November 1990 folgte als zweites Baumuster die 111 037 als 108 037.

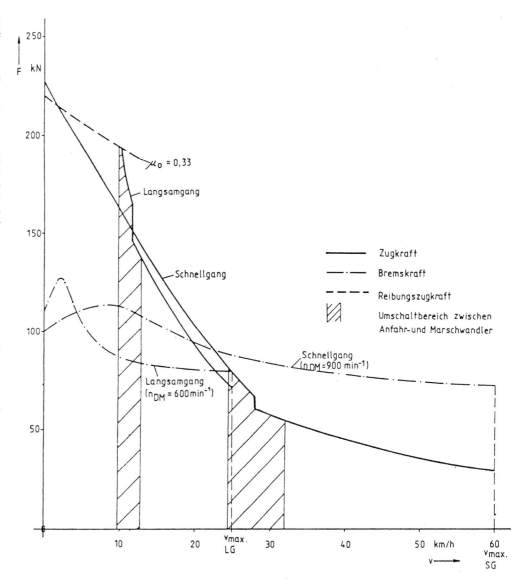

Zugkraft- und hydraulisches Bremskraft-Geschwindigkeits-Diagramm der Diesellok V 100.6 (Sfz 6/1990).

Umbau oder Neubau?

Außer an den Umbau der Baureihe 111 und eines Teils der Baureihe V 100.0-1 dachte die Deutsche Reichsbahn auch an den Neubau einer schweren Rangierlokomotive, wenngleich geplante Stückzahlen nicht bekannt sind. Dieser Neubau sollte als Baureihe 109 eingeordnet werden. Wenn Ekkehard Gärtner und Stephan Schönberg von LEW GmbH Hennigsdorf in der Zeitschrift *Schienenfahrzeuge* (1990/Heft 6) behaupten, LEW habe als V 100.6 (Werksbezeichnung) die vorgesehene Baureihe 109 entwickelt,

Hydrodynamische Bremsversuche der 110 039-5 gegen die 130 102-7 als Zugkraft am 17. Mai 1975. Das Öl im Strömungsgetriebe der V 100 war anschließend so schwarz wie die Abgasfahne der 130 102.
Foto: Olaf Herfen

ist das nur zum geringsten Teil richtig. Man bezieht sich zwar auf die Zusammenarbeit mit dem WTZ-ZET der DR, verschweigt aber, daß die Lokomotive fast ausschließlich dort entwickelt worden ist und es Bedingung von LEW war, die Konstruktionsunterlagen vom WTZ-ZET geliefert zu bekommen. Das WTZ hat also Konstruktionsarbeit für LEW geleistet. In diesem Zusammenhang müssen hier Martin Hartmann und Jürgen Queck (WTZ-DR, ZET Dessau) genannt werden, die nach den Wegbereitern für die Lokomotive mit Strömungswendegetriebe, Hans Müller und Olaf Herfen, den Hauptteil der Arbeit für die Baureihen 108/109/298 geleistet haben.

Zu dem Zeitpunkt, als Gärtner/Schönberg ihren Beitrag über die V 100.6 schrieben, war LEW zwar schon eine GmbH in der Deutschen Demokratischen Republik, aber noch nicht von der AEG zurückgekauft, und auch die Einbrüche im Verkehrsaufkommen der Eisenbahn waren noch nicht voraussehbar. Der drastische Einbruch nach Währungsunion und Anschluß der DDR an die BRD änderten das Beschaffungskonzept – die Baureihe 109 wurde nicht gebaut. Im Frühherbst 1991 hatte man den Reichsbahnchef Hans Klemm über seine angebliche oder tatsächliche Zusammenarbeit mit der Staatssicherheit der DDR stolpern lassen und in den Ruhestand geschickt, um den Chefsessel der DR für den DB-Chef Heinz Dürr freizuräumen. Die er-

110 156-7 mit Strömungswendegetriebe in der Erprobung auf der Hafenbahn des Überseehafens Rostock im September 1981.
Foto: Olaf Herfen

Eine Lokomotive, die es offiziell nie gegeben hat. SM Dresden hatte in eigener Regie die 110 156 zur 108 001-9 umgezeichnet, jedoch nur für kurze Zeit. Offiziell ist die 110 156 erst zum 1. Januar 1985 in 108 156 umgezeichnet worden.
Foto: Olaf Herfen

Versuchszug mit 110 039-5, Meßwagen und 130 102-7 am 17. Mai 1975. Neben der V 100 steht Olaf Herfen von Strömungsmaschinen Dresden.
Foto: Sammlung Weisbrod

sten serienmäßig zur Baureihe 298 umgebauten 111er verließen im November 1991 das Raw Stendal, ein Jahr nach Fertigstellung der Baumuster.

Die Baureihe 109 (V 100.6)

Grundlage für die Baureihe 109 (LEW V 100.6) war der LEW-Typ V 100.4, den die DR mit 37 Exemplaren als Baureihe 111 in Dienst gestellt hatte. Wichtigste Unterschiede zur V 100.4 waren die Erhöhung der Dienstmasse von 64 t auf 68 t (17 t Radsatzfahrmasse) zur Erzielung höherer Anfahrzugkräfte, der Einsatz des Strömungswendegetriebes und die veränderte Druckluftausrüstung.

Die V 100.4 war mit dem Dieselmotor 12 KVD 21 A-III (736 kW) ausgerüstet, die V 100.6 sollte den Motor 12 KVD 21 A-5 erhalten, der auf eine Leistung von 750 kW bei 1350 min^{-1} eingestellt war. Der A-5-Motor hatte gegenüber dem A-3-Motor einen geringeren Kraftstoffverbrauch und eine höhere Standzeit (24 000 Motorbetriebsstunden zwischen zwei Hauptuntersuchungen). Für den Abgasturbolader gelten jedoch kürzere Instandhaltungsintervalle. Als Strömungswendegetriebe war der Typ GSW 20-20/5,5 vorgesehen, eine Weiterentwicklung des in 110 156 und 110 161 eingebauten GS 20-20/4,8. Als Achsgetriebe sollten die bereits in den Baureihen 112 und 114 verwendeten Typen AÜK 18-7 und AÜK 18-10 eingesetzt werden. Der vordere Vorbau enthielt Kühlanlage und Dieselmotor. Die Kühleranlage wäre zur Abfuhr der beim hydrodynamischen Bremsen anfallenden höheren Verlustwärme von 64 auf 72 Kühlelemente erweitert worden. In den Räumen unter dem Führerhausfußboden, wo bei V 100.1 bis V 100.5 die Luftverdichter untergebracht waren, hätten der Wärmetauscher für das Strömungsgetriebeöl und die elektrisch gesteuerte Führerbremsventilanlage Platz gefunden. Gegenüber der elektropneumatischen Führerbremsventilanlage DAKO-BSE der 108 156 und 108 161 war die Relaiseinheit RHZE der Bauart Knorr vorgesehen.

Die beiden Luftverdichter sollten im hinteren Vorbau Platz finden, das Hauptluftbehältervolumen von 1200 l auf 800 l verringert werden, und die beiden 400-l-Behälter waren oberhalb der Batteriekästen anzuordnen. Auf Kundenwunsch war eine Ausrüstung mit einer Lufttrocknungsanlage Typ LZT-1 H der Firma Knorr möglich, die durch die Stirnwandtür des hinteren Vorbaus zugänglich war. Die Reichsbahn hielt ein Vorwärmgerät Bauart HETO 30 für ausreichend, wobei die Nachrüstung eines zweiten Vorwärmgerätes möglich war.

Im Führerhaus blieben gegenüber der Ausrüstung bei V 100.1 bis V 100.5 nur die beiden Schaltschränke an den Stirnwänden übrig, neben denen auf Anzeigetableaus alle wichtigen Anzeigeinstrumente untergebracht waren. Unter den mittleren Seitenfenstern waren die Seitenführerpulte vorgesehen, die von modernen Schwingsitzen mit Parallelogrammführung im Sitzen oder nach Wegklappen der Sitze in Lokquerachse auch im Stehen bedient werden konnten. Die bewährte elektrische Kühlbox zum Aufbewahren von Speisen blieb erhalten. Wie auch bei der V 100.4 (BR 111) waren vor den Vorbauten Rangierbühnen mit Geländer vorgesehen. Für das Erreichen der Dienstmasse von 68 t war der Einbau von Ballast geplant.

Weil den Baureihen 108 (Umbau) und 109 (Neubau) die gleiche Konzeption des WTZ der Deutschen Reichsbahn von ZET Dessau zugrunde lag, wäre die Baureihe 109 mit der ausgeführten Baureihe 108 (298) weitgehend identisch gewesen.

Die Baureihe 298

Die erfolgreiche Erprobung der 110 156 und 110 161 mit Strömungswendegetriebe, der durch die Elektrifizierung entstandene Überhang an Diesellokomotiven der BR 110 und die für Reichsbahnverhältnisse nicht zufriedenstellenden Leistungen der BR 111 veranlaßten die DR, parallel zum geplanten Neubau der schweren Rangierlokomotive (Baureihe 109) Lokomotiven der Baureihen 110.0-1 und 111 nach dem gleichen Konzept als Baureihe 108 umzubauen.

Änderung der Bedienphilosophie

Mit dem Strömungswendegetriebe und der Umgestaltung der Druckluftbremse war es möglich geworden, die Bedienphilosophie der Lokomotive zu ändern. Bisherige Führerpultvarianten in Parallelanordnung wie bei den BR 105/106 oder in Diagonalanordnung wie bei den BR 110/111 besitzen den Mangel, für jede Seite nur in einer Fahrtrichtung optimale Bedien- und Sichtverhältnisse zu bieten. Bei diesen Führerpulten findet man den Betriebszustand, der auf der in Fahrtrichtung rechten Seite eingestellt ist, auf der linken nicht wieder, denn beide Führerstände sind gegeneinander verriegelt. Man muß also Schalthandlungen vornehmen, um den anderen Führerstand zu aktivieren. Der beim Rangieren im Gleisbogen oder im Gegenbogen für den Lokführer notwendige Seitenwechsel zum Sichtkontakt macht die Lokomotive praktisch führerlos, weil vom verriegelten Pult auf der anderen Lokomotivseite keine Schalthandlungen vorgenommen werden können.

Theoretisch ist es also verboten, mit Lokomotiven der Baureihen 110/111 zu rangieren, und es existiert auch ein Gerichtsurteil, daß einen Lokführer wegen eines durch Seitenwechsel verursachten Unfalls verurteilt. Um für beide Rangierseiten und -richtungen gleichgute Bedienverhältnisse zu schaffen, waren neue Überlegungen zur Führerpultgestaltung und -Anordnung erforderlich.

Aus einer Vielzahl von Varianten, die mit Vertretern der Praxis erprobt und diskutiert wurden (z. B. schwenkbare und ortsveränderliche Führerpulte oder eine Vierpultanordnung) erwiesen sich die Seitenführerpulte als die beste. Diese sind unter den Seitenwandschiebefenstern angebracht und enthalten die spiegelbildlich zueinander liegenden Bedienelemente für beide Fahrtrichtungen. Jedes Bedienelement weist unabhängig von der Fahrtrichtung den gleichen Betätigungssinn auf. Um auch die taktile Erkennbarkeit und Unverwechselbarkeit der Bedienelemente zu sichern, sind sie verschieden ausgeformt.

Eine Voraussetzung für die Unterbringung der Bedienelemente in den relativ kleinen Seitenpulten war die Umgestaltung der Druckluftbremse. Gleichgute Bedienverhältnisse für jede Rangierrichtung zu schaffen, war mit der bisherigen Führerbremse und dem Zusatzbremsventil nicht möglich. Für die elektrische Ansteuerung der Bremse, wie sie den Ingenieuren vorschwebte, standen vor der Wende nur Magnetventile zur Verfügung, eine für die Funktionssicherheit sehr umständliche und widersprüchliche Lösung. Die Serienausführung erhielt eine selbsttätige, indirekt wirkende einlösige Druckluftbremse Bauart K-GP mit elektrisch gesteuerter KNORR-Ventileinheit RHZE 3-4. Die Ansteuerung der KNORR-Ventile ist zeitabhängig, je länger der Hebel bedient wird, desto größer ist die Bremswirkung. Die nicht selbsttätige, direkt wirkende Zusatzbremse wird mit einer elektropneumatischen Ventilkombination angesteuert. Bis auf die Baumusterlokomotive 298 036 sind alle Lokomotiven damit ausgerüstet. Die elektrische Schnittstelle zur Getriebesteuerung ermöglicht eine Nachrüstung mit Funkfernsteuerung. Hydrodynamisches Bremsen ist mit dem Strömungswendegetriebe möglich. Die Handspindelbremse als Feststellbremse bleibt in bisheriger Ausführung erhalten.

Mit den Bedienelementen auf den Seitenpulten sind folgende Handlungen möglich:

- stufenlose Leistungsverstellung durch Auf- und Absteuerung der Drehzahl des Dieselmotors mittels Fahrschalter
- Wahl einer Kraftrichtung mittels Fahrschalter (Kraftrichtung = Wirkungsrichtung des erzeugten Drehmoments; Fahrtrichtung = Bewegungsrichtung der Lokomotive)
- Umschaltung des Strömungswendegetriebes in Langsam- und Schnellgang
- Betätigung der indirekten Bremse
- Betätigung der direkten Bremse
- Betätigung der Sifa
- Betätigung der Sandstreuanlage, der akustischen Signaleinrichtung (man nennt sie hier *Tongeber*) und der Lichthupe.

Der auf jedem Seitenpult vorhandene Fahrschalter vereint Leistungsverstellung und Wahl der Kraftrichtung in fünf Stellungen: AUF 1, KONSTANT 1, AB, KONSTANT 2, AUF 2. Die Stellung AUF ist eine Taststellung, mit der (für AUF 1) die Füllung des Strömungswendegetriebes für Kraftrichtung 1 und die stufenlose Drehzahlerhöhung des Dieselmotors zwischen Leerlauf- und Nenndrehzahl erfolgt, solange getastet wird. Wird der

Typenskizze der Baureihe 298.
Zeichnung: Wolfgang Glatte

Unten: Ansicht der Lokomotive der BR 298
1 Dieselmotor 12 KVD 21 A-4/A-5
2 Strömungswendegetriebe
3 Kühlanlage
4 Abgasanlage
5 Achsgetriebe
6 Luftverdichter
7 Zwischenkühler – max. Breite 3140 mm
8 Hauptluftbehälter
9 Vorwärm- und Warmhaltegerät
10 Umformer 110 V D. C/220 V A.C
11 Geräteschrank 3
12 Geräteschrank 4
13 Ballast

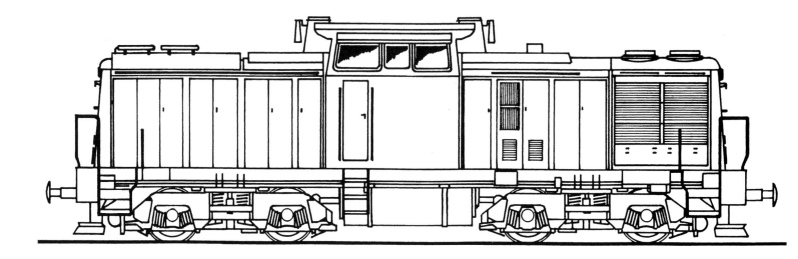

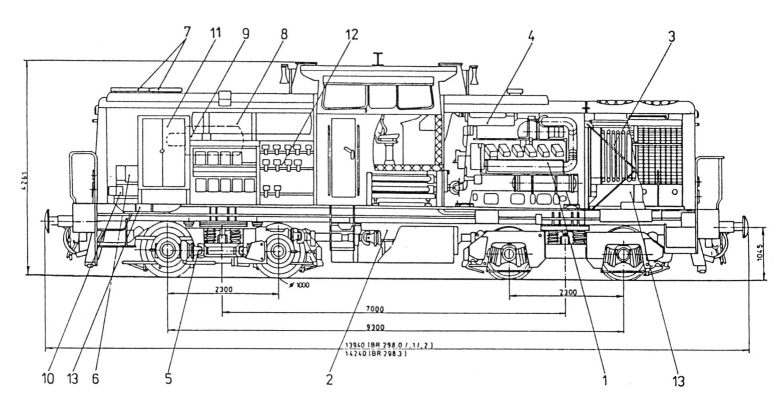

Taster AUF 1 losgelassen, rastet er in die Stellung KONSTANT 1 ein, wobei das Strömungsgetriebe weiter Füllung für Kraftrichtung 1 erhält, die vorher eingestellte Motordrehzahl aber konstant bleibt. In den Stellungen AUF 2 und KONSTANT 2 erfolgen analoge Abläufe für die Kraftrichtung 2. Die Stellung AB ist eine Raststellung, bei der die vorher gewählte Kraftrichtung erhalten bleibt, aber die Motordrehzahl auf Leerlaufdrehzahl abgesenkt wird und die Kreisläufe des Strömungsgetriebes entleert werden. Wenn Fahrtrichtung und die mit dem Fahrschalter angewählte Kraftrichtung nicht übereinstimmen, kommt es zum hydrodynamischen Bremsen. Die Lokomotivführer haben dieses Prinzip schnell begriffen und fahren mit der hydrodynamischen Bremse ohne Verwendung der Druckluftbremse an den Zug heran, was Bremsklötze und Radreifen schont und mit deren Austausch verbundene Arbeiten vermindert. So reduzierte sich mit dem Einsatz der BR 298 gegenüber den Ausgangstypen 201 und 293 der Verschleiß an Bremssohlen auf 10 %, der Verschleiß an Radreifen auf 50 % und die für die Instandhaltung von Bremssohlen und Radreifen erforderliche Arbeitszeit auf 35 %.

Strömungswendegetriebe GSW 20-201/5,5 AQees, Kenn-Nr. 63321

Die Typenbezeichnung des Wendegetriebes besagt, daß es sich um ein Getriebe mit zwei Wandlern ohne Kupplung handelt, der Durchmesser der Kreisläufe 5,5 dm beträgt. Zwei Kreisläufe arbeiten in Kraftrichtung 1, zwei in Kraftrichtung 2. Die Kraftübertragung erfolgt durch Füllen bzw. Leeren der Kreisläufe. Die beim GSR 30/5,7 übliche Wendemuffe entfällt, so daß eine Änderung der Fahrtrichtung verschleißfrei ohne Betätigung eines mechanischen Gliedes erfolgt. Weil die Lokomotive im Schnellgang 80 km/h erreichen soll, sind zwei Wandler erforderlich, da sonst in bestimmten Geschwindigkeitsbereichen ein schlechter Wirkungsgrad in Kauf genommen werden müßte. Drei Wandler wären für einen optimalen Wirkungsgrad günstiger gewesen, waren aber baulich nicht unterzubringen. Die Stufenschaltung wird mittels Leuchttaster *Langsamgang L* bzw. *Schnellgang S* elektropneumatisch betätigt.

Eine Zugkraftbegrenzung sorgt im Langsamgang für schleuderfreies Anfahren. Der Hersteller nennt für das Strömungswendegetriebe folgende Eigenschaften:

- stufenlose Anpassung an alle Betriebszustände
- hohe Ausnutzung der Antriebsleistung
- Änderung der Zugkraftrichtung ohne mechanische Wendeschaltung
- Schwingungsdämpfung und Stoßminderung
- nahezu idealer Abtriebsmomentenverlauf über den gesamten Abtriebsdrehzahlbereich
- Bremsen im gesamten Geschwindigkeitsbereich bis zum Stillstand ohne mechanischen Verschleiß
- geringer Wartungsaufwand
- hoher Automatisierungsgrad
- Fahrtrichtungswechsel ohne Verharren im Stillstand.

Dieselmotor

Der Dieselmotor stammt aus der von Kühlautomat Berlin entwickelten Baureihe 12 KVD 21 und ist von den für eine Leistung von 900 kW bzw. 1100 kW bei 1500 min^{-1} ausgelegten Motoren der Bauforinen AL-4 und AL-5 abgeleitet. In Lokomotiven der Baureihe 298 sind die Motoren auf eine Nennleistung von 750 kW bei einer Nenndrehzahl von 1350 min^{-1} eingestellt. Die untere Leerlaufdrehzahl liegt bei 550 min^{-1}. Auf eine Ladeluftkühlung ist wegen des hohen Teillastanteils im Rangierbetrieb zum wirtschaftlichen Betrieb des Motors verzichtet worden. Die gegenüber den Motoren der Bauforinen AL-4 und AL-5 gedrosselte Leistung erhöht die Standzeit des Motors auf 24 000 Motorbetriebsstunden zwischen zwei Generalrevisionen (den Abgasturbolader ausgenommen).

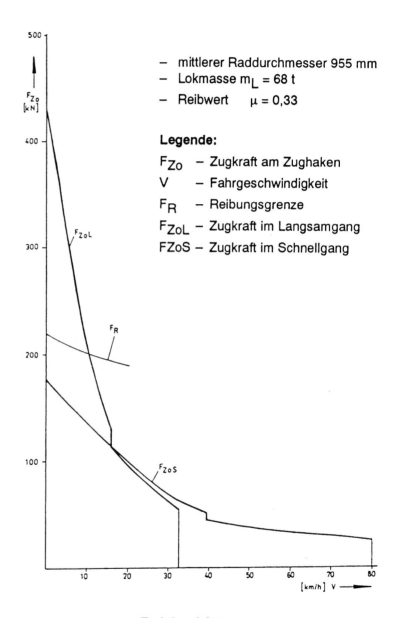

Zugkraft-Geschwindigkeits-Diagramm.

- mittlerer Raddurchmesser 955 mm
- Lokmasse m_L = 68 t
- Reibwert μ = 0,33

Legende:

F_{Zo} – Zugkraft am Zughaken
V – Fahrgeschwindigkeit
F_R – Reibungsgrenze
F_{ZoL} – Zugkraft im Langsamgang
F_{ZoS} – Zugkraft im Schnellgang

Traktionsleistung

Die Höchstgeschwindigkeit der Lokomotive beträgt im Langsamgang 33 km/h, im Schnellgang 80 km/h. Die geringste Dauerfahrgeschwindigkeit beträgt im Schnellgang 8,5 km/h, im Langsamgang 3,5 km/h. Wenn die Stufenschaltung in Mittelstellung liegt und verriegelt ist, kann die Lokomotive mit einer Geschwindigkeit von 95 km/h geschleppt werden. Die maximale Anfahrzugkraft beträgt im Schnellgang 172 kN, im Langsamgang 220 kN, die maximale Dauerzug-

Schnittbild des Strömungswendegetriebes
GSW 20-20/5,5 Aqees.

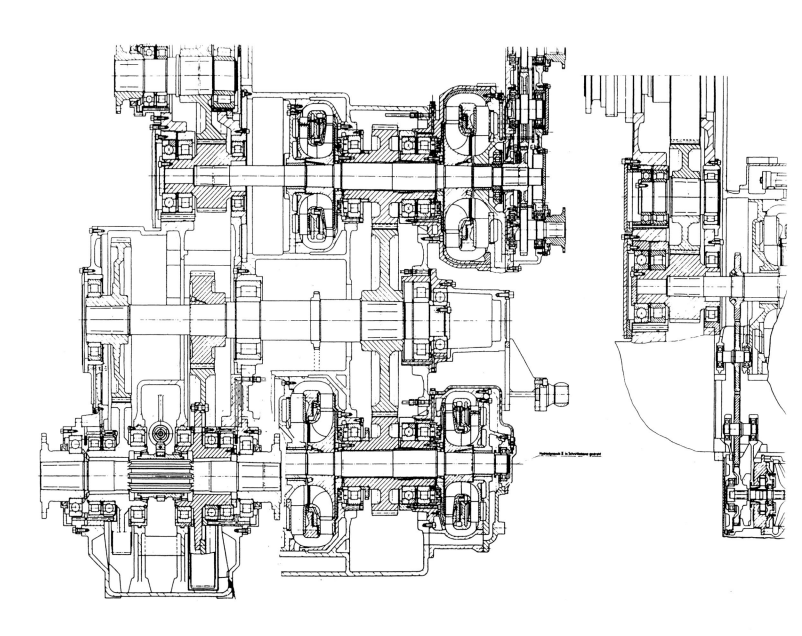

kraft im Schnellgang 136 kN, im Langsamgang 210 kN.

Der Umbau

Anfang 1990 begann das Raw Stendal mit dem Umbau der 111 036 auf Strömungswendegetriebe, die im Mai 1990 das Werk mit der Betriebsnummer 108 036-5 verließ. Im November 1990 folgte als zweites Baumuster die 111 037 als 108 037. LEW betrachtete diese beiden Maschinen als Baumuster für die Neubaulok der BR 109. Erst in den Monaten November und Dezember 1991 verließen weitere umgebaute 111er das Raw Stendal, jetzt aber schon im Vorgriff auf den »gemeinsamen« Umzeichnungsplan DB/DR, der die DR-Lokomotiven dem DB-Nummernplan einverleibte, als Baureihe 298.

Bei umgebauten Lokomotiven der BR 111 war der Umbauaufwand geringer, weil im Prinzip die 110-V-Gleichstrom-Energieanlage mit Schalt- und Sicherungselementen und dem Regel- und Überwachungsteil einschließlich der Lokbatterie ebenso übernommen wurde wie der 50-Hz-Wechselstromumformer mit Regelgerät, die Luftverdichtermaschinen und deren Steuerung, die Kühlerlüftermaschinenanlage und deren Steuerung, die Vorwärm- und Warmhalteanlage sowie Signal- und Allgemeinbeleuchtung.

Insgesamt sind 82 Lokomotiven zur Baureihe 298 umgebaut worden, darunter alle 37 Lokomotiven der Baureihe 111 (ab 1. Januar 1992 als

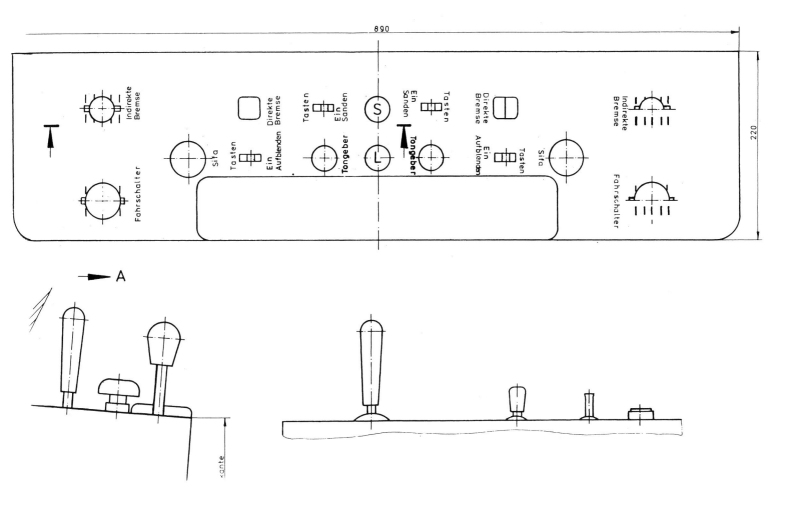

Seitenführerpult der Baureihe 298.

BR 293 bezeichnet), 43 Lokomotiven der Baureihe 110. 0-1 (ab 1. Januar 1992 als BR 201.0-1 bezeichnet), die ein Dienstalter von mehr als 20 Jahren hatten und für die umfangreiche Instandhaltungsmaßnahmen (z. B. Neuverkabelung) ohnehin erforderlich gewesen wären, und die ersten beiden Lokomotiven der BR 108 (156 und 161), für die die Serienangleichung erfolgte. Äußerlich dokumentierte sich der Umbau im nun leuchtenden Orange der Aufbauten, grauen Drehgestellen, einem Rangiergeländer über der vorderen und hinteren Pufferbohle und nach hinten verlegter Luftansaugung in den Seitenwandtüren des vorderen Vorbaus für den Dieselmotor. Rangiergeländer vor dem hinteren Vorbau hatten allerdings nur die aus der BR 201 umgebauten Lokomotiven, die durch die Einbauvorbereitung für die Mittelpufferkupplung mit 14 240 mm LüP eine größere Länge als die 201 mit nur 13 940 mm besaßen.

Fazit

Der Umbau von Lokomotiven der Baureihen 111/293 und 110/201 ist vom WTZ-DR bzw. der Zentralstelle Maschinentechnik, wie es später hieß, in eigener Regie und in eigener Werkstätte (Raw Stendal) vorgenommen worden. Auf die Frage, warum man damit nicht den Hersteller oder die Industrie beauftragt habe, antwortete Hans Müller, damaliger Leiter von TGB 22, in einem Interview:

»*Das hat zwei Gründe. Der eine sind die Kosten, der andere ist das Know-how. Mit dem Umbau zur 298 ist praktisch aus den 110/111 die geplante Neubaulok der Baureihe 109 entstanden, nicht als Neubau, aber neuwertig und zu einem Bruchteil des Preises einer Neubaulok. Der Umbau durch die Industrie wäre wegen der Lohnsituation zu diesem Preis nie möglich gewesen. Sämtliche Projektzeichnungen sind durch Mitarbeiter der Zentralstelle Maschinentechnik Dessau erarbeitet worden. Der gesamte Zeichnungssatz für den mechanischen und elektrischen Teil entstand in enger Zusammenarbeit mit der Konstruktionsgruppe des Raw Stendal, also durch Fachleute der DR. In gleich guter Weise ist mit den Herstellern von Strömungsgetriebe und Achsgetriebe zusammengearbeitet worden. Das sind Leute, die täglich mit den Lokomotiven umgehen, kritische Montagesituationen und andere Tücken vor Augen haben und über einen wertvollen Erfahrungsschatz verfügen. Diese Voraussetzungen sind selbst beim Hersteller 20 Jahre nach Entwicklung der Lokomotive nicht mehr gegeben. Eine Fremdfirma, die weder über Zeichnungen noch über Vorrichtungen oder Erfahrungen verfügt, war undiskutabel.*«

Die geniale Idee der Seitenführerpulte ist für Rangierlokomotiven durch die immer weiter perfektionierte Funkfernsteuerung eingeholt worden,

298 072-0 vor einem Schotterzug im Bahnhof Penig (17. August 1994).
Foto: Manfred Weisbrod

Die aus der 111 009 entstandene 298 309-6 am
7. April 1993 im Bw Dresden.
Foto: Manfred Weisbrod

Drei V-100-Varianten an 7. Juli 1992 im Bw Halle G: 201 889-3 (ex 110 889), 298 336-9 (ex 111 036 und Baumuster für die BR 298), 298 161-1 (ex 110 161, ex 108 161, Erprobungsträger für das Strömungswendegtetriebe).
Foto: Manfred Weisbrod

bei der der Lokführer, der nun in persona auch Rangierer ist, ein dem Seitenpult ähnliches, nur kleineres, Gerät vor dem Bauch trägt und die Lokomotive von der Rangierbühne oder von ebener Erde aus steuert.

Bis Ende 1998 waren alle Lokomotiven der DB AG mit der Baureihenbezeichnung 298 auf Funkfernsteuerung umgebaut. Auch das ermöglichte dem »Unternehmen Zukunft« einen weiteren Abbau von Arbeitsplätzen. Es war geplant, auf Funkfernsteuerung umgebaute Lokomotiven in die Baureihe 297 umzuzeichnen, um sie von noch nicht umgebauten zu unterscheiden. Doch der Umbau aller Lokomotiven geschah in so kurzem Zeitraum, daß die Umzeichnung entfallen konnte und weiterer Nummernsalat erspart blieb.

Die von ADtranz entwickelte Funkfernsteuerung unterscheidet sich von den üblichen dadurch, daß auch das Strömungswendegetriebe zum hydrodynamischen Bremsen angesprochen werden kann. Während die Lok in Fahrtrichtung 1 rollt, kann über die Fernsteuerung das Getriebe in Kraftrichtung 2 gefüllt werden und die Lokomotive abbremsen.

Umbauliste und Stationierungen von Lokomotiven der Baureihe 298

Fertigungs-Nr.	alte Betr.-Nr.	neue Betr.-Nr.	aus Rbd	in Rbd	Bw	Werksausgang	Standort 1998
1	111037	298337	Hal	Hal	HG	11.90	Senftenberg
2	111036	298336	Hal	Hal	HG	05.90	Seddin
3	111002	298302	Hal	Hal	LeS	11.91	Senftenberg
4	111018	298318	Sw	Sw	Ros	12.91	Rost.-See
5	111035	298335	Hal	Hal	LeS	11.91	Lzg. Hbf S
6	111010	298310	Sw	Sw	Ros	12.91	Rost.-See
7	111021	298321	Hal	Hal	LeS	12.91	Lzg. Hbf S
8	111001	298301	Hal	Hal	LeS	12.91	Magdeburg
9	111026	298326	Hal	Hal	LeS	12.91	Lzg. Hbf S
10	111009	298309	Sw	DD	DD	12.91	Rost.-See
11	111016	298316	Sw	Sw	Ros	12.91	Lzg. Hbf S
12	111019	298319	Sw	Hal	LeS	12.91	Magdeburg
13	111015	298315	H	H	LeS	01.92	Rost.-See
14	111028	298328	H	H	LeS	01.92	Lzg. Hbf S
15	111031	298331	H	B	Sed	01.92	Seddin
16	111030	298330	H	H	LeS	01.92	Seddin
17	111007	298307	S	S	Ros	12.91	Rost.-See
18	111025	298325	H	H	HG	05.92	Erfurt
19	111013	298313	S	H	LeS	04.92	Halle G
20	111017	298317	S	B	Sed	05.92	Seddin
21	111012	298312	S	S	RosS	05.92	Rost.-See
22	111020	298320	S	s	RosS	04.92	Seddin
23	111008	298308	S	s	Nbb	04.92	Seddin
24	111006	298306	S	s	Nbb	04.92	Angermünde
25	110052	298052	E	E	Weiß	01.92	Senftenberg
26	110045	298045	H	H	HG	04.92	Rost.-See
27	110099	298099	H	H	HG	05.92	Senftenberg
28	110054	298054	S	s	Nbb	05.92	Rost.-See
29	110051	298051	E	D	Rei	05.92	Reichenbach
30	110060	298060	E	E	Weiß	05.92	Angermünde
31	110110	298110	S	s	Nbb	05.92	Seddin
32	110150	298150	H	H	LeS	05.92	Halle G
33	110085	298085	D	D	Che	06.92	Rost.-See
34	293034	298334	H	H	LeS	06.92	Erfurt
35	201102	298102	D	D	Rei	06.92	Seddin
36	201122	298122	B	B	Cs	06.92	Dresden
37	201065	298065	E	E	Erf	06.92	Erfurt
38	201088	298088	D	D	Gl	06.92	Reichenbach
39	201071	298071	D	D	Gl	06.92	Reichenbach
40	293027	298327	H	H	LeS	07.92	Senftenberg
41	201129	298129	S	s	Str	07.92	Senftenberg

Fertigungs-Nr.	alte Betr.-Nr.	neue Betr.-Nr.	aus Rbd	in Rbd	Bw	Werksausgang	Standort 1998
42	201062	298062	S	s	Str	07.92	Halle G
43	201084	298084	S	s	Str	07.92	Magdeburg
44	201081	298081	D	D	Che	07.92	Reichenbach
45	201072	298072	D	D	Gl	08.92	Reichenbach
46	293029	298329	H	H	HG	08.92	Magdeburg
47	201058	298058	D	D	Che	08.92	Reichenbach
48	201163	298163	D	D	Rei	08.92	Senftenberg
49	201055	298055	B	B	Cs	09.92	Seddin
50	293023	298323	H	H	HG	09.92	Senftenberg
51	201046	298046	H	H	HG	11.92	Magdeburg
52	201047	298047	D	D	Gl	09.92	Dresden
53	201069	298069	D	D	Gl	09.92	Reichenbach
54	293024	298324	H	H	LeS	10.92	Magdeburg
55	293014	298314	S	D	Rei	10.92	Dresden
56	201074	298074	B	B	Ff0	10.92	Seddin
57	293003	298303	S	D	Rei	10.92	Reichenbach
58	201100	298100	E	E	Weiß	11.92	Erfurt
59	201094	298094	S	D	Rei	11.92	Reichenbach
60	298161	298161	H	H	HG	11.92*)	Senftenberg
61	293022	298322	H	H	HG	11.92	Halle G
62	298156	298156	H	H	HG	12.92*)	Lzg. Hbf S
63	201091	298091	D	D	Rei	12.92	Senftenberg
64	293005	298305	H	H	LeS	12.92	Magdeburg
65	201080	298080	D	D	Rei	12.92	Reichenbach
66	293032	298332	H	H	LeS	04.93	Halle G
67	201086	298086	D	D	Che	05.93	Senftenberg
68	293033	298333	H	H	LeS	05.93	Halle G
69	201124	298124	D	D	Che	05.93	Senftenberg
70	293011	298311	S	D	Che	04.93	Dresden
71	293004	298304	S	D	Che	04.93	Dresden
72	201155	298155	B	B	Ffo	05.93	Senftenberg
73	201130	298130	D	D	DD	02.93**)	
74	201135	298135	D	D	DD	07.93**)	
75	201050	298050	D	D	DD	07.93**)	Dresden
76	201079	298079	D	D	DD	07.93**)	Dresden
77	201104	298104	D	D	Rei	07.93**)	Dresden
78	201139	298139	D	D	DD	07.93**)	Reichenbach
79	201142	298142	D	D	DD	06.93**)	Lzg. Hbf S
80	201151	298151	D	D	DD	07.93**)	Dresden
81	201048	298048	D	D	DD	08.93**)	Reichenbach
82	201044	298044	D	D	DD	08.93**)	Reichenbach

Erläuterungen

Abkürzung für Direktionen: B = Berlin, D = Dresden, E = Erfurt, S = Schwerin
Abkürzung für Bahnbetriebswerke: Che = Chemnitz, Cs = Cottbus, DD = Dresden, Erf = Erfurt, Ffo = Frankfurt (Oder), Gl = Glauchau. HG = Halle G, LeS = Leipzig Hbf Süd, Nbb = Neubrandenburg, Reich = Reichenbach, Ros = Rostock, RosS = Rostock Seehafen, Sed = Seddin, Str = Stralsund, Weiß = Weißenfels

*) Angleichung an Serienausführung
**) Ausrüstung mit Vorwärm- und Warmhalteeinrichtung LOOS/A.S.T. und Streckenfunk MESA 2002. Alle Lokomotiven mit Werksausgang 1993 haben Voith-Kühlerlüfter.

298 069-6 mit einem Bauzug bei der Durchfahrt durch den Bahnhof Wolkenburg auf der Muldentalbahn am 17. August 1994.
Foto: Manfred Weisbrod

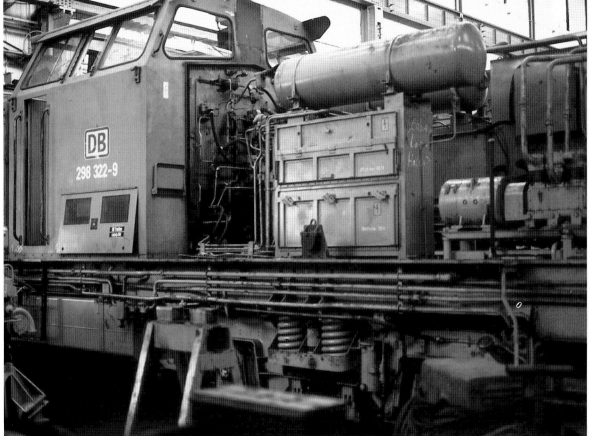

298 322-9 zur Untersuchung im Werk Stendal. Die abgenommene Haube des hinteren Vorbaus gibt den Blick auf die Batteriekästen und die Hauptluftbehälter frei (20. Juni 1996).
Foto: Manfred Weisbrod

298 060-5 an der Wagenübergabestelle vor der Graugießerei in Velten am 3. April 1997.
Foto: Albrecht Fabian

Blick auf den Dieselmotor 12 KVD 21 A-5 mit Abgasablage einer Lok der BR 298.
Foto: Manfred Weisbrod

Seitenführerpult und Instrumentenfeld der BR 298.
Foto: Manfred Weisbrod

Vorwärmgerät LOOS/Ast, das in alle Lokomotiven der Baureihe 298 des Umbaujahres 1993 eingebaut wurde.
Foto: Manfred Weisbrod

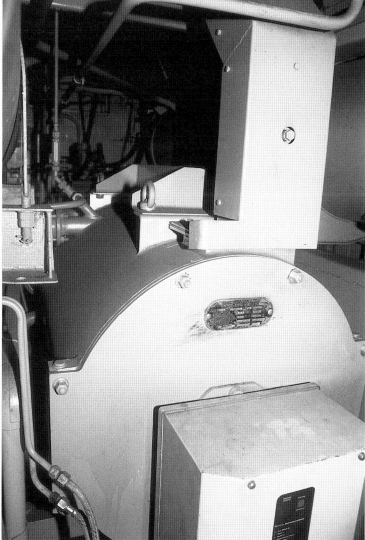

Führerstand der BR 298 mit Geschwindigkeitsmeß- und -registriergerät GMR 663.1 und punktförmiger Zugbeeinflussung PZ 80.
Foto: Manfred Weisbrod

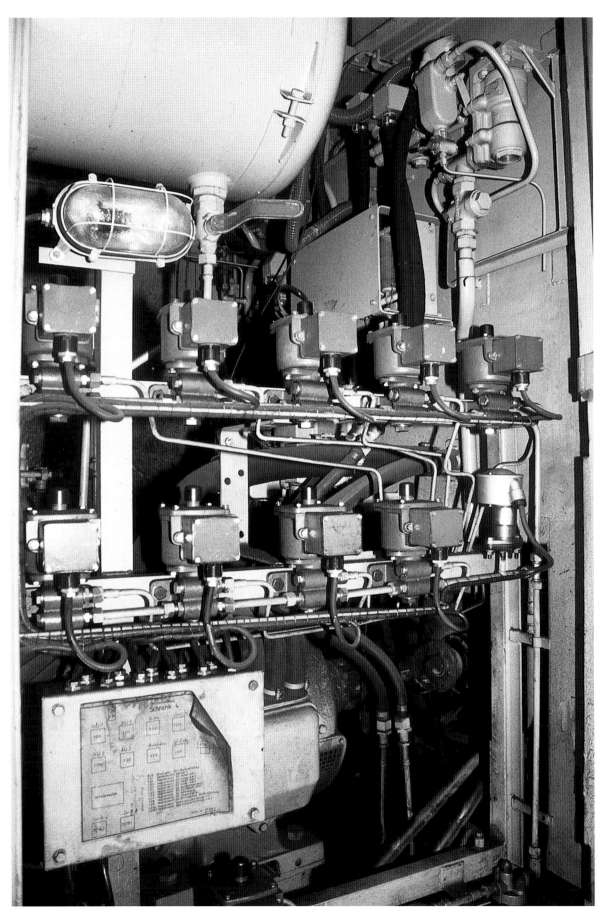

BR 298 - Magnetventile im Geräteschrank 4.
Foto: Manfred Weisbrod

Projekt der Baureihe 115

Nach dem von der DRG eingeführten Bezeichnungsschema für Brennkraftlokomotiven wird die Baureihe durch ein **V** für Verbrennungsmotor und die Baureihennummer angegeben, die 1/10 der installierten Motorleistung (PS) ausdrückt. Beide deutsche Bahnverwaltungen haben sich im Prinzip bis zur Einführung der EDV-Nummernpläne an dieses Schema gehalten. Eine Diesellokomotive mit 600-PS-Motor war bei Bundesbahn und Reichsbahn eine V 60, eine Lokomotive mit 2000 PS Motorleistung hier wie dort eine V 200. Als bei den EDV-Nummernplänen die erste Ziffer der Baureihenbezeichnung die Traktionsart angab (bei der DB die Ziffer 1 für Elektrolokomotiven, die Ziffer 2 für Brennkraft-Streckenlokomotiven), wurde die V 200 der DB zur 220. Als die DR 1970 EDV-Betriebsnummern einführte, kennzeichnete die erste Ziffer ebenfalls die Traktionsart. Ob nun aus Gründen der Abgrenzung oder der Wertigkeit – Diesellokomotiven trugen die Ziffer 1, Elloks die Ziffer 2. So wurde aus der Baureihe V 100 die Baureihe 110. In der Baureihenbezeichnung wurde neben der Kennziffer für die Traktionsart nur noch 1/100 der Motorleistung in PS angegeben. Folgerichtig sind die Lokomotiven mit 900-kW-Antriebsanlagen (1200 PS) zur Baureihe 112 umgezeichnet worden. Die Lokomotiven mit 1100-kW-Motoren (1500 PS) hätten die Baureihenbezeichnung 115 tragen müssen. In einigen Fällen sind auch Lokomotiven umgenummert worden, doch nur für kurze Zeit. Neben dem Projekt einer Rangierlokomotive, der Baureihe 109, gab es auch eine Projektidee, eine V 100 mit elektrischer Zugheizung als Neubau in Dienst zu stellen. Für diese Lokomotive waren 1100 kW (1500 PS) Motorleistung angedacht, folglich die Baureihe 115 vorgesehen. Weil aber die mit 1100-kW-Motoren ausgerüsteten 110er schneller auf den Schienen standen als das Projekt der V 100 mit Heizgenerator gestorben war, mußten sich die 1500-PS-Lokomotiven mit Heizkessel mit der Baureihenbezeichnung 114 begnügen.

Dieselelektrische Lokomotiven von LEW

1955, als man in der DDR gerade begann, Dampflokomotiven zu bauen, hatte LEW eine dieselelektrische Lokomotive mit 2500 bis 2700 PS Leistung als Projektskizze fertig, die für 130 km/h im Schnellzugdienst und für 100 km/h im Güterzugdienst ausgelegt war. Das Projekt eilte seiner Zeit erheblich voraus, denn aus eigener Produktion gab es keinen Dieselmotor, der diese Leistung in einer zweimotorigen, viel weniger einer einmotorigen Lokomotive erzeugen konnte. Auch für Devisen waren erprobte und bahnfeste Motoren dieser Leistungsklasse noch nicht zu haben.

Ein Auftrag aus Brasilien veranlaßte LEW 1965 zu Entwicklung von drei Diesellokbaureihen mit elektrischer Leistungsübertragung. Diese drei Baureihen trugen die Werksbezeichnungen DE I, DE II und DE III (DE = dieselelektrisch). Die DE II war eine Schmalspurlokomotive für 1000 mm Spurweite, die beiden anderen Reihen waren für 1600 mm Spurweite ausgelegt. Diese Lokomotiven interessieren im Rahmen dieses Buches nur am Rande und nur deshalb, weil die DE I der VES-M Halle zur leistungstechnischen Untersuchung übergeben wurde. Es ist auch zu registrieren, daß LEW zu einem Zeitpunkt, als die Baumuster der V 100 mit dieselhydraulischem Antrieb erprobt wurden, in der Lage war, dieselelektrische Lokomotiven zu liefern. Alle drei Typen waren mit Viertakt-Dieselmotoren der Firma SACM aus Mulhouse (Frankreich) ausgerüstet. Das waren sehr moderne Motoren mit Turbolader, Ladeluft- und Kolbenkühlung. Die Typen DE I und DE II besaßen die Zwölfzylinder-, der Typ DE III die Sechzehnzylinder-Ausführung. Bei 1500 min^{-1} gaben die Motoren eine Leistung von 1050 bzw. 1400 PS ab. Für die Reichsbahn waren diese Lokomotiven uninteressant. Man hatte eine Typenreihe mit hydrodynamischem Antrieb entwickelt, sich standardisierte Baugruppen geschaffen und die Serienproduktion in Auftrag gegeben. Die mit erheblichem Pomp bei LEW am 30. August 1967 veranstaltete *Entwicklungsverteidigung der dieselelektrischen Lokomotiven – KW-Export* (= kapitalistisches Wirtschaftsgebiet, M. W.), zur der LEW alles eingeladen hatte, was in der Republik irgendwie mit Eisenbahn und Lokomotiven zu tun hatte, ignorierten HvM und VES-M. Im Protokoll werden sie unter den unentschuldigt Fehlenden geführt.

Lokomotiven mit hydrostatischer Kraftübertragung

Vom 6. bis 8. Juli 1967 besuchten die Herren Engelmann (Technischer Direktor der VVB Hochspannungsanlagen – übergeordnetes Organ von LEW Hennigsdorf) und Martin (Chefkonstrukteur von LEW) die Firma SECMAFER in Paris, um über die Lizenznahme von Diesellokomotiven mit hydrostatischer Kraftübertragung in den Leistungsklassen von 250 PS und 850 PS zu verhandeln. Das waren Triebfahrzeuge, die vornehmlich in Gleisbaukomplexen eingesetzt wurden. Hydrostatische Antriebe für Streckenlokomotiven sind nur selten ausgeführt worden. LEW versuchte HvM und VES-M für diese Projekte zu interessieren, um eine Abnehmerbasis

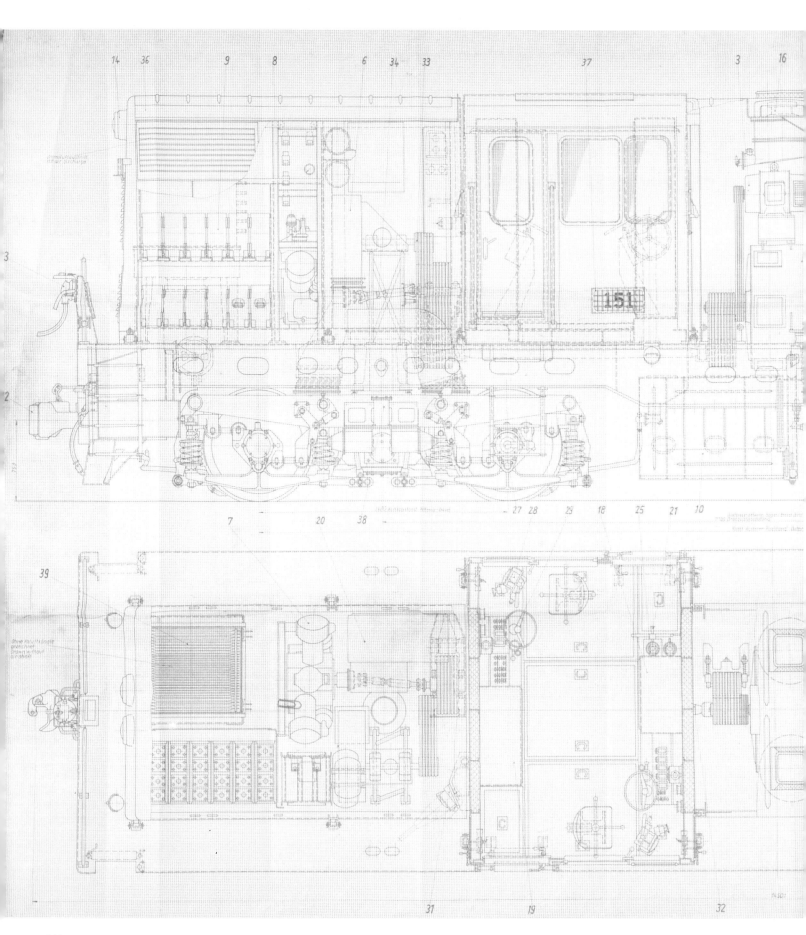

118

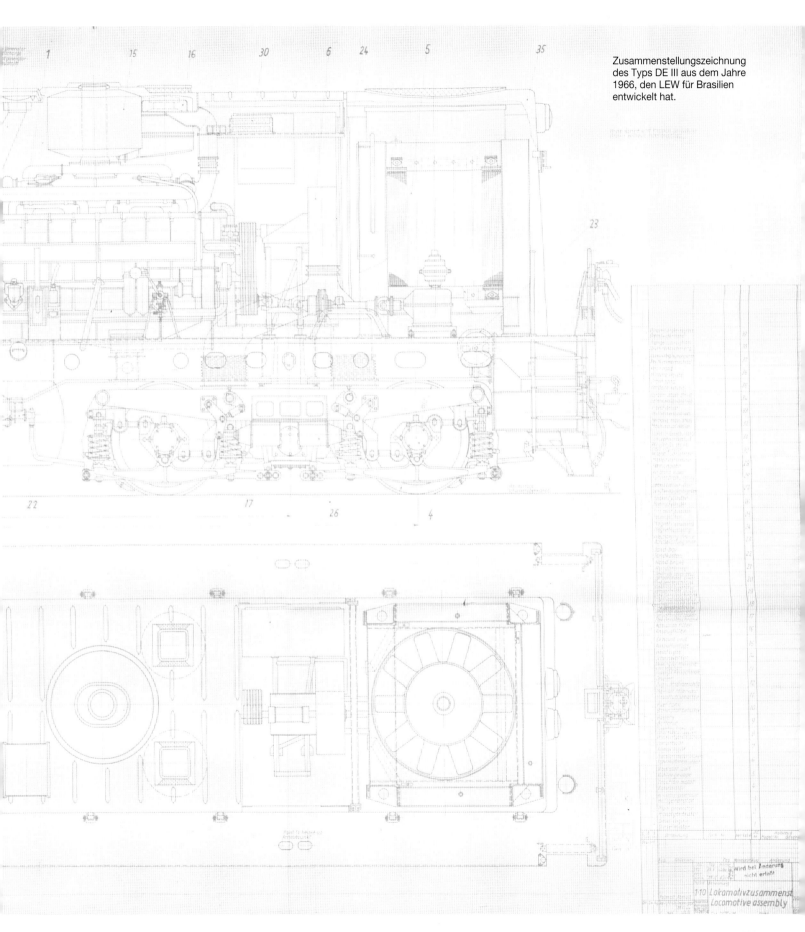

Zusammenstellungszeichnung des Typs DE III aus dem Jahre 1966, den LEW für Brasilien entwickelt hat.

Umrüstung 202/204 auf elektrische Zugheizung. Variante 1 a: neuer Dieselmotor, neues Getriebe, Generatorantrieb vom Getriebe über Reduziergetriebe.

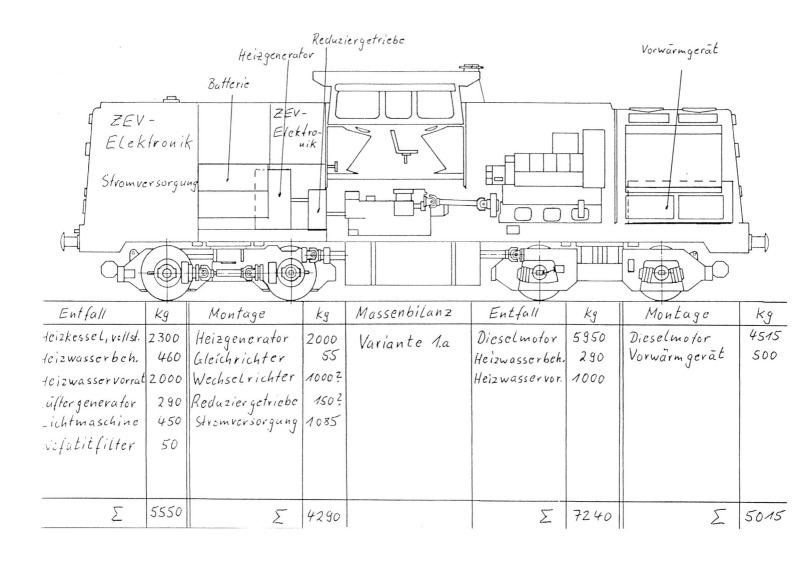

Entfall	kg	Montage	kg	Massenbilanz	Entfall	kg	Montage	kg
Heizkessel, vollst.	2300	Heizgenerator	2000	Variante 1.a	Dieselmotor	5950	Dieselmotor	4515
Heizwasserbeh.	460	Gleichrichter	55		Heizwasserbeh.	290	Vorwärmgerät	500
Heizwasservorrat	2000	Wechselrichter	1000?		Heizwasservor.	1000		
Lüftergenerator	290	Reduziergetriebe	150?					
Lichtmaschine	450	Stromversorgung	1085					
Vefatitfilter	50							
Σ	5550	Σ	4290		Σ	7240	Σ	5015

bei eventueller Lizenzproduktion zu schaffen. Man übergab der VES-M eine Kopie des Reiseberichtes der Herren Engelmann und Martin, die Übersetzung eines Artikels aus der Zeitschrift *La vie du rail* und die Fotokopie eines Prospektes. Die VES-M zeigte sich an den neuen Ideen von LEW nicht interessiert und schrieb am 8. August 1967 an Chefkonstrukteur Martin:

Die obigem Schreiben beigefügten Anlagen (Unterlage 1 der Niederschrift vom 14.7.67 lag nicht bei) gestatten noch keine, den Belangen des Lokomotivbetreibers gerecht werdenden Aussagen. Gerade für die hier besonders zu berücksichtigenden Kosten für Betrieb und Instandhaltung der Tfz, die im Verlauf der zu erwartenden Gesamtlebensdauer die Beschaffungskosten mehrfach überschreiten, wurden keine Angaben gemacht.
Für den betrieblichen Einsatz ist zumindest eine Beurteilung des fahrdynamischen und energetischen Verhaltens (z. B. Kennfelder für die Kenntnis des Teillastverhaltens) erforderlich. Aus der Sicht der Instandhaltung muß auch betont werden, daß durch die bisher nicht verwendeten Bauteile der hydrostatischen Kraftübertragung die Tauschbarkeit, die Ersatzteilwirtschaft und die Instandhaltungskapazität nachteilig beeinflußt werden.
Aus genannten Günden wird unsererseits eine Beteiligung an der geplanten abschließenden Stellungnahme nur bei Vorlage des mit diesem Schreiben geforderten Materials für sinnvoll erachtet.

Damit war das Thema für die Deutsche Reichsbahn erledigt. Ein hydrostatischer Antrieb ist erst später bei der Baureihe 110.9 für die Grabenräumeinheit (GRE) realisiert worden.

Letzte Projekte für elektrische Zugheizung
Die Zentralstelle Maschinentechnik (ZM Dessau) wurde am 4. März 1992 anläßlich einer Beratung über die »Entwicklung des Dampfheizbetriebes auf Nebenstrecken« beauftragt, konstruktive Lösungen für die Ausrüstung der Baureihen 201 bis 204 zur Zentralen Energie-Versorgung (ZEV) zu

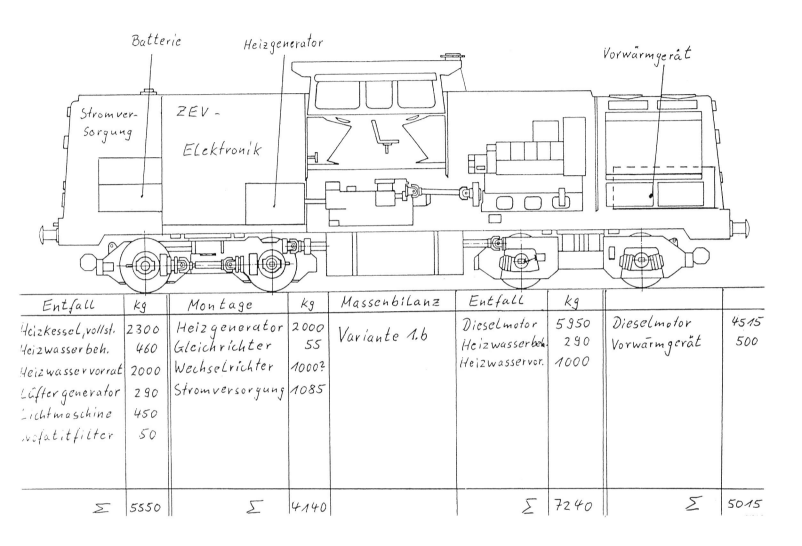

Umrüstung 202/204 auf elektrische Zugheizung. Variante 1 b: wie Variante 1 a, doch Generatorantrieb ohne Reduziergetriebe (Generator für höhere Drehzahl)

untersuchen. Die ZM Dessau kam im Ergebnis ihrer Untersuchungen zu dem Ergebnis, daß der Umbau der Baureihen 201 bis 204 unter weitgehender Beibehaltung der Fahrzeugkonfiguration und bei Entfall der kompletten Heizkesselanlage prinzipiell möglich ist. ZM Dessau bot für eine ZEV-Einrichtung drei Varianten:

1. Antrieb eines am Strömungsgetriebe angeflanschten Heizgenerators durch den Dieselmotor.
2. Antrieb eines Heizgenerators direkt vom Dieselmotor.
3. Ausrüstung mit einem seperaten Dieselgeneratoraggregat.

Man ging davon aus, daß mit der Umrüstung auf eine ZEV-Anlage auch die Dieselmotoren der Bauformen AL-4 und AL-5 durch eine neue Antriebsanlage ersetzt würden.
Für die Variante 1 wären ein neuer Dieselmotor, Veränderungen am Strömungsgetriebe und eine neue Steuer- und Leistungselektronik erforderlich gewesen. Der Vorschlag unterteilt die Variante 1 nochmals in eine Variante 1 a und eine Variante 1 b. Bei der Variante 1 a sollten größtenteils Baugruppen verwendet werden, die auch bei der Remotorisierung der Baureihe 229 zum Einsatz kamen, also der MTU-Dieselmotor 12 V 396 TE 14, das Strömungsgetriebe GSR 12/5,7, eine ZEV-Einrichtung aus Heizgenerator, einem

Gleich- und einem Wechselrichter, die komplett im hinteren Vorbau unterzubringen war. Das Strömungsgetriebe hätte einen zusätzlichen Abtriebsflansch an der Pumpenwelle zum Antrieb des Heizgenerators erhalten müssen, für den Heizgenerator war ein Reduziergetriebe zum Drehzahlangleich erforderlich. Die geschätzen Kosten für die Realisierung der Variante 1 b, einschließlich Umbaukosten im Raw Stendal, beliefen sich auf 1 014 500 DM.
Die Variante 1 b verwendet die gleichen Baugruppen (neuer Motor, geändertes Strömungsgetriebe) wie Variante 1 a, setzt aber einen Heizgenerator mit höherer Drehzahl (3050 min^{-1}) ein, so daß das Reduziergetriebe entfallen konnte.

Umrüstung 202/204 auf elektrische Zugheizung. Variante 2: Direktantrieb des Heizgenerators vom Dieselmotor.

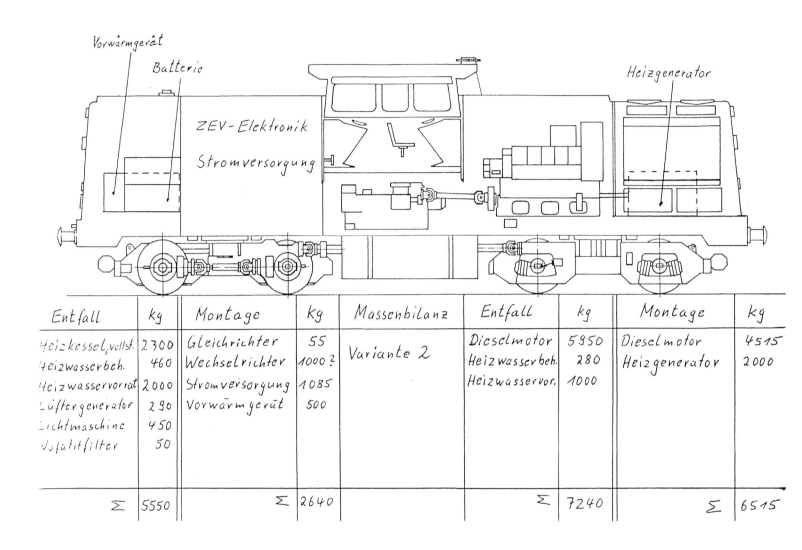

Entfall	kg	Montage	kg	Massenbilanz	Entfall	kg	Montage	kg
Heizkessel, vollst.	2300	Gleichrichter	55	Variante 2	Dieselmotor	5950	Dieselmotor	4515
Heizwasserbeh.	460	Wechselrichter	1000?		Heizwasserbeh.	280	Heizgenerator	2000
Heizwasservorrat	2000	Stromversorgung	1085		Heizwasservor.	1000		
Lüftergenerator	290	Vorwärmgerät	500					
Lichtmaschine	450							
Vorluftfilter	50							
Σ	5550	Σ	2640		Σ	7240	Σ	6515

Geschätzte Kosten, einschließlich Umbaukosten, für Variante 1 b 958 000 DM.
Bei der Variante 2 sollten die gleichen Baugruppen wie bei Variante 1 a verwendet, der Heizgenerator jedoch im vorderen Vorbau Platz finden und direkt vom Dieselmotor angetrieben werden. Veränderungen am Strömungsgetriebe wären nicht erforderlich gewesen, wohl aber ein Ausgleich der Massenbilanz. Für diese Variante errechnete man Kosten von 859 500 DM. Zu allen Kostenrechnungen für die Varianten 1 a, 1 b und 2 sind jedoch noch die Kosten für den MTU-Dieselmotor zu addieren!
Variante 3 schließlich schlägt einen neuen Dieselmotor oder die Beibehaltung des vorhandenen Motors und den Einbau eines Dieselgenerators vor. Die Nachteile dieser Variante lagen im Instandhaltungsaufwand für zwei Dieselmotoren und umfangreichen Änderungen beim Kühlsystem (Leitungsverlegung), weil aus Gründen der Geräuschbelästigung ein luftgekühltes Dieselgeneratoraggregat nicht in Betracht kam. Die Kosten für diese Variante (ohne neuen Motor) wurden auf 482 000 DM geschätzt. Der Wegfall des Heizkessels bedingte bei allen drei Varianten den Einbau einer neuen Vorwärm- und Warmhalteeinrichtung.
Nach Ablieferung dieser Arbeit durch TGB 22 ließ man in Frankfurt (Main) die Angelegenheit einige Jahre ruhen. Inzwischen war die Ausmusterung der Baureihe 201 beschlossene Sache.
Die HA Tm 2 der Deutschen Reichsbahn hatte noch empfohlen, die Variante »Einbau eines Dieselgeneratoraggregates« näher zu untersuchen, was auch erfolgte. Als sich die DB AG im Zusammenhang mit der Ausrüstung der BR 215 mit elektrischer Zugheizung Ende 1995 wieder für diese Problematik interessierte, waren bei den von TGB 22 eingeholten Angeboten der Industrie die Bindungsfristen längst abgelaufen. TGB 22 hielt angesichts des langen Zeitraums, in dem nichts passierte, und der eingetretenen Strukturänderungen im Schreiben vom 11. Dezember 1995 an TGB 2 in Frankfurt den Hinweis für angebracht, daß man zu dem Zeitpunkt (1992), als die Varianten aufgestellt wurden, noch ZM 2 (= Zentralstelle Maschinentechnik) hieß.
Der neue Vorschlag von TGB 22 sah nun vor, den

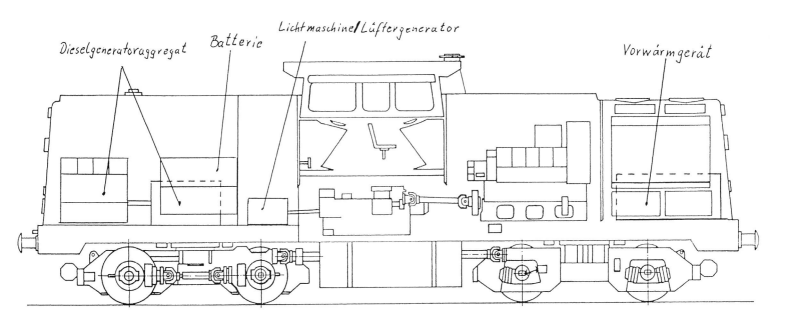

Umrüstung 202/204 auf elektrische Zugheizung. Variante 3: 12 KVD 21 oder neuer Dieselmotor, separates Dieselgeneratoraggregat im hinteren Vorbau.

Dieselmotor 12 KVD 21 zu belassen, ein Dieselgeneratoraggregat mit einer elektrischen Ausgangsleistung von max. 250 kVA bei 1 kV/50 Hz einzusetzen und für den Vorwärm- und Warmhaltebetrieb die Einrichtung Loos/AST für beide Dieselmotoren zu verwenden. Die grob kalkulierten Kosten für diesen Umbau hätten bei ca. 285 000 DM gelegen.

Angesichts der Tatsache, daß die Baureihe 201 im Jahre 1996 nahezu ausgemustert war, für die Baureihe 202 ab Mitte 1998 keine Hauptuntersuchungen mehr durchgeführt werden und die Höchstgeschwindigkeit für die Baureihen 202 und 204 auf 80 km/h reduziert wurde, kann die Vermutung aufkommen, daß die Zentrale in Frankfurt die Ingenieure von TGB 22 jahrelang nur mit Spiegelfechterei beschäftigt hat und deren Arbeit ebenso überflüssig und uninteressant war wie die der Arbeitsgruppe ZQT.

Die Baureihe 110.9 (V 100.5)

Im Jahre 1981 lieferte LEW Hennigsdorf mit der Werksbezeichnung V 100.5 eine Lokomotive, die vorrangig dem Antrieb der Grabenräumeinheit (GRE) und der Hochleistungsschneefräse (HSF) dient. Die GRE war eine Gemeinschaftsentwicklung von ČSD und DR zur Instandhaltung des Oberbaus, insbesondere zur Räumung der Entwässerungsgräben neben dem Gleis. Dazu hat die Maschine ein schwenkbares Schaufelrad zum Ausheben von Gräben oder analogen Geländeabtragungen und an jeder Längsseite ein Pflugschild für Planierarbeiten.

Die V 100.5 basiert auf der normalen V 100.1 und ist wie diese mit einer Höchstgeschwindigkeit von 100 km/h auf Haupt- und Nebenbahnen im Reisezug- und Güterzugdienst einsetzbar. Im Reisezugdienst allerdings nur außerhalb der Heizperiode, weil die Lokomotive nicht über einen Heizkessel für die Zugheizung verfügt.

Ausrüstung der 110.9 (V 100.5)

Äußerliches Kennzeichen der V 100.9 sind die Rangierbühnen mit Geländern an beiden Stirnseiten. Die Lokomotive erhielt am Dieselmotor 12 KVD 21 A-III vorn einen zweiten Abtrieb mit einer Leistung von 300 kW. Vom Abtriebsflansch führt eine Gelenkwelle unter der Kühlanlage zum Zwischenlager auf der vorderen Rangierbühne. Dieses Zwischenlager besitzt eine handbetätigte, formschlüssige Kupplung (wird bei Stillstand des Dieselmotors betätigt) und eine pneumatisch betätigte kraftschlüssige Kupplung. Eine weitere Gelenkwelle übertägt das Drehmoment vom Zwischenlager auf das Verteilergetriebe der GRE. Die Leistungsabgabe des Dieselmotors erfolgt nur in der Fahrstufe III (bei 1125 min^{-1}), weil bei höheren Drehzahlen die Wärmeabfuhr aus den ungefüllten Kreisläufen des Strömungsgetriebes nicht mehr zu beherrschen und die Lärmbelästigung des in unmittelbarer Nähe der GRE arbeitenden Personals zu groß wäre.

Der Fahrantrieb von GRE und Lokomotive erfolgt mittels hydrostatischer Kraftübertragung. Die Hydrostatikpumpe wird vom Verteilergetriebe angetrieben und treibt über eine Gelenkwelle den ersten Radsatz der Lokomotive an. Dazu besitzt dieser Radsatz ein Achsgetriebe mit Stirn- und Kegelradstufe wie die Radsätze 2 und 3, womit auch der Allachsantrieb der Lokomotive bei ungefüllten Kreisläufen des Strömungsgetriebes gewährleistet ist. Die GRE kann mit einer kleinsten Dauerfahrgeschwindigkeit von 0,1 bis 7,0 km/h fahren. Für den Fahrbetrieb werden 160 kW benötigt, so daß für die Arbeitsmaschine noch 140 kW zur Verfügung stehen.

Links: 710 962-2 mit Grabenräumeinheit (GRE) am 21. Oktober 1992 im Obw Berlin-Köpenick.
Foto: Wolfgang Glatte

V 100.5 als 745 606-4 der Tschechischen Eisenbahn (ČD) im Mai 1993 in Nordböhmen.
Foto: Albrecht Fabian

Beim Betrieb als Grabenräumeinheit werden von der Lokomotive die vorderen Seitenpuffer und die Schraubenkupplung entfernt und durch eine Verbindungsbrücke ersetzt, die als Kippmomentstütze dient und den Hydrostatikmotor aufnimmt. Die Masse der Brücke erforderte den Einbau längerer Sekundärfedern. Innerhalb einer Arbeitsschicht ist die Lokomotive wieder für den Zugdienst umrüstbar. Die Kraftübertragung erfolgt dann in üblicher Weise durch das Strömungsgetriebe GSR 30/5,7 APeew (Kenn-Nr. 6 3116). Bei Überführungsfahrten der GRE wird die Leistungsübertragung zum Zwischenlager abgeschaltet und mit dem Strömungsgetriebe gefahren.

Die Deutsche Reichsbahn hat von 1981 bis 1983 von LEW zehn Maschinen des Typs V 100.5 beschafft und als 110 961 bis 110 970 in Dienst gestellt. Nach dem ab 1. Januar 1992 gültigen Umzeichnungsplan werden die Maschinen als 710 961 bis 710 970 geführt. Anfang 1995 waren die Fahrzeuge noch in Cottbus, Eisenach, Berlin-Pankow, Magdeburg Hbf, Pasewalk, Leipzig Hbf Süd, Rostock und Chemnitz stationiert, dann sind sie an die Deutsche Gleis- und Tiefbau GmbH Berlin verkauft worden; die amtliche Erläuterung lautet *vom Bestand abgesetzt*. Die ČSD erhielten sieben Lokomotiven des Typs V 100.5, die mit den Betriebsnummern 745.601 bis 745.607 eingesetzt werden.

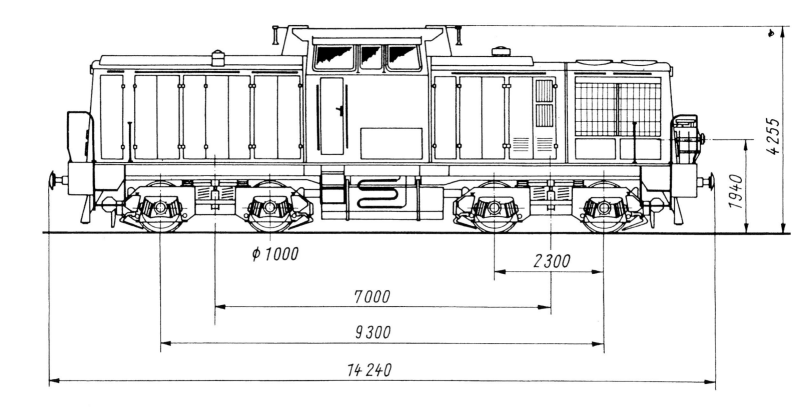

Typenskizze der Baureihe 110.9 (ab 1.1.1992 als Bahndienstfahrzeug BR 710) mit Nebenabtrieb zum Antrieb von Grabenräumeinheit und Hochleistungsschneefräse.
Zeichnung: Wolfgang Glatte

710 963-0 mit GRE und Lok Nr. 13 der DWU Espenhain für die Überführungsfahrt. Aufnahme in Oberholz (Strecke Bad Lausigk–Leipzig) am 25. März 1997.
Foto: Manfred Weisbrod

Schaufelrad der Grabenräumeinheit.
Foto: Manfred Weisbrod

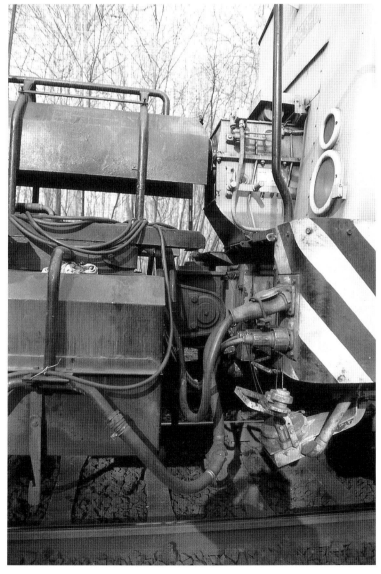

Zwischenlager an der Stirnseite der 710 963-0 und Übergangsbühne zur GRE.
Foto: Manfred Weisbrod

Die Baureihe 199.8

Auf der Harzquerbahn Wernigerode–Nordhausen und auf der Selketalbahn Gernrode–Alexisbad–Harzgerode/Stiege waren zum Ende der achtziger Jahre ausschließlich Dampflokomotiven im Einsatz. Auf der Harzquerbahn waren das vorrangig die ab 1954 von LKM Babelsberg gelieferten 1'E 1' h2-Neubaulokomotiven der Baureihe $99^{23\text{-}24}$, auf der Selketalbahn vorrangig die B'B-Mallet-Lokomotiven der Baureihe 99^{590}, die ab 1897 in Dienst gestellt worden sind. Bei den Neubaulokomotiven waren die Rahmen weitgehend verschlissen, von den Mallet-Lokomotiven waren nur noch einige durch die Kunst der Schlosser des Raw Görlitz betriebsfähig. Die DR scheute die Kosten für einen Rahmenersatz der Neubaulokomotiven, hatte wohl auch Material- und Kapazitätsprobleme und suchte nach einer wirtschaftlicheren Betriebsführung, die man sich vom Betrieb mit Diesellokomotiven versprach. Importe, sofern überhaupt verfügbar (V 52 der DB, Lxd2 der PKP), hätten Devisen gekostet, Neubauten waren durch die langfristige Auslastung von LEW Hennigsdorf ausgeschlossen. So entstand die Idee, durch rasche Elektrifizierung freigewordenen Diesellokomotiven der Baureihe V 100 (110) auf 1000 mm Spurweite umzubauen.

Voruntersuchungen

Vor Beginn detaillierter Konstruktions- und Fertigungsarbeiten war die Entgleisungs- und Kippsicherheit der umgebauten Lokomotiven nachzuweisen, für die zur Einhaltung der zulässigen Radsatzfahrmasse dreiachsige Drehgestelle erforderlich wurden. Die Höhe der Lokomotive (Dachoberkante über SO) stieg dadurch von 4225 mm auf 4355 mm. Zum anderen waren Untersuchungen zur Profilfreiheit erforderlich. Für die Streckenbereiche Nordhausen–Wernigerode und Eisfelder Talmühle–Hasselfelde gab es die geringsten Probleme, weil hier bereits Rollwagenverkehr mit Normalspurgüterwagen üblich war. Lediglich im Bereich von 0 bis 400 mm über SO waren vor allem in Bahnhofsbereichen (Bahnsteigkanten) Profilüberschneidungen zu beseitigen. Problematischer war die Strecke Gernrode–Alexisbad–Stiege, wo Felsen, Bäume und Brückengeländer in das benötigte Profil ragten, die vor der ersten Fahrt einer Baumusterlokomotive zu beseitigen waren. Schließlich waren auch im Bahnbetriebswerk Wernigerode Westerntor und in Wernigerode Hbf Voraussetzungen für den Einsatz der Diesellokomotiven zu schaffen. Dazu gehörten außer Änderungen an den Gleisanlagen auch die Schaffung eines Labors für Kraft-, Schmierstoff- und Wasseruntersuchungen, der Bau eines Pratzenhubstandes, um die schmalspurigen Drehgestelle gegen regelspurige für die Überführung der Lokomotiven zum Ausbesserungswerk (und umgekehrt) zu tauschen, und für die Zukunft der Bau eines neuen Lokschuppens mit entsprechendem Profil.

Neue Drehgestelle

Um die zulässige Radsatzfahrmasse im 1000-mm-Streckennetz von 10 t einzuhalten, mußten die neuen Drehgestelle mit drei Radsätzen ausgestattet werden. Um die Forderung nach Befahren von Gleisbögen mit 50 m Halbmesser zu erfüllen, waren die mittleren Radsätze ohne Spurkranz auszuführen. Der Drehgestellrahmen ist aus geschweißten Kasten- und Stahlprofilen entstanden. Der Drehzapfenlager-Querträger mußte wegen der geringen Bauhöhe einen zusätzlichen mittleren Steg erhalten, um die Vertikalbelastungen sicher aufzunehmen. Die Enden des Trägers nehmen die Lokkastenabstützung und die Bremszylinder auf.

Die Zug- und Stoßeinrichtung der BR 110 wurde abgebaut. Die äußeren Kopfträger der Drehgestelle nehmen die doppelten Zug-und Stoßeinrichtungen auf: in 470 mm über SO die Kupplungen für die Kuppelstangen der schmalspurigen Rollwagen, in 760 mm über SO die Schraubenkupplung mit Mittelpuffer für das Kuppeln von Reisezuwagen. Weil die voluminösen Achsgetriebe den Raum innerhalb des Drehgestellrahmens ausfüllen, mußten Teile der Spurkranzschmierung, die Sandkästen und die Lager für Bremswellen und Bremsgestänge außen an den Längsträgern montiert werden. Der hintere Kopfträger, der den Grundrahmen schließt, ist gekröpft ausgeführt, um der Antriebsgelenkwelle ausreichend Spielraum zu geben. Der VEB Getriebewerk Gotha als alleiniger Hersteller von Achsgetrieben konnte aus Kapazitätsgründen die vorgesehenen Getriebe nicht bereit stellen, so daß auf die wesentlich größer bauenden Achsgetriebe der BR 118 in modifizierter Form zurückgegriffen werden mußte. Diese Getriebe mit der Typbezeichnung AÜK 18 (für die BR 118) tragen in der Schmalspurlokomotive die Typenbezeichnung AÜK 12,8 (Durchtrieb) und AÜK 12,9 (Endachsgetriebe). Der Halter für das Drehmomentstützenlager des hinteren Achsgetriebes wurde nicht am Drehzapfenlager-Querträger, sondern am linken Längsträger angebracht, um die Demontage des Drehzapfenlager-Querträgers zu erleichtern.

Zur Überführung auf regelspurigen Gleisen (z. B. ins Ausbesserungswerk) wird die Lokomotive auf modifizierte V-100-Drehgestelle gesetzt, die nur

Maßskizze der Baureihe 199.8.
Skizze: Sammlung Weisbrod

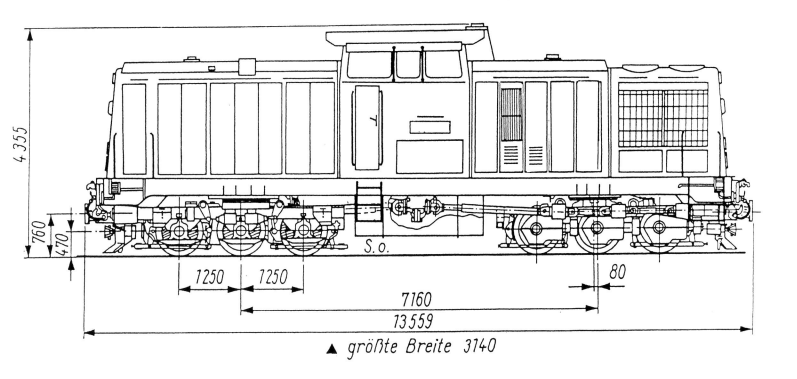

▲ größte Breite 3140

die Teile der Bremsausrüstung besitzen, und mit modifiziertem Kupplungsträger (mit Zugvorrichtung und Hülsenpuffern) ausgestattet. Die Lok kann dann als *gebremster Wagen* mit 100 km/h überführt werden. Die Flansche der Antriebsgelenkwellen werden mit Blindflanschen am Oberrahmen verschraubt, die Drehgestelle werden auf speziellen Transportwagen mit 1000-mm-Gleis mitgeführt.

Kraftübertragung
Beim Umbau erhielten die Lokomotiven anstelle des Dieselmotors 12 KVD 18/21 der Bauform A-3 den Motor 12 KVD 21 AL-4 mit einer Nennleistung von 883 kW bei 1500 min^{-1}. Das bedingte auch eine Änderung der Zuführung der Verbrennungsluft des Motors, was äußerlich an der nach hinten verlegten Luftansaugung in den Seitentüren des vorderen Vorbaus ersichtlich ist. Als Strömungsgetriebe ist der bewährte Typ GSR 30/5,7 mit der Kenn-Nummer 6 3146 eingebaut. Es werden alle Radsätze des Drehgestells angetrieben, die Radsätze 2, 3, 4 und 5 mit Durchtrieb-Achsgetrieben, die Radsätze 1 und 6 mit Endachsgetrieben. Wegen der starren Kupplung aller Radsätze ist die Schleuderneigung gering.

Federung und Dämpfung
Die Achslagergehäuse stammen vom Güterwagen-Drehgestell Y25Cs und werden von Schraubenfedern abgefedert. Weil die Höchstgeschwindigkeit der Lokomotiven nur 50 km/h beträgt, ist eine ausreichende Verstimmung zwischen Eigen- und Erregerfrequenz vorhanden, so daß auf hydraulische Stoßdämpfer verzichtet werden konnte. Als Sekundärfedern sind an den vier Abstützpunkten der Lokomotive waagerecht angeordnete Metall-Gummi-Federn vorhanden, die bei der regelspurigen V 100 als Primärfedern (Achslagerfedern) dienen. Weil die Federn in dieser Einbaulage sehr hart sind, übernehmen sie vor allem die Funktion von Körperschalldämpfern und die Einstellung des Drehgestells durch spezielle am Drehgestellquerträger vorhandene Spannvorrichtungen. Auf den Federn sind auch die Ölwannen mit Gleitplatten zur Abstützung des Lokkastens und zur Gewährleistung des Ausdrehens der Drehgestelle angeordnet.

Brems- und Druckluftanlage
Bei der geringen Geschwindigkeit war eine Abbremsung von 70 % der Dienstmasse ausreichend, so daß auf eine Abbremsung der mittleren, spurkranzlosen Radsätze im Drehgestell verzichtet werden konnte, die aber indirekt von den Gelenkwellen abgebremst werden. Die Räder der Radsätze 1, 3, 4 und 6 werden beidseitig durch Klotzbremsen gebremst. Pro Drehgestell sind vier 8''-Bremszylinder rechts und links unterhalb der Lokkastenabstützung am Drehzapfenlager-Querträger angeordnet, die über waagerecht auf den Längsträgern angeordnete Bremswellen auf die Bremshebel, die Zugstangen und damit auf die Bremsklötze wirken. Wegen der voluminösen Achsgetriebe ließen sich keine Bremsbalken unterbringen. Einige Änderungen waren an der Druckluftanlage erforderlich. Wegen der nun acht 8''-Bremszylinder (statt vier 10''-Bremszylinder) mußte das Volumen des Hilfsluftbehälters von 2 x 75 Liter auf 2 x 100 Liter vergrößert werden. Weitere Änderungen waren durch die geänderte Druckluftanbindung der Drehgestelle erforderlich und die Umrüstbarkeit für Überführungsfahrten. Als Führerbremsventile sind Knorr D2 (statt Nr. 10) und DAKO BP (statt Zbs 12) verwendet worden.
Die Lokomotiven besitzen die Spurkranzschmierung der DR-Einheitsbauart für die Radsätze 1 und 6 und Druckluftsandstreuanlagen für die Radsätze 1, 3, 4 und 6. Jeder der acht Sandbehälter mit Sandtreppen SA 1 kann 30 kg Sand

199 877-2 mit einem Personenzug von Wernigerode nach Nordhausen am 13. April 1998 bei der Einfahrt in den Bf Netzkater. Nach Fristablauf kommt die Lokomotive ins Museum Benneckenstein.
Foto: Günter Scheibe

Unten: Die 199 872-3 mit einem Zehnwagenzug im Rollwagenverkehr am 3. März 1992 zwischen Benneckenstein und Eisfelder Talmühle.
Foto: Günter Scheibe

aufnehmen. Spurkranzschmierung, Geschwindigkeitsmesser und Sifa werden vom Ferndrehzahlgeber FG 18 am rechten Achslagergehäuse des 3. Radsatzes angetrieben. Die Ausrüstung für Doppeltraktion blieb erhalten, jedoch darf vor Rollwagen nicht in Doppeltraktion gefahren werden, weil die Zug- und Stoßeinrichtung der Rollwagen bei Fahrt im Gleisbogen den Biegebeanspruchungen nicht standhält.

Umbau und Umnummerung

Geplant war der Umbau von 30 Lokomotiven der Baureihe 110.8. Damit wären alle Dampflokomotiven auf der Harzquer- und Selketalbahn zu ersetzen gewesen, denn andere Strecken in 1000 mm Spurweite sind Ende der achtziger Jahre von der DR nicht mehr betrieben worden. Konstruktion und Umbau erledigte die Deutsche Reichsbahn nach guter Tradition selbst. Die konstruktiven Arbeiten besorgte das Wissenschaftlich-Technische Zentrum (WTZ-DR), Wissenschaftsbereich Triebfahrzeugentwicklung (WB-TFE), der Umbau erfolgte im Raw Stendal. Die erste Baumusterlokomotive (110 863) ist im November 1988 auf die Harzquerbahn überführt worden. Wegen der nach 1990 rückläufigen Verkehrsentwicklung in den neuen Bundesländern beschränkte sich der Umbau auf zehn Lokomotiven der Baureihe 110.8, die unter Beibehaltung der Ordnungsnummer die Baureihenbezeichnung 199 erhielten. Zum 1. Januar 1992 war die Umzeichnung in die Baureihe 299 mit neuer Ordnungsnummer vorgesehen. Angesichts der unmittelbar bevorstehenden Privatisierung lehnte die Betriebsleitung der Harzquer- und Selketalbahn eine Umzeichnung ihrer Dampf- und Diesellokomotiven nach westdeutschem Muster ab.

Ausgangs-fahrzeug	Schmalspurfahrzeug	
	Betr.-Nr. bis 31.12.1991	vorgesehene Betr.-Nr. ab 01.01.1992
110 861	199 861	299 110-7
110 863	199 863	299 111-5
110 870	199 870	299 112-3
110 871	199 871	299 113-1
110 872	199 872	299 114-9
110 874	199 874	299 115-6
110 877	199 877	299 116-4
110 879	199 879	299 117-2
110 891	199 891	299 118-0
110 892	199 892	299 119-8

Die 199 861-6 mit einem Personenzug Gernrode–Harzgerode am 18. März 1992 zwischen Alexisbad und Harzgerode.
Foto: Günter Scheibe

Unten: Wenn wie hier in Gernrode am 8. Juni 1991 die 199 891-3 und die 99 7235-7 nebeneinander stehen wird deutlich, daß die Diesellok die Dampflok um Haupteslänge überragt.
Foto: Michael Malke

Seit Anfang 1993 sind die Harzquer- und Selketalbahn als Harzer Schmalspurbahnen GmbH in privater Trägerschaft. Die Einnahmen zum Betrieb der Bahn werden vor allem mit dampfgeführten Zügen auf den Brocken erwirtschaftet. Dort wird im Regelfall keine Diesellokomotive eingesetzt, wenngleich die Lokomotiven der Baureihe 199.8 beim Wiederaufbau der Strecke Schierke–Brocken nützliche Dienste leisteten. Die Diesellokomotiven sind bevorzugt im wiederauflebenden Güterzugdienst von Nordhausen aus eingesetzt, fahren jedoch regelspurige Güterwagen nicht mehr auf Rollwagen, sondern auf neuen Rollböcken von Bombardier Transport-Vevey Technologies SA in der Schweiz. Damit ist es möglich, auch vierachsige Regelspurwagen zu transportieren. Dazu mußte auch die Zug- und Stoßeinrichtung geändert werden. Die im Rollbockverkehr eingesetzten Lokomotiven müssen Zug- und Stoßvorrichtung nach UIC haben, jedoch um Rollbockhöhe (310 mm) höher angeordnet. Um die Option zu wahren, auch Reisezüge mit der Mittelpufferkupplung zu kuppeln, sind in Zusammenarbeit mit ADtranz sogenannte Klapp-Puffer entwickelt worden, damit sowohl Rollbock- als auch Reisezüge bespannt werden können. Die erste derart umgebaute Lokomotive war die 199 874, die zweite die 199 872, die beide im Rahmen fälliger Hauptuntersuchungen umgebaut und mit Funkfernsteuerung ausgerüstet worden sind. Im Bestand der HSB sind noch fünf Lokomotiven der BR 199.8. Vier Lokomotiven sind im August 1998 an ADtranz verkauft worden (199 863, 870, 879 und 891), eine Maschine (199 877) geht nach Ablauf ihrer Untersuchungsfrist als nichtbetriebsfähige Dauerleihgabe an den Verein Museumsbahnhof in Benneckenstein (Harz). Die Ende 1998 zur Hauptuntersuchung bei ADtranz in Kassel weilende 199 861 erhielt dort Funkfernsteuerung. Die 199 871 (letzte HU 03/98) und 199 892 (letzte HU 12/96) sind noch in dem Zustand, in dem sie das Raw Stendal geliefert hat, lediglich der Heizkessel des VEB Vorwärmer- und Kesselbau Köthen ist bei allen fünf noch im Betrieb befindlichen Lokomotiven auf Gestra-Steuerung umgerüstet worden.

Die auf UIC-Zug- und Stoßeinrichtung (Klapp-Puffer) bei ADtranz in Kassel umgebaute 199 874-9 am 8. Oktober 1998 in Nordhausen-Nord.
Foto: Günter Scheibe

199 871-5 vor einem Personenzug am 11. August 1998 in Wernigerode Hbf.
Foto: Manfred Weisbrod

Die Lokomotiven in der Instandhaltung

Für die Instandhaltung der Baureihe V 100 war zunächst das Raw »Wilhelm Pieck« Karl-Marx-Stadt (Chemnitz) vorgesehen. Hier wurden bereits die Baureihen V 60 und V 180 erhalten, und es war nur logisch, alle dieselhydraulischen Lokomotiven dieser Typenreihe in einem Werk zu konzentrieren. Im Werk Karl-Marx-Stadt erfolgte auch die Probezerlegung zweier Lokomotiven der BR V 100, über die noch zu berichten ist. Die Deutsche Reichsbahn hat bei Neubaulokomotiven besonderen Wert auf eine einfache und kostengünstige Instandhaltung Wert gelegt. Es sind deshalb bereits bei den Baumusterlokomotiven, gleichgültig, ob es sich um eigene Produktion oder Importe handelte, Probezerlegungen vorgenommen worden, um konstruktiven und Fertigungsmängeln auf die Spur zu kommen, deren Beseitigung für die nächste Lieferserie mit dem Hersteller vereinbart wurde, und um eine baureihenspezifische Instandhaltungstechnologie zu entwickeln.

Zur Aufnahme der Baureihe V 100 war geplant, die Karl-Marx-Städter Richthalle, in der in Querständen die Baureihe V 180 aufgearbeitet wurde, in Richtung der Eisenbahnstrecke Dresden–Werdau zu verlängern. Bereits 1964 hatte die Versuchs- und Entwicklungsstelle für das Ausbesserungswesen der Deutschen Reichsbahn (VES-Raw) Projekte zur Umgestaltung des Raw »Hermann Mattern« Cottbus von Dampflok- auf Diesellokunterhaltung ausgearbeitet, von denen zwei die Erhaltung der Baureihe V 100 in Cottbus vorsahen. Deshalb ist das Projekt der Erweiterung der Richthalle in Karl-Marx-Stadt nicht weiter verfolgt und die Erhaltung 1968 dem Raw Cottbus übertragen worden. Als erste Diesellokomotive traf die V 100 014 im Juni 1968 in Cottbus ein. Zu diesem Zeitpunkt waren ca. 80 Lokomotiven der BR V 100 in Dienst gestellt worden. Zur gleichen Zeit gab Cottbus die Erhaltung der Baureihe 65[10] an das Raw Meiningen ab. Die Erhaltung der Diesellokomotiven stand in Cottbus zunächst unter keinem guten Stern. Beim Großbrand vom 19. Dezember 1968 wurden nicht nur die beiden Baumusterlokomotiven V 100 001 und V 100 002, sondern auch die V 100 027 aus der laufenden Serie vernichtet.

Dieselelektrische Lokomotiven wie die aus der Sowjetunion importierten Baureihen V 200 (ab 1966) und V 300 (ab 1970) waren erhaltungsseitig beim Raw »Otto Grotewohl« Dessau beheimatet, das durch den ständigen Zugang von Neubau-Ellok der Baureihen E 11 und E 42 (bis 1976) und durch die rasch wachsende Zahl dieselelektrischer Lokomotiven an seine Kapazitätsgrenze stieß. So wurde entschieden, schrittweise das Raw Cottbus mit der Erhaltung dieselelektrischer Großdiesellokomotiven zu betrauen. 1973 wurde mit Ablieferung der 86 1390 die Dampflokerhaltung eingestellt, 1974 verließ die erste ausgebesserte V 300 (BR 130) das Werk Cottbus, und 1975 ging die neu errichtete Halle (der sog. Kompaktbau) in Betrieb. Im gleichen Jahr übernahm Cottbus die Aufarbeitung der Baureihen 130, 131 und 132 in den Schadgruppen V 0, V 5 und V 6 und für das Raw Dessau die Aufarbeitung der Drehgestelle für die Baureihe 120 (V 200). Die ausschließliche Orientierung des Werkes Cottbus auf dieselelektrische Lokomotiven führte 1976 zu Verlagerung der Baureihe 110 (V 100) zum Raw Stendal. Großdiesellokomotiven hätten in Stendal nicht aufgearbeitet werden können, weil die 20 m langen Maschinen der V 300-Reihe nicht in die Richtstände paßten.

Wie erwähnt, hat die Deutsche Reichsbahn bei Neubaulokomotiven besonderen Wert auf eine einfache und kostengünstige Instandhaltung gelegt. Es sind deshalb bereits bei den Baumusterlokomotiven, gleichgültig, ob es sich um eigene Produktion oder Importe handelte, Probezerlegungen vorgenommen worden.

Heizkesselausbau

So reiste bereits im März 1965 ein Mitarbeiter der VES-M Halle nach Babelsberg, um mit Kollegen des Herstellerwerkes probehalber die Heizkessel aus den Baumusterlokomotiven V 100 001 und V 100 002 auszubauen. Das gehört zu den Arbeiten, die üblicherweise viele Bahnbetriebswerke selbst ausführen können. Die Heizkessel, die für die Baureihen V 100 und V 180 identisch waren, lieferte der VEB Vorwärmer- und Kesselbau Köthen einbaufertig an den Finalproduzenten, also LKM Babelsberg, ab V 100 003 an LEW Hennigsdorf. Den neuen Kessel in die neue Lokomotive einzubauen, war die eine Seite. Für den Instandhaltungssektor war interessant, wie sich der Kessel ausbauen ließ, ob er problemlos wieder eingebaut werden konnte, ob ein Tauschkessel ohne Nacharbeiten einzusetzen war und welche Einbauverhältnisse vorgefunden wurden, wenn nur bestimmte Baugruppen aufzuarbeiten waren.

Über den Ausbau des Heizkessels bei der V 100 001 liegen Notizen des Mitarbeiters der VES-M vor, die zugleich auch Vorschläge für notwendige Verbesserungen enthalten. So wird bemängelt, daß zum Ausbau des Heizkessels die gesamte Abgasführung einschließlich des verkleideten Abgasschachtes an der Führerhaus-

Blick in die Montagehalle des Werkes Stendal. Stände zur Aufarbeitung von Kleinteilen.
Foto: Manfred Weisbrod

Unten: Lokomotive der Baureihe 202 in der Farbvorbehandlung des Werkes Stendal.
Foto: Manfred Weisbrod

stirnwand abgebaut werden muß (die Abgasführung war im Aufbau der Dachhaube des hinteren Vorbaus verlegt). Wenn das Gerüst für die Reglereinrichtung abgebaut werde, vereinfache sich der Heizkesselausbau zumindest auf der linken Seite. Es müsse deshalb geprüft werden, ob Reglereinrichtung und Heizkessel immer gemeinsam zu tauschen sind. Gestänge und Abschlammschieber mußten durch das Bodenblech ausgebaut werden. Dieser Ausschnitt war bei der V 100 002 noch enger als bei der V 100 001, so daß bei der V 100 002 Hebel am Abschlammschieber abgerissen wurden. Der Ausschnitt im Bodenblech war unbedingt zu vergrößern. Man hatte versucht, den Heizkessel der V 100 002 in die V 100 001 einzubauen, was so ohne weiteres nicht funktionierte, weil die Bohrungen nicht übereinstimmten. Weiterhin bestand Klärungsbedarf bei Tausch der Regelaggregate. Wenn nicht das gesamte Reglergerüst ausgetauscht werden mußte, sondern nur der untere Elektromotor für die Wasserpumpe, dann war das nicht möglich, weil die Schrauben für den E-Motor nicht zugänglich waren.

Als problematisch erwies sich auch der Wiedereinbau der Abgasführung des Heizkessels. Zwar stimmten die Flanschbohrungen von Kessel und Abgaskanal überein, doch die Starrheit des ganzen Systems bewirkte, daß auch minimale Winkelabweichungen bei Einbau des Heizkessels erhebliche Abweichungen beim Austrittskanal am Führerhaus zur Folge hatten, die Nacharbeiten am gesamten Abgassystem bedingten. Es wurde vorgeschlagen, zwischen Heizkessel und Abgaskanal ein elastisches Glied einzufügen, mit dem Heizkessel und Abgaskanal auf einfache Weise getrennt werden können, so daß der unnötige Abbau der Verkleidung auf dem Vorbau und am Führerhaus entfallen konnte und Winkelabweichungen zwischen Heizkessel und Abgaskanal korrigierbar waren. Mit dem Kesseltausch waren fünf Kollegen des Musterbaus nahezu drei Tage beschäftigt. Als Fazit ist zu lesen:

Die Schwierigkeiten beim HK-Tausch führten zur Überzeugung, daß eine Probezerlegung der Lokomotive nur die halbe Wahrheit bringt. Zerlegung und wechselseitiger Tausch der Aggregate von einer zur anderen Lokomotive (also 2 Lokomotiven) würde auch Aufschluß über Tauschbarkeit geben.

Hier taucht also erstmals die Idee von der gleichzeitigen Probezerlegung zweier Lokomotiven auf, die bisher noch nicht vorgenommen worden war.

An der Führerhausrückwand sind Druckwächter und Magnetventile angeordnet. Hinter der geöffneten Klappe in der Führerhausseitenwand wird nach dem Aufbau des Führerhauses einer der beiden Luftverdichter eingebaut. Der klappbare Tritt und der obere Griff an der Führerhausstirnwand sind spätere Nachrüstungen zur Verbesserung des Unfallschutzes, vor allem bei der Scheibenreinigung.
Foto: Manfred Weisbrod

Dieselmotor, Strömungsgetriebe und Primärgelenkwelle sind bereits montiert, Drehgestelle und Sekundärgelenkwellen fehlen noch.
Foto: Manfred Weisbrod

Blick in die Richthalle des Werkes Stendal auf die 202 811-6.
Foto: Manfred Weisbrod

Montage des hinteren Vorbaus. Montiert sind bereits Heizkessel, großer Wasserbehälter, Luftbehälter, Batterie, die Schränke für die elektrischen Geräte und die Kraftstoffbehälter. Die Vorbauhaube fehlt noch.
Foto: Manfred Weisbrod

Getriebeausbau

Als die LEW-Baumusterlokomotive V 100 003 zur meßtechnischen Untersuchung in der VES-M Halle weilte, stellte man Überlegungen zu Fragen der Instandhaltung an, z. B. über den Ausbau des Strömungsgetriebes unter dem Führerhausboden. Vom Hersteller war der Ausbau nach unten vorgesehen, der in den *Technischen Bedingungen* auch so festgelegt war. Die VES-M hatte alle Arbeitsgänge aufgelistet, die bei einem Ausbau des Getriebes nach unten und bei einem Ausbau nach oben erforderlich waren, hier auch unter dem Aspekt, das Führerhaus abzubauen. Am 20. Mai 1966 informierte die VES-M das Raw »Wilhelm Pieck« in Karl-Marx-Stadt als voraussichtliches Instandhaltungswerk von dieser Problematik und begründete ihren Standpunkt, wonach der Getriebeausbau nach oben zweckmäßiger sei. Die VES-M suchte auch das Gespräch mit dem Hersteller, und so fand am 6. Juli 1966 in Hennigsdorf eine Besprechung zwischen LEW, vertreten u. a. durch Werkleiter Martin und Chefkonstrukteur Schwarz, und der Deutschen Reichsbahn, vertreten durch die Herren Schwerin (HvM) sowie Frieser und Bendel (VES-M) statt. Eine Einigung im Sinne der VES-M kam nicht zustande. LEW berief sich auf die *Technischen Bedingungen*, und der Werkleiter erklärte, so der Wortlaut des Protokolls, »daß die LEW grundsätzlich in der Hauptsache aus Termingründen und aus Gründen der fehlenden Möglichkeit zum jetzigen Zeitpunkt nicht in der Lage ist, Änderungen vorzunehmen, die den Ein- und Ausbau des Getriebes nach oben ermöglichen sollen. Aber noch wichtiger ist es, daß es bisher nicht gelungen ist, einen Lösungsweg zu finden, die Rohre so zu verlegen, daß ein Lösen und Verbinden der zu entfernenden Rohrleitungen oder gar eine Verlegung zu ermöglichen, bei der kein Lösen der Rohrleitungen notwendig ist. Das ist der Hauptgrund, weshalb ein Ausbau des Strömungsgetriebes nach oben als nicht ausführbar angegeben wird.«

Die Deutsche Reichsbahn bestand auf dem vertraglich vereinbarten leichten Ausbau des Strömungsgetriebes und lehnte eine Übernahme von Lokomotiven mit erhöhtem Unterhaltungsaufwand ab.

Das Problem Getriebeausbau aus der V 100 003 ist in einer Niederschrift über die am 23. August 1966 erfolgte Besprechung im Bw Halle G festgehalten, an der zwei Vertreter des Raw »Wilhelm Pieck«, vier Vertreter der VES-M Halle und ein Vertreter der Rbd Halle (Mtu 3) teilnahmen. Diese Niederschrift ist LEW Hennigsdorf zugestellt worden und kam zu der Feststellung, daß für einen Getriebeausbau nach unten 190 Arbeitsstunden erforderlich sind, während das Getriebe einer V 180 in 110 Stunden nach oben ausgebaut werden kann. Die Teilnehmer der Beratung kamen zu der Schlußfolgerung:

1. Der vorgesehene und im Bw Halle G vorgeführte Ausbau des Strömungsgetriebes nach unten ist wegen des unzureichenden Arbeitsschutzes nicht vertretbar.
2. Bedingt durch den Abbau weiterer Teile und den zusätzlichen Aufwand (z. B. Dichtigkeitsprüfung) steht der Ausbau nach unten im Widerspruch zu den geforderten Maßnahmen der Rationalisierung, da er höhere Kosten in der Instandhaltung verursacht.
3. …
4. Der Getriebeausbau in der vorgeführten Weise ist in vielen Bw weder durchführbar noch zumutbar. Bei Schäden am Strömungsgetriebe, die einen nicht schadgruppenbedingten Ausbau zur Folge haben, muß dann mit großen Ausfallzeiten der Triebfahrzeuge gerechnet werden, da die Raw und vermutlich auch die LEW nicht mehr in der Lage sind, anfallende Schäden kurzfristig zu beheben.

Diese Niederschrift ging LEW von der VES-M Halle (KE III) mit Schreiben vom 5. September 1966 zu. Außer dem Ausbau des Strömungsgetriebes nach oben wurden Erleichterungen beim Ausbau der Hauptgelenkwelle Dieselmotor - Strömungsgetriebe, eine Verlegung der Rohrleitungen oberhalb des Getriebes und eine elektrische Trennung von Führerstand und Apparateschränken durch Streckkupplungen gefordert. Bemängelt wurde der unzulängliche Arbeitsschutz beim Ausbau der Gelenkwellen. Für den leichteren und sicheren Ausbau der Gelenkwellen müsse der innere Querträger am Drehgestellrahmen bereits bei den Lieferungen ab 1967 entfallen. Der Bereichsdirektor Fahrzeuge, Kollege Martin, von LEW antwortete unter dem 20. Oktober 1966 der HvM auf Niederschrift und Begleitbrief. Er wies darauf hin, daß der angesetzte Zeitaufwand für den Getriebeausbau um mindestens 20 % zu hoch sei, weil weder geeignete Vorrichtungen noch eingearbeitetes Personal vorhanden gewesen waren. Außerdem gab er zu bedenken, daß beim Ausbau nach oben eine Kranhakenhöhe von mindestens 7 m bei einer Tragkraft von mindestens 5 t erforderlich sind, was auch nicht in jedem Bw gegeben sein dürfte. Die Reichsbahn werde die Instandhaltung der V 100 auf wenige Wartungs- und Reparaturstützpunkte konzentrieren müssen, die dann auch mit entsprechenden Vorrichtungen ausgestattet werden können. Weiter schrieb Martin: »*Wir müssen Sie noch einmal darauf hinweisen, daß die Technischen Bedingungen uns den Ausbau des Getriebes nach unten vorgeschrieben haben und daß diese Technischen Bedingungen mit uns abgeschlossen wurden zu einem Zeitpunkt, als Ihnen die Konstruktionskonzeptionen der V 100 001, V 100 002 und die bis zur Konstruktionsstufe ÜK 6 herangereiften Konstruktionen der V 100 003 bereits bekannt waren. Auch Ihnen mußte zu diesem Zeitpunkt klar sein, daß eine grundsätzliche Verbesserung der Ausbaumöglichkeiten nach unten bei der gewählten und Ihnen bekannten Konstruktionskonzeption dieser Lok durch LKM innerhalb der Überarbeitung durch LEW im Rahmen der Überleitung nicht erreicht werden konnte. Die im LEW durchgeführten Konstruktionsarbeiten haben im Rahmen der gegebenen Möglichkeiten Ihrer Forderung nach einem leichten Ausbau des Strömungsgetriebes weitestgehend Rechnung getragen. Wir müssen Ihnen erklären, daß bei der Serie 1966, infolge der fortgeschrittenen Produktion dieser Lokomotiven, eine Veränderung des Ausbaues des Strömungsgetriebes in Richtung Ausbau nach oben die Lieferung dieser V 100-Lokomotiven infrage stellt. Die Anarbeiten sind bereits so weit gediehen, daß Rahmen und Führerhäuser sich im Stadium der Montage befinden…*«

Die VES-M Halle bedauert in einem Schreiben vom 17. November 1966 an die HvM, daß LEW trotz halbjähriger Verhandlungen die Problematik ihrer Forderungen noch immer nicht verstanden habe und eine Entscheidung verzögere. LEW konnte sich auf die schriftlich formulierten Technischen Bedingungen berufen, HvM und VES-M konnten lediglich dagegenhalten, daß die TB von LEW falsch interpretiert würden. Die VES-M empfahl, für die so ausgelieferten Lokomotiven eine Wertminderung zu beantragen und LEW zu verpflichten, Vorrichtungen für den Ausbau der Gelenkwellen zu liefern. Mit der Lieferung des Jahres 1968 (ab V 100 044) hat LEW die Wünsche der VES-M berücksichtigt. Die Dachhaube bekam zum leichteren Abnehmen Schnellverschlüsse, die Führerhausausrüstung elektrische Steckverbindungen.

Die Probezerlegung

In den Technischen Vereinbarungen war die Probezerlegung einer Lokomotive der 1. Lieferserie nach Absprache mit dem Hersteller gefordert und in den Technischen Bedingungen auch be-

Drehgestell in der Endmontage mit seitlicher Abstützung, Radsätzen, Achsgabelstegen, Bremszylindern und Sandkästen.
Foto: Manfred Weisbrod

stätigt worden. Die Idee, zwei Lokomotiven gleichzeitig zu zerlegen und dabei den wechselseitigen Tausch von Baugruppen vorzunehmen, stammt von der VES-M Halle und ist in der Niederschrift über den Heizkesselausbau erstmals fixiert worden (s. oben). Die Probezerlegung erfolgte im Raw »Wilhelm Pieck« Karl-Marx-Stadt, das zunächst als Erhaltungswerk vorgesehen war, die in der V 100 verwendeten Baugruppen und Aggregate von den Baureihen V 60 und V 180 kannte und auch über entsprechende Vorrichtungen und Anschlagmittel verfügte. Die Idee, gleichzeitig zwei Lokomotiven zu zerlegen, mußte auch den Werkdirektor des Raw Karl-Marx-Stadt, Reichsbahn-Oberrat Luhn erreicht haben, denn er schlug der VES-M Halle in seinem Schreiben vom 4. Mai 1966 die Zerlegung zweier Maschinen vor und »die Aggregate gegenseitig auszutauschen«. Die VES-M empfahl der HvM die Zustimmung und bemerkte, »daß die schnellste Verwirklichung dieser so gewonnenen Erkenntnisse bei den folgenden auszuliefernden Lokomotiven von großer Bedeutung ist, so daß der kurzzeitige Ausfall einer zweiten V 100 für den Betriebsdienst in Kauf genommen werden sollte«.

Die Probezerlegung der V 100 017 (Bw Rostock) und der V 100 034 (Bw Karl-Marx-Stadt) erfolgte in der Zeit vom 24. April bis 14. Juli 1967 im Raw Karl-Marx-Stadt. Die anfallenden Arbeiten wurden von drei Schlossern des Raw Cottbus und sechs Schlossern und zwei Elektrikern des Raw Karl-Marx-Stadt ausgeführt. Kollegen des Raw Cottbus hatte man hinzugezogen, weil bereits feststand, daß 1968 die Erhaltung der V 100 vom Raw Cottbus übernommen würde. Zeitweise wohnten der Probezerlegung auch fünf Mitarbeiter der VES-M Halle bei. Die Probezerlegung hatte den Zweck

– den Ausbau von Bauteilen, Baugruppen und Aggregaten aus der Sicht des Erhaltungswesens zu prüfen,
– die festgestellten Mängel in konstruktive Mängel, Fertigungsmängel und Nichteinhaltung der Technischen Bedingungen zu ordnen und
– Vorschläge zur Mängelbeseitigung zu erarbeiten.

Ausgeführte Arbeiten
Folgende Einzelaggregate sind unter Betriebsbedingungen aus- und eingebaut worden:
– Luftverdichteraggregat mit Schlitten (Aus- und Einbau mittels Gabelstapler ohne Mühe).

Kraftstoffbehälter. Aus fiskalischen Gründen mußte er in einen kleineren Teil für das Heizöl und einen größeren für den Dieselkraftstoff getrennt werden.
Foto: Manfred Weisbrod

In den Richtständen 14 und 15 des Raw Karl-Marx-Stadt fand vom April bis Juli 1967 die Probezerlegung von V 100 017 und V 100 034 statt.
Foto: VES-M Halle

Montage und Kontrolle von Achsgetrieben.
Foto: Manfred Weisbrod

Endmontage eines inneren Achsgetriebes (Durchtrieb). Im Hintergrund Herr Faik, Technischer Leiter des Werkes Stendal, und Herr H. Müller, vormals TGB 22.
Foto: Manfred Weisbrod

Flexmaster-Kupplung im Kühlkreislauf.
Foto: Manfred Weisbrod

- Gelenkwelle zwischen Motor und Strömungsgetriebe. Um die Gelenkwelle mit einem Kran auszubauen, mußten folgende hinderlichen Teile entfernt werden: Auspuffverkleidung einschließlich Typhon, Dachteil der Motorhaube, verschiedene Rohrleitungen, Fangbügel, Gummiwand. Wesentlich günstigere Bedingungen würden erzielt, wenn die Gelenkwelle mittels Kran durch das Dach des Führerhauses herausgehoben werden könnte.
- Wärmetauscher für Getriebeöl. Hierzu mußten folgende Bauteile entfernt werden: Schornsteinverkleidung des Heizkessels einschließlich Typhon, Dachteil der hinteren Vorbauhaube, Luftleitungen über den Gelenkwellen zu den Hilfsmaschinen einschließlich Ölabscheider, Kühlwasserrohre und Metalldruckschläuche.
- Lichtanlaßmaschine und Lüftergenerator. Folgende Teile mußten entfernt werden, ehe die Hilfsmaschinen mittels Kran durch die linke Vorbautür herausgehoben werden konnten: Schornsteinverkleidung des Heizkessels einschließlich Typhon, Dachteil der hinteren Vorbauhaube, Gelenkwellen.
- Kraftstoffbehälter. Hierzu mußten die Führerhausaufstiege, der Zwischenkühler und die Füll- und Entleerleitungen für den Kraftstoff demontiert werden. Der Ab- und Anbau erfolgte mit einem Gabelstapler ohne Schwierigkeiten.
- Schraubenfeder für Drehgestellabstützung. Aus- und Einbau erfolgten entsprechend der Bedienanweisung des Herstellers. Trotz Verwendung hydraulischer Heber war der Aufwand beträchtlich.
- Führerbremsventil, Zusatzbremsventil, Bremsventil für Übertourungsschutz, Druckknopfventil für Typhon, Doppelrückschlagventil. Der Aus- und Einbau war wegen beengter Platzverhältnisse erschwert, die Luftrohre waren teilweise unter Spannung verlegt, der Aus- und Einbau des Druckknopfventils erforderte besonders viel zusätzliche Arbeiten.
- Sekundärgelenkwellen. Dieser Ausbau ist wegen fehlender Vorrichtungen nicht ausgeführt worden. Ein manueller Ausbau wurde aus Gründen des Arbeitsschutzes abgelehnt.

Außerdem wurden ab- bzw. ausgebaut: Vorbauten, Führerhaus, Kühlergerüst komplett mit Wasserbehälter, Dieselmotor mit Tragrahmen und Wärmetauscher, Vorölpumpenaggregat, Umwälzpumpe mit E-Motor, Luftverdichteraggregate, Lichtanlaßmaschine, Lüftergenerator, Gelenkwellen, Strömungsgetriebe, Batteriekasten links, Wasserbehälter für Heizkessel, Haupt- und Sonderluftbehälter, Heizkessel mit Zubehör (nur bei V 100 034), Drehgestelle komplett, Rohrleitungen, Ausgleichbehälter für Kühlwasser und Abgasanlage für den Dieselmotor.

Es war vorgesehen, folgende Aggregate wechselseitig zu tauschen:
Kühlergerüst komplett, Dieselmotor komplett mit Tragrahmen, Vorölpumpe komplett, Umwälzpumpe komplett, Luftverdichteraggregate mit Schlitten, Strömungsgetriebe, Lichtanlaßmaschine, Lüftergenerator, Batterieschrank, Wasserbehälter, Luftbehälter mit Tragrahmen, Führerhaus komplett, Vorbauten, Ausgleichbehälter für Kühlwasser, Abgasanlage für Dieselmotor, Feuerlöschanlage, Batterien, Drehgestelle komplett, Betriebsstundenzähler und die unmittelbar zu den Aggregaten gehörenden Rohrleitungen.

Bei folgenden Aggregaten war kein Austausch möglich:
- Kühlergerüst komplett (Fußbohrungen des Kühlergerüstes stimmten nicht mit den Stiftschrauben im Rahmen überein)
- Linker Batterieschrank (Fußbohrungen stimmten nicht mit Gewindebohrungen im Rahmen überein.
- Wasserbehälter für Heizkessel (keine Übereinstimmung der Bohrungen).
- Führerhaus und Vorbauten (keine Übereinstimmung der Bohrungen).
- Rohrleitungen (die Rohrleitungen beider Lokomotiven mußten nachgerichtet und an die einzelnen Bauteile angepaßt werden).
- Drehgestelle einer Lok untereinander (der Tausch der Drehgestelle innerhalb einer Lok ist nur dann möglich, wenn die Leitungsverlegung zu den Magnetventilen »Sanden« einschließlich der Montage derselben auf der gegenüberliegenden Seite beider Drehgestelle vorgenommen wird).
- Kupplungen für Hilfsantriebe (da die Splintbohrungen erst beim Zusammenbau eingebracht worden sind, wurden die Sicherungsmuttern schief durchbohrt. Dadurch muß beim Tausch einer Kupplung jeweils neu gebohrt werden).

Ein großer Teil der konstruktiven Mängel war bereits vorher erkannt und in den Konstruktionsbesprechungen zwischen Hersteller und Deutscher Reichsbahn zur Sprache gebracht worden. Abänderung war vom Hersteller ab Lieferserie

1968 zugesichert. Diese Probezerlegung, die regelmäßigen Konstruktionsbesprechungen zwischen LEW, HvM und VES-M und die Prüfung jeder einzelnen Zeichnung durch die VES-M bewirkten, daß es mit der V 100 erhaltungs- und unterhaltungsseitig nie Probleme gab. Auf die fertigungstechnischen Mängel, die den Tausch einiger Aggregate verhinderten, hatten HvM und VES-M natürlich keinen Einfluß, und auch die Abnahmeinspektoren der Deutschen Reichsbahn, die die Maschinen bei LEW abnahmen und zur Probe fuhren, konnten nicht feststellen, wenn bei der Fertigung der Bohrer verlaufen war oder Rohrleitungen nur mit Tricks ihre Anschlußstellen erreichten und unter Spannung verlegt waren.

Die Instandhaltung von Triebfahrzeugen der Deutschen Reichsbahn, gleich welcher Traktion, regelte die Dienstvorschrift (DV) 946. Unter Instandhaltung ist die Wartung, Unterhaltung und Erhaltung zu verstehen. Für die planmäßige Instandhaltung waren ab 1. Mai 1977 sieben Instandhaltungsstufen mit festgelegtem Arbeitsumfang vorgegeben, die als I 1 bis I 7 bezeichnet worden sind. Bei notwendiger Unterscheidung der Triebfahrzeuge verschiedener Traktionen hat man anstelle des I

bei Diesellokomotiven V
bei elektrischen Lokomotiven E
bei Dampflokomotiven L

gesetzt. Bei Trieb-, Steuer- und Beiwagen der Diesel- und E-Traktion ist dem Kennbuchstaben der Traktionsart der Buchstabe T, S oder B zugefügt worden.

Die Instandhaltung war in eine planmäßige und eine außerplanmäßige Durchführung untergliedert, wobei letztere z. B. die Beseitigung von Unfallschäden oder Garantiearbeiten umfaßt.

Bei der Instandhaltungsstufe I 1 sind Wartungsarbeiten auszuführen. Instandhaltungsstelle ist das Bw. Die Instandhaltungsstufen I 2 bis I 4 umfassen die planmäßige Unterhaltung, wofür ebenfalls das Bw zuständig ist. Die Stufen I 5 bis I 7 sind Erhaltungsarbeiten, wobei die I 5 als Ausbesserung (V, E) bzw. als Zwischenausbesserung (L) gilt. Die Stufen I 6 und I 7 sind Hauptuntersuchungen. Während die I 7 ausschließlich dem Raw vorbehalten war, konnte die I 6 auf Anweisung auch in gut ausgerüsteten Bw erfolgen. Die außerplanmäßige Instandhaltung war in die Stufen I 0.1 bis I 0.4 untergliedert, wobei die I 0.1 zur Unterhaltung, die I 0.2 und I 0.3 zur Erhaltung gehörten, während die I 0.4 für die Ausführung von Garantiearbeiten galt. Die I 0.1 und I 0.2 erfolgten im Bw, die I 0.3 im Raw; die I 0.4 konnte sowohl im Bw als auch im Raw ausgeführt werden.

Der Zeitraum zwischen zwei Instandhaltungsstufen war der Instandhaltungsabschnitt, der Zeitraum zwischen Indienststellung und Ausmusterung die Nutzungsdauer. Die Instandhaltungsstufe V 7 lag etwa in der Hälfte der Nutzungsdauer, also nach ca. 10-12 Jahren. Vor und nach einer V 7 lagen, abhängig von Motorbetriebsstunden und Verschleißverhalten, mehrere V 6. Die V 6 war eine Hauptuntersuchung gemäß § 43 der Eisenbahn-Bau- und Betriebsordnung (BO), der DV 300. Gemäß DV 946 war die V 6 gekennzeichnet durch

– Vorprüfen, Reinigen und Zerlegen des Triebfahrzeuges
– Reinigen und Untersuchen der Bauteile, die die Betriebssicherheit beeinflussen
– Reinigen, Besichtigen und Messen der Bauteile, die die Funktionstüchtigkeit beeinflussen und dem Verschleiß unterliegen
– Tauschen bzw. Aufarbeiten aller nach der »Anweisung für die Instandhaltung der Baureihe ... « festgelegten Baugruppen und Bauteile unter Einhaltung der Werkgrenzmaße und -spiele
– Hauptbremsuntersuchung
– Zusammenbau
– Ausbessern der Inneneinrichtung der Fahrgast-, Dienst- und Wirtschaftsräume
– Ausbessern oder Erneuern des Außenanstrichs
– Endprüfung und Probefahrt.

Vom Raw »Wilhelm Pieck« Karl-Marx-Stadt ist die Instandhaltungsstufe V 6a eingeführt worden, bei der auch der Anstrich (a) der Lokomotive erneuert wurde. Für die Durchführung der V 7 war ausschließlch das Raw zuständig. Sie umfaßte die gleichen Arbeiten wie bei der V 6, zusätzlich jedoch Vollmessen und Grundberichtigen des Rahmens und des Lokkastens, vollständiges Aufarbeiten bzw. Erneuern der Diensträume, Erneuern bzw. Ausbessern der Schallisolierung, Neuverkabelung und -verrohrung, Grunderneuerung des Innen- und Außenanstrichs.

Die Instandhaltungsstufe V 5 ist zum planmäßigen Aufarbeiten und Tauschen von Bauteilen eingeführt worden, die den Instandhaltungsabschnitt IA 6 voraussichtlich nicht störungsfrei überstanden. Sie wurde im Bw oder, auf Weisung der HvM, im Raw durchgeführt. »Verursacht« hat sie die Baureihe 132/232, deren Motoren bzw. Kurbelwellen gelegentlich innerhalb eines IA 6 getauscht werden mußten. Befugt dazu waren, außer dem Raw Cottbus, die Bw Neustrelitz, Erfurt und Dresden.

Vermessen der Radsatzlager.
Foto: Manfred Weisbrod

Nach zwei V 1 folgte eine V 2, nach mehreren V 1 und V 2 ist der IA 3 erreicht. Bis zu einer V 6 können mehrere V 3 durchgeführt werden. Etwa auf der Hälfte eines IA 6 ist der IA 4 erreicht.

Nach einer V 6, V 6a oder V 7 wurde die Lokomotive zunächst einer kalten Prüfung unterzogen, ehe der Probestart erfolgte. Dann wurden die Nebenanlagen wie Indusi und Zugbahnfunk überprüft und anschließend die Lokomotive der Abnahmeinspektion Triebfahrzeuge (AIT) übergeben. Die AIT gehörte nicht zum Raw, sondern unterstand der HvM. Nach der Wende nannte sie sich nur IT (Inspektion Triebfahrzeuge), heute heißt sie Qualitätssicherung (QS), gehört aber immer noch nicht zum Ausbesserungswerk, sondern zu den Betriebshöfen.

Nach der Probefahrt, die auf einer Strecke erfolgte, wo die zulässige Höchstgeschwindigkeit der Lokomotive erreicht werden kann, kehrte die Maschine mit einer Mängelliste, die gewöhnlich 30 bis 40 Punkte umfaßte, ins Raw zurück. Nach Behebung der Mängel wurde entschieden, ob eine Nachfahrt erforderlich war.

Zylinderrollenlager für die Radsätze.
Foto: Manfred Weisbrod

Die Instandhaltung bei der DB AG

Mit der Gründung der Deutschen Bahn Aktien-Gesellschaft (DB AG) zum 1. Januar 1994 fanden sich im Triebfahrzeugpark des Unternehmens mit den Baureihen 201, 202, 204, 211, 212 und 213 Brennkraft-Streckenlokomotiven vergleichbarer Konzeption und vergleichbarer Leistung. Auf Grund des vorhandenen Triebfahrzeug-Überbestandes bei Streckenlokomotiven mußten bis zum Jahre 1996 und darüber hinaus unter Berücksichtigung verschiedener Auswahlkriterien Lokomotiven ausgemustert werden. Der Bahnvorstand setzte einen fachtechnisch kompetenten Arbeitskreis ein, der die im Streckendienst eingesetzten Lokomotiven der Baureihen 202, 204 und 211 bis 213 bewertete. Dieser Arbeitskreis nannte sich Zustand-Qualitätsverbesserung-Triebfahrzeuge, bekannt unter der Abkürzung ZQT. Ihm gehörten die Herren Schmitt als Leiter (TGB 23 Mainz), Spieler (TGB 24 Berlin), Ebert (TGB 24 Berlin), Bedau (TGB 24 Berlin), Neumann (TGB 22 München/Dessau), Bernd Müller (TGB 22 Dessau) und Backes (RBT Köln, TZL 2 Mönchengladbach) an. Ausgenommen von der Bewertung war die Baureihe 201, die bereits zur Ausmusterung anstand, und die Baureihe 214 (Zuglokomotiven der Tunnel-Rettungszüge), die in den Geschäftsbereich Netz gewechselt war. Im Ergebnisbericht des Arbeitskreises ZQT ist zu lesen:

Der allgemeine Zustand der Tfz läßt einen bundesweiten Einsatz zu. Es sind allerdings dabei zu berücksichtigen:
1. *Warmhalteeinrichtung*
2. *Indusi/Zugbahnfunk*
3. *Fahren »Ohne Zub« (Zugbegleiter, M. W.), Wendezugbetrieb, Türblockierung*
4. *allgemeine betriebliche Besonderheiten (z. B. Steilstrecke, Schneepflug)*

Die Auswertung der in den Anlagen zusammengefaßten Fakten ergibt, daß die Tfz der BR 202 und BR 204 einen guten bis durchschnittlich guten Erhaltungszustand, die der BR 211/212 einen durchschnittlich guten bis mangelhaften Erhaltungszustand aufweisen. Der Erhaltungszustand der BR 213 ist gut. Vom Arbeitskreis ZQT wird die vorrangige Erhaltung und der bundesweite Einsatz der Tfz-BR 202/204 empfohlen. Voraussetzung sind jedoch Angleichungen in den technischen Ausrüstungen (ca. 44,0 TDM je Tfz).

Die Ersatz- und Tauschteilvorhaltung ist bis zum Jahre 2010 gesichert.

Der Arbeitskreis ZQT schlägt vor, bei den Tfz der BR 211/212, welche perspektivisch zur Ausmusterung vorgesehen sind, nur noch die vereinfachte Revision B 1 auszuführen.

Die unterschiedlichen Arbeitsinhalte der Instandhaltungsstufen bei den BR 202/204 sowie BR 211-213 müssen schnellstens von einer Arbeitsgruppe unter Federführung von TGB 2 überarbeitet und vereinheitlicht werden.

Bewertungskriterien

Die Auswahl auszumusternder Brennkraftlokomotiven sollte nach technisch-wirtschaftlichen Gesichtspunkten erfolgen:
– Zustand
– Traktionsparameter
– spezieller Ausrüstungsstand bzw. konstruktive Besonderheiten
– Alter
– schadanfällige bzw. instandhaltungsintensive Teile/Baugruppen
– Instandhaltungskosten u.a.m.

ZQT hatte zur objektiven Bewertung ein Punktesystem entwickelt:

Erhaltungszustand	Bedingungen	Punkte
gut	keine	1
durchschnittlich	erhöhter Aufwand	2
gut erhalten	an einzelnen Baugruppen	
mangelhaft	generell erhöhter Aufwand	3

Ausnahme: allgemeiner Zustand, bewertet mit 2, 4 bzw. 6 Pkt.
Aussage: Je niedriger die Punktzahl, desto positiver die Bewertung der Tfz-Baureihe.

Daraus ergab sich eine Bewertung des Erhaltungszustandes zum damaligen Zeitpunkt (1994):

Baureihe	202 mit Stufengetriebe	202	204	211 ohne Stufengetriebe	212	213
Punkte	17	17	17	22	21	17

Bestand zum 09.06.1994

Am Stichtag waren von den untersuchten Baureihen folgende Lokomotiven im Bestand:

BR 202 = 496	BR 211 =	106
BR 204 = 65	BR 212 =	311
	BR 213 =	10
Summe: 561		437

Gesamt: 998 Lokomotiven (ohne z-Park)

Fremddampf-Vorwärmetauscher und die elektrisch angetriebene Kühlwasser-Umwälzpumpe zum Vorwärmen und Warmhalten der Anlage.
Foto: Manfred Weisbrod

Die Probezerlegung bringt es an den Tag: Kühlwasserleitungen, die gewaltfrei nicht mit dem Hosenrohr zu verbinden sind.
Foto: VES-M Halle

Instandhaltungsstufen

Die Deutsche Reichsbahn führte Instandhaltungsstufen leistungsabhängig aus, d.h. die Raw-Zuführung erfolgte nach einer bestimmten Zahl von Motorbetriebsstunden. Die Deutsche Bundesbahn nahm die Zuführung zum Ausbesserungswerk zeitabhängig (überwiegend) vor. Nachstehend beide Systeme im Vergleich. Ab 1. Januar 1994 galt selbstverständlich auch für die ehemaligen Raw das Bundesbahnschema.

Bei dieser Gegenüberstellung wird auch einem Laien klar, warum die Reichsbahn-Lokomotiven der BR 202 und 204 gut bis durchschnittlich gut erhalten waren.

System Deutsche Reichsbahn (bis Ende 1993)	System Deutsche Bundesbahn und DB AG (bislang und heute)		
10 bis 12 TMh *)	Revision V 6 (= IS B 2 bei DB)	nach 6 Jahren	1. Verlängerung im Bw (+)
		nach 7 Jahren	2. Verlängerung im Bw (+)
20 bis 24 TMh	Revision V 6/V 6a (=IS B 2 bei DB)	nach 8 Jahren	Ausführung einer Revision B 1 im Bw (++)
30 bis 36 TMh	Revision V 7 (= IS B 3 bei DB)	nach 12 Jahren	Revision B 2 oder B 3

Anmerkungen:
- IS = Instandhaltungsstufe
- *) TMh = 1000 Motor-Betriebsstunden
- (+) = Sichtkontrollen, in der Regel ohne anschließende Reparaturarbeiten bzw. Instandhaltungsmaßnahmen
- (++) = Hauptsächlich nur Tausch von Bremsteilen.

Der Ergebnisbericht des Arbeitskreises ZQT hatte allerdings keine Konsequenzen.
Das folgende ist bekannt. Die Höchstgeschwindigkeit der BR 202 und 204 wurde auf 80 km/h reduziert, Maßnahmen zur Minderung der auf das Gleis wirkenden Querkräfte unterblieben. Seit Ende Juni 1998 gibt es für die Baureihe 202 keine Hauptuntersuchung (V 7 bzw. B 3) mehr, 202 822, 520, 523 und 743 verließen im Juni 1998 als letzte hauptuntersuchte Lokomotiven im sogenannten Verkehrsrot das Werk Stendal. Dafür werden die BR 211/212 im Jahre 1999 im Cargo-Werk Chemnitz aufgearbeitet.

Abgebautes und auf einem Transportwagen verladenes Führerhaus der V 100 034.
Foto: VES-M Halle

Führerhaus und Vorbauhaube der Kühleranlage der V 100 017 auf dem Transportwagen.
Foto: VES-M Halle

Die V 100 bei Industrie- und Werkbahnen

Das Kombinat LEW Hennigsdorf hatte mit der Entwicklung seines Typs V 100.4, einer 736-kW-Lokomotive mit reduzierter Höchstgeschwindigkeit zugunsten höherer Zugkräfte und ohne Heizkessel das Interesse vieler Großbetriebe geweckt, die schwere Züge im Werksverkehr zu rangieren und im Übergabeverkehr mit der Reichsbahn zu bewegen hatten. Die dort eingesetzten V 60 und V 75 waren meist zu schwach, die anstehenden Aufgaben zu bewältigen. So sind in den Jahren 1981 bis 1983 V 100.4 in ansehnlichen Stückzahlen u. a. an das Eisenhüttenkombinat Ost in Eisenhüttenstadt, an das Kalikombinat Werra in Merkers, an die Lausitzer Braunkohlenbetriebe und -kombinate, an das Petrolchemische Kombinat in Schwedt, an die Leuna-Werke und an die Maxhütte in Unterwellenborn geliefert worden.

In dem Maße, wie die DB AG durch die Stillegung des Nebennetzes die V 100 für entbehrlich hielt, interessierte sich die Industrie für diese Lokomotive. Man hatte sehr schnell erkannt, daß hier eine vorzügliche Konstruktion vorhanden war, die mit relativ geringem Aufwand modernisiert werden konnte, so daß man für den Bruchteil des Kapitals, das man für einen Neubau aufbringen mußte, eine moderne Lokomotive in Dienst stellen konnte, die über mehrere Erhaltungsabschnitte zu nutzen war. Die Industrie- und Werkbahnen suchten Lokomotiven mit geringem Wartungs- und Instandhaltungsaufwand, bei denen durch Funkfernsteuerung Personal einzusparen war (Lokführer und Rangierer waren dieselbe Person) und die Intervalle der Zuführung zur Hauptuntersuchung gestreckt waren. Mit dem Produktionsauslauf des A-3-Motors bei Kühlautomat Berlin und mit der Abwicklung des Motorenbaus in diesem Betrieb überhaupt mußten neue Antriebsquellen gesucht werden, die man in der vielfältigen Motorenpalette von Caterpillar fand. Es kann nicht die Aufgabe dieser Publikation sein, alle Lokomotiven, die als (LEW-Typen) V 100.1 oder als V 100.4 bei Werk- und Industriebahnen gelandet sind, lückenlos und detailliert zu erfassen und vorzustellen. Wir müssen uns deshalb hier auf einige bemerkenswerte Umbauten beschränken.

Nachdem die VES-M resp. die ZMT Dessau den Weg gewiesen hatte, wie aus der V 100.1 und der V 100.4 eine moderne Rangierlokomotive zu machen sei, griffen auch süd- und westdeutsche Lokomotivbaufirmen das Thema auf. Zu den ersten zählte die KraussMaffei Verkehrstechnik, die ein Modernisierungskonzept für die Baureihen 201, 293 und V 100.4 bot und Gelegenheit bekam, es an fünf Lokomotiven V 100.4 der PCK Raffinerie GmbH Schwedt im Raw Stendal in die Praxis umzusetzen.

V 150-1 bis V 150-5 (PCK)

Das Petrolchemische Kombinat Schwedt hatte 1981/1982 von LEW Hennigsdorf sieben V 100.4 für den Werkbahndienst erhalten. 1995 sind fünf Maschinen im Raw Stendal nach dem Konzept von KraussMaffei Verkehrstechnik modernisiert worden. In einem anläßlich der Auslieferung der modernisierten Lokomotiven herausgegebenen Prospekt schreibt man über die V-100-Lokomotiven:

Ihr Mechanteil zeichnet sich durch eine moderne, in langjährigem Einsatz bewährte, robuste Grundkonzeption aus. Drehgestelle, Brückenrahmen und Aufbauten bieten eine gute Basis für eine sinnvolle Modernisierung.

KM verwendete anstelle des 736-kW-Motors 12 KVD 18/21 A-3 den 3512 DI-TA der Firma Caterpillar, der bei 1700 min^{-1} eine Leistung von 1140 kW abgab. Der Kraftübertragung auf die Radsätze diente das Strömungswendegetriebe GSW 20-20/5,5 von Strömungsmaschinen Dresden, das auch die Baureihe 298 besaß. Alternativ bot KM generalüberholte Strömungsgetriebe vom Typ GSR 30/5,7 oder (als leistungsgesteigerte Variante) das GSR 30/5,8 an. Die mittlere Primärleistung der Getriebe war auf 910 kW angehoben. Die Drehgestelle erhielten die verstärkten Radsatzgetriebe, die auch für die Baureihen 112 (202) und 114 (204) Verwendung fanden.

Die Kühlanlage wurde überarbeitet, erhielt eine neue Verrohrung mit Flexmaster-Elementen und Schwingungskompensatoren, neue und mehr Teilblöcke, deren Kapazität der Leistungssteigerung angepaßt ist, und verbesserte Wirbelzellen-Wärmetauscher zur Abführung der Verlustwärme des Getriebeöls. Für den Vorwärm- und Warmhaltebetrieb ist das HETO 30 durch ein WEBASTO-Gerät ersetzt worden. Im hinteren Vorbau wurde ein neues Bremsgerüst mit allen erforderlichen Magnetventilen für die mehrlösige Bremse, die Motor- und Getriebesteuerung, die Kühlerjalousie, die Spurkranzschmierung und die Rangierkupplung eingebaut. Die Lokomotiven wurden komplett neu verkabelt und erhielten neue Schütze für Kompressor-Lüftermotoren und Lichtanlaßmaschine und einen Übergabestecker zwischen Bremsgerüst, Führerhaus, Motor und Getriebe.

Zentrales Element der Modernisierung war die elektronische Lokomotivsteuerung KM-DIREKT, mit der die Lokomotive über manuell oder per Funkfernsteuerung eingegebene Befehle gesteuert und geregelt wird. Als Funkfernsteuerung

V 150-1 von PCK Schwedt am 15. Mai 1997. Die ehemalige V 100.4-11 (LEW 1981/ 16324) ist 1995 von KraussMaffei im Werk Stendal modernisiert worden.
Foto: Manfred Weisbrod

Die von KrausMaffei Verkehrstechnik im Werk Stendal modernisierten V 100.4 der PCK GmbH Schwedt tragen einen sehr werbewirksamen Anstrich. Die V 150-2 war die V 100.4-12 (LEW 1981/16325).
Foto: Manfred Weisbrod

V 150-3 der PCK GmbH Schwedt (LEW 1981/16326), vormals V 100.4-13.
Foto: Manfred Weisbrod.

wurde das System AEG-Stein verwendet. Ein Eigendiagnosesystem erkennt alle Fehler in der Steuerung selbst und den elektrisch angeschlossenen Aggregaten. Die Schutzeinheit K-MICRO sorgt automatisch für Schleuderschutz, Gleitschutz, Sandeautomatik, Anfahr-Zugkraftbegrenzung und Rollierschutz, so daß die Lokomotive immer im optimalen Schlupf- und Grenzlastbereich fährt. Mit KM-DIREKT ist das Speichergerät K-MEMO verbunden, das einen Ereignis-Speicher, einen Diagnose-Speicher und einen Langzeit-Speicher besitzt und damit eine kostensparende, leistungs- und zustandbezogene Unterhaltung sichert. An Überwachungseinrichtungen sind Temperaturwächter für Motor-Vorwärmen und -Warmhalten, Temperaturwächter für den Öffnungszeitpunkt der Kühlerjalousie, Temperaturwächter für Lüfter 1 und 2, Temperaturwächter für Motorkühlwasser, Temperaturschalter 120° C für Strömungsgetriebeöl, Öldruckwächter und Überdrehzahlschutz vorhanden. Mittels Ballastgewichten sind die PCK-Lokomotiven auf eine Dienstmasse von 72 t gebracht worden, um höhere Zugkräfte auszuüben. Die Lokomotiven erhielten eine sehr ansprechende Farbgebung in Grün mit weißen Längs- und Schrägstreifen und nach dem Umbau im Werk Stendal 1995 die Baureihenbezeichnung V 150 (in Anlehnung an die Motorleistung). Die Stirnpartien der Vorbauten der LEW-Konstruktion ziert jetzt der Schriftzug KRAUSS-MAFFEI. Das PCK besaß sieben Lokomotiven des Typs V 100.4, die als V 100.4-11 bis V 100.4-17 eingeordnet waren. Die V 100.4-11 bis V 100.4-15 sind zur V 150-1 bis V 150-5 umgebaut worden, die V 100.4-16 und V 100.4-17 hat die Raffinerie 1997 an die Prignitzer Eisenbahn GmbH verkauft.

CAT 3512 DI-TA in der von KraussMaffei Verkehrstechnik modernisierten V 100.4-13 der PCK GmbH Schwedt.
Foto: Manfred Weisbrod

Das Führerpult der von KraussMaffei Verkehrstechnik modernisierten und mt Funkfernsteuerung ausgerüsteten V 100.4 der PCK GmbH Schwedt verblieb in ursprünglicher Größe, erhielt nur andere Instrumente.
Foto: Manfred Weisbrod

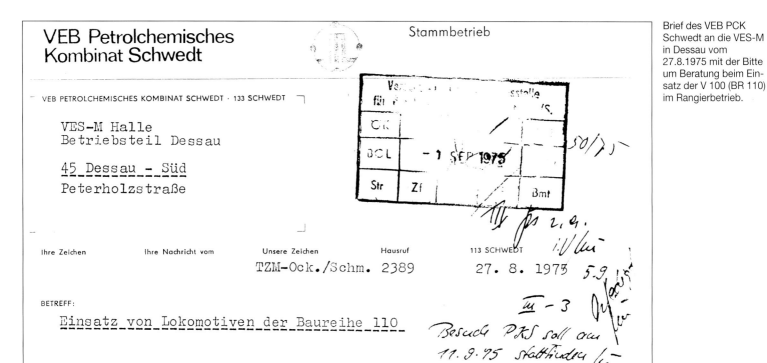

Brief des VEB PCK Schwedt an die VES-M in Dessau vom 27.8.1975 mit der Bitte um Beratung beim Einsatz der V 100 (BR 110) im Rangierbetrieb.

V 100.4 von EKO-Stahl Eisenhüttenstadt. Lok Nr. 62 ist bereits von ADtranz modernisert, Lok Nr. 61 (LEW 1981/16583) ist im Lieferzustand.
Foto: Albrecht Fabian

Die wichtigsten technischen Daten der V 150

Dienstmasse mit vollen Vorräten	72 t
Radsatzfahrmasse mit vollen Vorräten	18 t
Höchstgeschwindigkeit	47 km/h
Größte Höhe über SO	4225 mm
Größte Breite	3140 mm
Dieselkraftstoffvorrat	2500 l
Batterieanlage	110 Vgs 280 Ah

Dieselmotor

Typ	3512 DI-TA
Hersteller	Caterpillar
Leistung bei 1700 min^{-1}	1140 kW
Ansaugsystem	Trockenfilter
Kühlsystem	geschlossener Kreislauf mit Thermostatsteuerung

Kraftübertragung

Strömungsgetriebe	GSW 20-20/5,5
Eingangsleistung	1036 kW
Hersteller	SM Dresden GmbH
Schleuderschutz/Gleitschutz	Schnelleingriff im Anfahrwandler

Druckluft und Bremsanlage

Kompressor (vorhanden) 2 Stück	7C1/63
Leistung	je 1050 l/min
Abbremsart	Klotzbremsen
Steuerung	elektro-pneumatisch
Steuerventil	mehrlösig (auch durch Funkfernsteuerung ansteuerbar)

Fahrzeugsteuerung

Steuersystem	KM-DIREKT mit Diagnoseeinheit
Gleit- und Schleuderschutz	K-MICRO (in KM-DIREKT enthalten)
Funkfernsteuerung	AEG-Stein

Zusatzausrüstung

Vorwärm- und Warmhalteeinrichtung	WEBASTO mit Umwälzpumpe
Rangierkupplung	BSI RK 900

Adtranz-Lokomotiven

Noch intensiver als Krauss-Maffei hat Adtranz in Kassel das Modernisierungsgeschäft mit (LEW-Werksbezeichnungen) V 100.1 und V 100.4 betrieben, wenngleich künftige Aktivitäten auf V 100.4-Lokomotiven beschränkt bleiben werden, denn die DB AG wird keine Lokomotiven mehr verkaufen, die ihr dann als Konkurrenten am Markt begegnen. So hat Adtranz die fünf zwischen 1981 und 1983 an den VEB Eisenhüttenkombinat Ost in Eisenhüttenstadt (heute EKO-Stahl AG Eisenhüttenstadt) gelieferten V 100.4 mit CAT-Motoren modernisiert. Die Maschinen sind mit den Bahnnummern 61 bis 65 im Einsatz und attraktiv in Blau-Gelb lackiert. Die Deponie-Wirtschaft und Umweltschutztechnik GmbH (DWU) in Espenhain gab im ehemaligen Henschel-Werk in Kassel ihre 110 004 »in Zahlung« und erhielt dafür eine modernisierte und mit Funkfernsteuerung ausgerüstete Maschine (Bahnnummer 13), die 1981 von LEW mit der Fabriknummer 16327 an die Verkehrsbetriebe der Stadt Ostrava in der Slowakei geliefert worden war. Das war übrigens die erste bei Adtranz modernisierte V 100.

Die Ahaus-Alstätter Eisenbahn (AEE) erhielt im April 1998 als »Alstätte II« die einstige 201 878 der DB AG (LEW 1977/16372) mit einem MTU-Motor mit einer Nennleistung von 1060 kW. Die rot lackierte Lokomotive besitzt zwei weiße, umlaufende Zierstreifen und Rangiergeländer.

In der Regel verwendet Adtranz bei der Modernisierung CAT-Motoren des Typs 3512 DI-TA, so auch bei den beiden Maschinen, die Anfang 1998 zur Augsburger Localbahn gingen und dort die Bahnnummern 41 und 42 bekamen. Auch rot, aber heller als die AEE-Lokomotiven lackiert, besitzen die AL-Lokomotiven zwei umlaufende weiße Zierstreifen, die hier aber höher angesetzt sind. Für die beiden Lokomotiven der Augsburger Localbahn, eine dritte war Ende 1998 bei Adtranz noch im Umbau, gelten folgende technische Daten:

Höchstgeschwindigkeit	80 km/h
Kleinste Dauerfahrgeschwindigkeit	8 km/h
Max. Anfahrzugkraft (rechn.)	220 kN
Dieselmotor	CAT 3512 DI-TA
Leistung	1050 kW
Nenndrehzahl	1660 min^{-1}
Leerlaufdrehzahl	600 min^{-1}
Strömungsgetriebe	GSR 30/5,7
Hersteller	SM Dresden GmbH
Eingangsleistung	960 kW
Batterie	24 V/400 Ah
Luftverdichter	Knorr 450/150-3
Kühlanlage	Voith
Bremsbauart	KmZ GP
Dienstmasse	75 t
Radsatzfahrmasse	19 t

(Die im Datenblatt angegebene Radsatzfahrmasse von 20 t wird bei 75 t Dienstmasse nicht erreicht).

Insgesamt hat ADtranz bisher 25 V 100.1 und V 100.4 (LEW-Typenbezeichnung) modernisiert. Zu den Kunden zählen außer den genannten Firmen auch Infra-Leuna in Leuna, die Erfurter Industriebahn, die MIBRAG in Profen, die Stahlwerke Thüringen (vormals Maxhütte Unterwellenborn), die Regiobahn Bitterfeld, die DGT in Königsborn, die Hörseltalbahn in Eisenach und die BASF in Ludwigshafen.

V 100 mit elektrischer Zugheizung

Adtranz baute auch die erste und einzige V 100 mit elektrischer Zugheizung, also die nie entstandene Baureihe 115, doch firmierte die Lokomotive bei der DB AG als 201 999-0. Adtranz wollte der DB AG einen Weg zeigen, wie die bewährte V 100 auch künftig den Erfordernissen der Zugförderung auf nichtelektrifizierten Strecken

Von ADtranz modernisierte Lok Nr. 62 (LEW 1982/17730) der EKO-Stahl AG in Eisenhüttenstadt, eine V 100.4.
Foto: Albrecht Fabian

Als die heutige Firma ADtranz die erste V 100 modernisierte, firmierte sie noch als ABB Henschel AG. Die Lok, eine V 100.4, wurde an die CSD exportiert (LEW 1967/ 16327) und gehört heute der DWU Espenhain mit der Bahnnummer 13.
Foto: Manfred Weisbrod

angepaßt und in das inzwischen allgemein übliche System elektrischer Zugheizung integriert werden kann. Die 201 881 erhielt einen Caterpillar-Dieselmotor mit 836 kW Leistung und eine neue, der auf 1100 PS gesteigerten Motorleistung angepaßte Kühlanlage. Das Strömungsgetriebe GSR 30/5,7 entspricht der Ausführung für die Baureihe 202 (1200 PS), die Höchstgeschwindigkeit beträgt weiterhin 100 km/h. Im hinteren Vorbau ist anstelle des Heizkessels ein Caterpillar-Dieselmotor mit 225 kW Leistung und angeflanschtem Drehstrom-Synchron-Generator (230 kVA Leistung) untergebracht. Üblicherweise ist der Heizgenerator am Traktionsdiesel angeflanscht. In der von Adtranz vorgeschlagenen Ausführung kann die Zugheizung auch bei abgestelltem Traktionsdiesel erfolgen. Die vom Heizgenerator erzeugte Spannung wird einem zwangsbelüfteten Umrichter zugeführt und die am Ausgang des Umrichters anliegende Spannung auf die übliche Bahnspannung von 1000 V/16,67 Hz transformiert, die dann für die Zugheizung und weitere elektrische Verbraucher zur Verfügung steht.

Die im September 1996 bei Adtranz mit der Bahnnummer 6 fertiggestellte Lokomotive ist hellgrün mit umlaufendem gelbem Zierstrich lackiert und wurde von der DB AG angemietet. Vom 4. November 1996 bis 28. April 1997 hat der Bh Leipzig Süd sie mit der Betriebsnummer 201 999-0 im Regionalverkehr zwischen Leipzig und Geithain eingesetzt. Nach kleinen Startschwierigkeiten legte die Lokomotive ohne Beanstandungen an 118 Einsatztagen 37 000 km zurück und demonstrierte die Funktionstüchtigkeit der elektrischen Zugheizanlage. Weitere Umbauten werden aller Voraussicht nach nicht erfolgen. Die Baureihe 201 ist ausgemustert, die Erhaltung für die Baureihe 202 eingestellt, für noch im Einsatz befindliche Lokomotiven der Baureihen 202 und 204 wurde die zulässige Geschwindigkeit auf 80 km/h herabgesetzt. Damit ist die vom Bahnvorstand verfolgte Politik klar definiert. Nach Ablauf des Mietvertrages zwischen Adtranz und der DB AG ist die Lokomotive an das Stahlwerk Thüringen in Unterwellenborn vermietet worden.

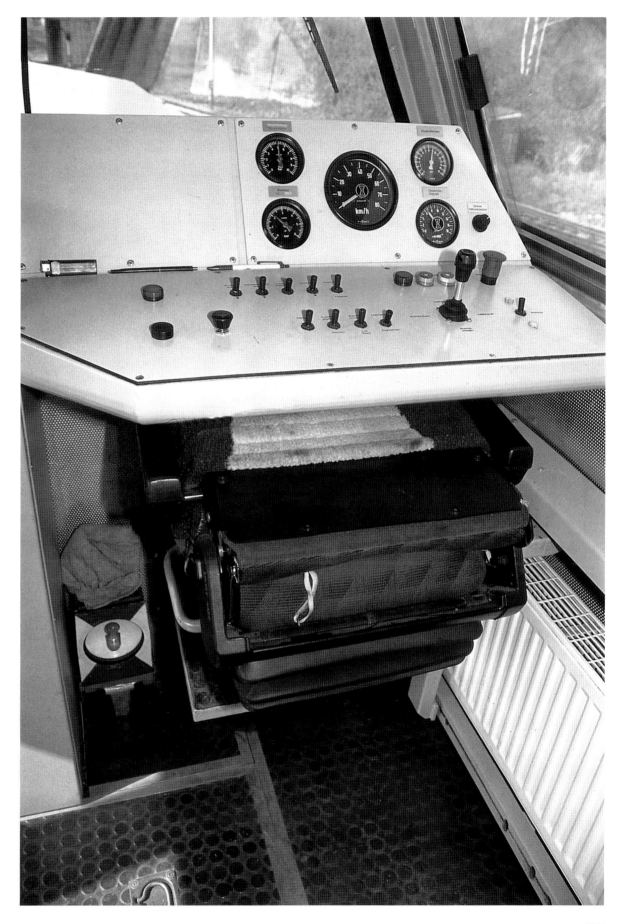

Führerpult der DWU-Lok Nr. 13 (modernisiert von ADtranz) mit Funkfernsteuerung und unter das Pult klappbaren Sitz.
Foto: Manfred Weisbrod

Luftverdichter in Lok Nr. 13 der DWU Espenhain.
Foto: Manfred Weisbrod

Dieselmotor 3512 DI-TA von Caterpillar in Lok Nr. 13 der DWU Espenhain.
Foto: Manfred Weisbrod

Lok Nr. 13 (Funkname UWE) der DWU Espenhain, die erste von ADtranz modernisierte V 100, am 2. April 1997 in Espenhain.
Foto: Manfred Weisbrod

Lok Nr. 14 der DWU Espenhain ist die ehemalige
201 742-4 der DB AG (April 1997).
Foto: Manfred Weisbrod

Das Führerpult der Lok Nr. 4 der Stadtwerke Chemnitz ist weitgehend im Originalzustand.
Foto: Manfred Weisbrod

Lok Nr. 4 der Stadtwerke Chemnitz, die ehemalige 110 067 (April 1997).
Foto: Manfred Weisbrod

Die Lok Nr. 4 der Stadtwerke Chemnitz vor dem Turm, der den Gips aus der Rauchgasentschwefelung liefert, denn das Heizkraftwerk feuert Braunkohle.
Foto: Manfred Weisbrod

Von ADtranz modernisierte 110 828 und 110 884 (201 828 und 201 884) als Nr. 41 und Nr. 42 der Augsburger Localbahn. Eine dritte Lokomotive war Ende 1998 bei ADtranz noch im Umbau.
Foto: Gerhard Zimmermann

Lok Nr. 41 der Augsburger Localbahn im April 1998. Die von ADtranz modernisierte Lokomotive trug bei der DR die Betriebsnummer 110 828, bei der DB AG die Betriebsnummer 201 828. Foto: Gerhard Zimmermann

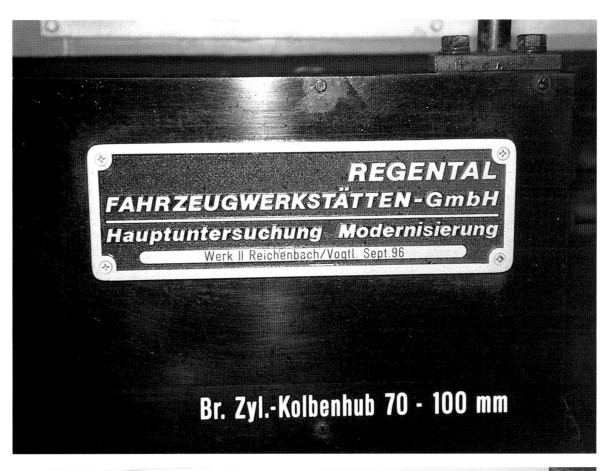

Firmenschild an der von ADtranz und den Regental Fahrzeugwerkstätten GmbH modernisierten 201 999-0.
Foto: Manfred Weisbrod

ADtranz-Firmenschild an der 201 999-0 mit elektrischer Zugheizung. Die LEW-Fabriknummer 16375 weist die Maschine als 110 881 (201 881) des Baujahres 1977 aus.
Foto: Manfred Weisbrod

Die 201 999-0 ist etwa ein halbes Jahr von der DB AG vor Regionalzügen zwischen Geithain und Leipzig erprobt worden und wurde dann von ADtranz an die Stahlwerke Thüringen vermietet.
Foto: Manfred Weisbrod

201 999-0, die von ADtranz modernisierte 201 881 mit elektrischer Zugheizung, am 1. Februar 1997 im Bf Geithain.
Foto: Manfred Weisbrod

Die 110-02 der LAUBAG ist eine V 100.4, die LEW 1983 mit der Fabriknummer 17731 an das Braunkohlenwerk Knappenrode geliefert hatte.
Foto: Marco Berger

Lok Nr. 1 von VEB Kali Werra Merkers (LEW 1983/17729) gehört heute der Karsdorfer Eisenbahn-Gesellschaft und trägt die Bahnnummer 205.
Foto: Marco Berger

Die an die ČSD exportierte V 100.4 (LEW 1981/16328) trug bei den CD die Nummer 745 528-0 und gehört heute der Karsdorfer Eisenbahn-Gesellschaft.
Foto: Marco Berger

Typenblatt von ADtranz für die modernisierten V-100-Lokomotiven.

Diesellokomotive V 100.4	ADtranz
für den Rangierdienst	Fabrik.-NR.16378
	ABB Daimler-Benz Transportation (Deutschland) GmbH
Art der Kraftübertragung: dieselhydraulisch	Achsanordnung B´B´

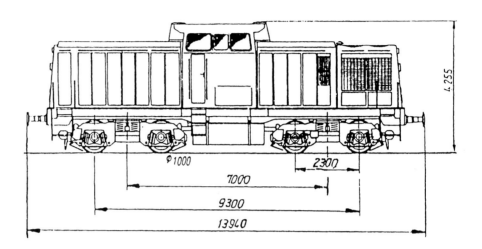

Fahrzeugmassen, Achslasten und techn. Daten

20 20   20 20   t. Achslast

Lfd. Nr.			Dim	Lfd Nr			Dim
1	Höchstgeschwindigkeit v_{max}	80	km/h	10	Drehstrom - Lichtmaschine	120	A
2	Kleinste Dauerfahrgeschwindigkeit v_{Dmin}	8	km/h				
3	Max. Anfahrzugkraft (rechnerisch)	220	kn	11	Kühlanlage		
4	Dieselmotor				Voith		
	Cat 3512 DI - TA						
	Leistung	1050	kw				
	max. Drehzahl	1660	1/min				
	min. Drehzahl	600	1/min	12	kleinster Bogenlauf-	75	m
5	Strömungsgetriebe				Halbmesser		
	SM 30/5,7						
	Eingangs-Leistung	960	kw	13	Bremse		
	Eingangs-Drehzahl	1660	1/min		Klotzbremse		
6	Radsatzgetriebe				Bremsbauart:	KMZ GP	
	neue Ausführung RSKS				Bremsgewicht:	GP 52/66	
	neue Ausführung RKS						
7	Batterie			14	Lieferwerk	LEW	
	24 V / 400 Ah						
				15	Umbauwerk	Adtranz Kassel	
8	Luftverdichter						
	Knorr			16	Dienstgewicht	75	MP
	450 / 150 - 3						
				17	Achslast	20	MP

z/v-Diagramm von ADtranz für die Lokomotiven Nr. 41 bis 43 der Augsburger Localbahn.

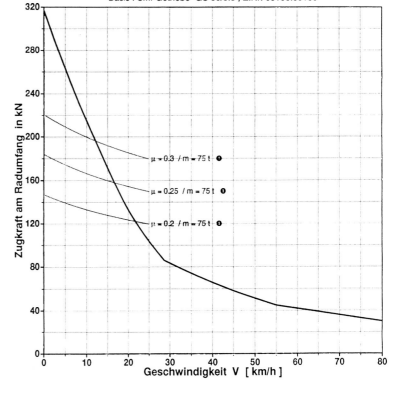

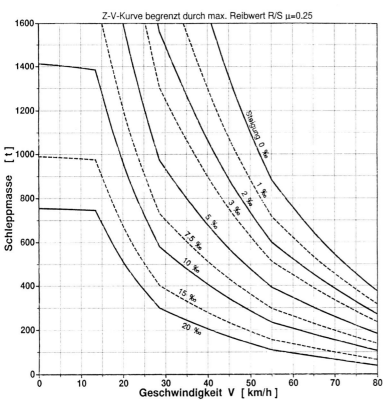

Formel relativer Fahrwiderstand [‰ = N/kN]:

Lok : $R_L = 3.0 + 0.0005 \cdot (V + 12)^2$
Wagen : $R_W = 2.5 + 0.0005 \cdot (V + 12)^2$

Masse der Lok = 75 t

Schlepplastkurven von ADtranz für die zur V 100.4 umgebauten und modernisierten Lokomotiven 201 828 und 201 884 der Augsburger Localbahn.

Anhang

110 165-8 verläßt im Jahr 1976 mit einem Personenzug den Bahnhof Nossen.
Foto: Manfred Weisbrod

Technische Daten

1. Ausrüstungsübersicht

Baureihe		108 298	110 m. Stufe	110 o. Stufe	111 V 100.4
V_{max}	km/h	25/65	65/100	100	65/60 [5)]
V_{dmin}	km/h	5/10	11,1/16,6	16,6	11,8/10,9 [5)]
Z_{max}	kN	220 [6)]/220 [6)]	207 [6)]/151	151	207 [6)]
ZD	kN	220 [6)]/135	147/92,2	92,2	142
Dieselmotor	12 KVD	Bf A-5	Bf A-II o. A-3	Bf A-II o. A-3	Bf A-3
P1	kW	750	736	736	736
Ström.-Getriebe		GSW 20-20/5,5 AQ eesb	GSR 30/5,7 AQ eews	GSR 30/5,7 AP eew	GSR 30/5,7 AQ eew
Kenn-Nr.		6 3321	6 3104; 6 3112 6 3126	6 3115	6 3131
		6 3119			
$P_{1\,nenn}$	kW	750	736	736	736
$P_{p\,nenn}$	kW	695	680	680	680
$M_{2\,max}$	kNm	48,8/19,8	30,9/20,4	20,4	30,9
$n_{2\,nenn}$	min^{-1}	802/1983	1480/2240	2220	1480
$n_{2\,D}$	min^{-1}	120/300	252/377	377	252
Achsgetriebe					
AG 2. u. 3. Achse		AÜK 18-10	AÜK 16-3/2	AÜK 16-3/2 ADU 20-8 [1)]	ADU 20-8 AÜK 18-6 [2)]
AG 1. u. 4. Achse		AÜK 18-7	AÜK 16-4/2	AÜK 16-4/2 AK 20-12 [1)]	AK 20-12 AÜK 18-7 [2)]
Gelenkwellen					
DM-SG		4509-81-04/12	4509-81-04/12	4509-81-04/12	4509-81-04/12
Länge	mm	1205/1295	1205/1295	1205/1295	1205/1295
SG-2. Achse		190.60 GWB	190.60 GWB	190.60 GWB	190.60 GWB
Länge	mm	2150/2250	2150/2250	2460/2560 1870/1970	1560/1660
SG-3. Achse	190.60 GWB	190.60 GWB	190.60 GWB	190.60 GWB	
Länge	mm	2250/2350	2250/2350	2340/2440	1660/1760
2. Achse-1. Achse		4359-81-01	4369-81-03/12	4369-81-03/12 4559-81-11/12 [1)]	190.60 GWB 4359-81-01 [3)]
Länge	mm	775/865	735/785	735/785 1120/1210 [1)]	1100/1200 775/865 [3)]
3.Achse-4. Achse	wie 2. Achse - 1. Achse				
Länge	mm	wie 2. Achse - 1. Achse			
SG-LIMA SG-Lüftergener.		4310-60-03/13	4310-60-03/13	4310-60-03/13	4310-60-03/13
Längen	mm	400/450	400/450	400/450	400/450

Baureihe		112 m.Stufe	112 o. Stufe	114 (V 100.5)	110.9
V_{max}	km/h	65/100	100	100	100
V_{dmin}	km/h	11,6/17,6	17,6	17,6	16,6
Z_{max}	kN	207 [6]/170	170	202	151,1
Z_D	kN	159/105	105	137	92,2
Dieselmotor		Bf AL-4	Bf AL-4	Bf AL-5 [7]	Bf A-3
P_1	kW	900	900	1100	736
Ström.-Getriebe		GSR 30/5,7	GSR 30/5,7	GSR 30/5,7	GSR 30/5,7
		AQ eews	AP eew	AP eew	AP eew
Kenn-Nr.		6 3130	6 3120	6 3126	6 3116
			6 3122		
$P_{1\,nenn}$	kW	900	900	1050	736
$P_{p\,nenn}$	kW	808	808	962	680
$M_{2\,max}$	kNm	34,6/22,8	22,8	24,4	20,4
$n_{2\,nenn}$	min-1	1566/2370	2350	2490	2220
$n_{2\,D}$	min-1	267/400	400	423	377
Achsgetriebe					
AG 2. u. 3. Achse		ADU 20-8	ADU 20-8	ADU 20-8	ADU 20-8
		AÜK 18-6	AÜK 18-6	AÜK 18-6	
AG 1. u. 4. Achse		AK 20-12	AK 20-12	AK 20-12	ADU 20-8 [4]
		AÜK 18-7	AÜK 18-7	AÜK 18-7	AK 20-12
Gelenkwellen					
DM-SG		4509-81-04/12	4509-81-04/12	4509-81-04/12	4509-81-04/12
Länge	mm	1205/1295	1205/1295	1205/1295	1205/1295
SG-2. Achse		190.60 GWB	190.60 GWB	190.60 GWB	190.60 GWB
Länge	mm	1560/1660	1870/1970	1870/1970	1870/1970
SG-3. Achse		190.60 GWB	190.60 GWB	190.60 GWB	190.60 GWB
Länge	mm	1660/1760	1750/1850	1750/1850	1750/1850
Achse-1. Achse		4559-81-11/12	4559-81-11/12	4559-81-11/12	190.60 GWB
			4359-81-01	4359-81-01	4359-81-01
Länge	mm	1120/1210	1120/1210	1120/1210	1030/1130
			775/865	775/865	775/865
Achse-4. Achse		wie 2. Achse - 1. Achse			
Länge	mm	wie 2. Achse - 1. Achse			
SG-LIMA		4310-60-03/13	4310-60-03/13	4310-60-03/13	4310-65-03/13
SG-Lüftergener.					
Längen	mm	400/450	400/450	400/450	400/450

[1] ab Lok Nr. 110 241;
[2] Ersatzgetriebe für ADU und AK;
[3] bei Einbau AÜK 18-6/7;
[4] 1. Achse;
[5] bei Einbau AÜK 18-6/7:
[6] Reibungsgrenze (= 0,33);
[7] 44 Lok mit Dieselmotor 12 KVD 21 AL-4 (1100 kW)

2. Massen, Hilfsbetriebe, Vorräte

Baureihe	Maßeinh.	110.0-1	110.2-8	111	112	114
Radsatzfahrmassen						
Radsatz 1	t	16,9	15,8	16,0	16,2	16,2
Radsatz 2	t	16,3	15,8	16,0	16,2	16,2
Radsatz 3	t	16,3	15,8	16,0	16,2	16,2
Radsatz 4	t	16,7	15,8	16,0	16,2	16,2
Leermasse M_L	t	61,2	58,7	60,8	60,2	60,2
Dienstmasse M_D	t	66,1	63,2	64,0	64,8	64,8
Reibungsmasse G_R (2/3 Vorräte)	t	64,6	61,7	63,1	63,2	63,2
Metermasse M_D/LüP	t/m	4,7	4,5	4,5	4,5	4,5
mittlere Radsatzfahrmasse	t	16,5	15,4	15,78	15,8	15,8
Batteriebauart		Blei	Blei	Blei	Blei	Blei
Spannung/Kapazität	V/Ah	110/260	110/260	110/260	110/260	110/260
Lichtmaschine Typ		GHG/M2814	GHG/M2814	GHG/M2814	GHG/M2814	GHG/M2814
Spannung/Leistung	V/kW	115/22	115/22	115/22	115/22	115/22
Umformer						
Bauart		GW 22K	GW 22K	GW 22 K	GW 22 K	GW 22 K
Spannung	V	220~	220~	220~	220~	220~
Luftverdichter (Anzahl/Typ)		2 x 2H53-71/100 (2 x 7 C 1 aus Rumänien möglich)				
Antrieb		elektr.	elektr.	elektr.	elektr.	elektr.
Anlasserbauart		GAW	GAW	GAW	GAW	GAW
Kühlerlüfter (Anzahl/Antrieb)		2x elektr.	2x elektr.	2x elektr.	2x elektr.	2x elektr.
Steuerung						
Steuerungsart		elektr. pneu. mech.	elektr. pneu. mech.	elektr. pneu. mech.	elektr. pneu. mech.	elektr. pneu. mech.
Steuerungsausführung		Vielf.	Vielf.	Vielf.	Vielf.	Vielf.
Sicherheitsfahrschaltung		ttw	ttw	ttw	ttw	ttw
Rangierfunk		-	-	-	-	-
Zugbeeinflussung		-	-	PZB 80	PZB 80	-
Zugheizung		Heizk.	Heizk.	-	Heizkessel	
Leistung	kg/h	800	800	-	800	800
Druck	bar	5	5	-	5	5
Kühlwasservorwärmung		HK/Fd	HK/Fd	Öl/Fd	HK/Fd	HK/Fd
Betriebsstoffe						
Kraftstoff	l	2500	2500	2500	2500	2500
Heizkraftstoff	l	wird aus dem Kraftstoffbehälter entnommen				
Heizwasser	l	2000	2000	-	2000	2000
Sand	kg	280	280	280	280	280
Kleinst. Bogenhalbmesser	m	100	100	100	100	100
Ablaufberg-Halbmesser						
konkav	m	300	300	300	300	300
konvex	m	400	400	400	400	400
Bremse und Bauart		Klotzbremse K m Z				

Erststationierung

Betriebs-Nr.	erstes Bw
110 001[I]	Halle P
110 001[II]	Neustrelitz
110 002	Erfurt
110 003	Halle P
110 004	Halle P
110 005	Halle P
110 006	Halle P
110 007	Halle P
110 008	Halle P
110 009	Halle P
110 010	Halle P
110 011	Halle P
110 012	Halle P
110 013	Halle P
110 014	Halle P
110 015	Halle P
110 016	Reichenbach
110 017	Freiberg (Sachs)
110 018	Reichenbach
110 019	Reichenbach
110 020	Karl-Marx-Stadt Hilbersdorf
110 021	Karl-Marx-Stadt Hilbersdorf
110 022	Reichenbach
110 023	Reichenbach
110 024	Halle P
110 025	Karl-Marx-Stadt Hbf
110 026	Karl-Marx-Stadt Hilbersdorf
110 027	Schwerin
110 028	Reichenbach
110 029	Karl-Marx-Stadt Hilbersdorf
110 030	Karl-Marx-Stadt Hilbersdorf
110 031	Halle P
110 032	Halle P
110 033	Reichenbach
110 034	Karl-Marx-Stadt Hilbersdorf
110 035	Reichenbach
110 036	Halle P
110 037	Halle P
110 038	Reichenbach
110 039	Halle P
110 040	Reichenbach
110 041	Halle P
110 042	Karl-Marx-Stadt Hilbersdorf
110 043	Leipzig Hbf Süd
110 044	Karl-Marx-Stadt Hbf
110 045	Karl-Marx-Stadt Hbf
110 046	Halle P
110 047	Dresden
110 048	Dresden
110 049	Weißenfels
110 050	Dresden
110 051	Weißenfels
110 052	Weißenfels
110 053	Weißenfels
110 054	Karl-Marx-Stadt Hbf
110 055	Karl-Marx-Stadt Hbf
110 056	Karl-Marx-Stadt Hbf
110 057	Karl-Marx-Stadt Hbf
110 058	Karl-Marx-Stadt Hbf
110 059	Weißenfels
110 060	Weißenfels
110 061	Weißenfels
110 062	Weißenfels
110 063	Weißenfels
110 064	Dresden
110 065	Weißenfels
110 066	Karl-Marx-Stadt Hbf
110 067	Karl-Marx-Stadt Hbf
110 068	Dresden
110 069	Dresden
110 070	Weißenfels
110 071	Karl-Marx-Stadt Hbf
110 072	Karl-Marx-Stadt Hbf
110 073	Dresden
110 074	Dresden
110 075	Seddin
110 076	Weißenfels
110 077	Seddin
110 078	Karl-Marx-Stadt Hbf
110 079	Karl-Marx-Stadt Hbf
110 080	Rostock
110 081	Karl-Marx-Stadt Hbf
110 082	Weißenfels
110 083	Halle P
110 084	Neustrelitz
110 085	Karl-Marx-Stadt Hbf
110 086	Neustrelitz
110 087	Neustrelitz
110 088	Karl-Marx-Stadt Hbf
110 089	Karl-Marx-Stadt Hbf
110 090	Weißenfels
110 091	Karl-Marx-Stadt Hbf
110 092	Seddin
110 093	Karl-Marx-Stadt Hbf
110 094	Seddin
110 095	Karl-Marx-Stadt Hbf
110 096	Karl-Marx-Stadt Hbf
110 097	Neustrelitz
110 098	Neustrelitz
110 099	Neustrelitz
110 100	Neustrelitz
110 101	Karl-Marx-Stadt Hbf
110 102	Dresden
110 103	Karl-Marx-Stadt Hbf
110 104	Dresden
110 105	Güsten
110 106	Güsten
110 107	Güsten
110 108	Magdeburg Hbf
110 109	Halle G, Est Merseburg
110 110	Halle P
110 111	Halle P
110 112	Stralsund
110 113	Rostock
110 114	Dresden
110 115	Karl-Marx-Stadt Hbf
110 116	Stralsund
110 117	Dresden
110 118	Nordhausen
110 119	Nordhausen
110 120	Dresden
110 121	Seddin
110 122	Seddin
110 123	Stralsund
110 124	Neustrelitz
110 125	Seddin
110 126	Leipzig Hbf Süd
110 127	Stralsund
110 128	Jüterbog
110 129	Stralsund
110 130	Dresden
110 131	Neustrelitz
110 132	Rostock
110 133	Neustrelitz
110 134	Neustrelitz
110 135	Dresden
110 136	Rostock
110 137	Rostock
110 138	Leipzig Hbf Süd
110 139	Leipzig Hbf Süd
110 140	Leipzig Hbf Süd
110 141	Leipzig Hbf Süd
110 142	Dresden
110 143	Dresden
110 144	Erfurt
110 145	Nordhausen
110 146	Jüterbog
110 147	Reichenbach
110 148	Rostock
110 149	Seddin
110 150	Magdeburg
110 151	Dresden
110 152	Reichenbach
110 153	Erfurt
110 154	Jüterbog
110 155	Magdeburg
110 156	Halle P
110 157	Schwerin
110 158	Leipzig Hbf Süd
110 159	Leipzig Hbf Süd
110 160	Magdeburg
110 161	Halle P
110 162	Reichenbach
110 163	Leipzig Hbf Süd
110 164	Leipzig Hbf Süd
110 165	Reichenbach
110 166	Dresden
110 167	Dresden

Betriebs-Nr.	erstes Bw	Betriebs-Nr.	erstes Bw	Betriebs-Nr.	erstes Bw
110 168	Leipzig Hbf Süd	110 255	Bln.-Pankow	110 314	Saalfeld
110 169	Dresden	110 256	Schwerin	110 315	Saalfeld
110 170	Dresden	110 257	Wustermark	110 316	Saalfeld
		110 258	Erfurt	110 317	Nordhausen
110 171	Erfurt	110 259	Weißenfels	110 318	Nordhausen
		110 260	Eisenach	110 319	Nordhausen
110 201	Jüterbog			110 320	Karl-Marx-Stadt Hbf
110 202	Reichenbach	110 261	Eisenach		
110 203	Leipzig Hbf Süd	110 262	Magdeburg	110 321	Karl-Marx-Stadt Hbf
110 204	Zittau	110 263	Jüterbog	110 322	Nordhausen
110 205	Nordhausen	110 264	Wittenberg	110 323	Karl-Marx-Stadt Hbf
110 206	Neustrelitz	110 265	Güsten	110 324	Görlitz
110 207	Zittau	110 266	Magdeburg	110 325	Eberswalde
110 208	Eisenach	110 267	Magdeburg	110 326	Schwerin
110 209	Stralsund	110 268	Erfurt	110 327	Magdeburg
110 210	Schwerin	110 269	Dresden	110 328	Nordhausen
		110 270	Güsten	110 329	Schwerin
110 211	Reichenbach			110 330	Bln.-Pankow
110 212	Schwerin	110 271	Reichenbach		
110 213	Jüterbog	110 272	Stralsund	110 331	Bautzen
110 214	Zittau	110 273	Wustermark	110 332	Seddin
110 215	Zittau	110 274	Weißenfels	110 333	Schwerin
110 216	Leipzig Hbf Süd	110 275	Pasewalk	110 334	Bautzen
110 217	Görlitz	110 276	Magdeburg	110 335	Leipzig Hbf Süd
110 218	Leipzig Hbf Süd	110 277	Magdeburg	110 336	Schwerin
110 219	Leipzig Hbf Süd	110 278	Seddin	110 337	Magdeburg
110 220	Leipzig Hbf Süd	110 279	Güsten	110 338	Schwerin
		110 280	Dresden	110 339	Neustrelitz
110 221	Stralsund			110 340	Bln.-Pankow
110 222	Erfurt	110 281	Leipzig Hbf Süd	110 341	Magdeburg
110 223	Neustrelitz	110 282	Eisenach	110 342	Karl-Marx-Stadt Hbf
110 224	Jüterbog	110 283	Magdeburg	110 343	Magdeburg
110 225	Güsten	110 284	Bln.-Pankow	110 344	Nordhausen
110 226	Reichenbach	110 285	Bln. Ostbahnhof	110 345	Nordhausen
110 227	Reichenbach	110 286	Wustermark	110 346	Stralsund
110 228	Seddin	110 287	Bln. Ostbahnhof	110 347	Halle P
110 229	Halberstadt	110 288	Reichenbach	110 348	Schwerin
110 230	Jüterbog	110 289	Stralsund	110 349	Bautzen
		110 290	Leipzig Hbf Süd	110 350	Magdeburg
110 231	Dresden				
110 232	Eisenach	110 291	Weißenfels	110 351	Cottbus
110 233	Jüterbog	110 292	Eisenach	110 352	Hoyerswerda
110 234	Güsten	110 293	Leipzig Hbf Süd	110 353	Leipzig Hbf Süd
110 235	Dresden	110 294	Erfurt	110 354	Magdeburg
110 236	Bln.-Karlshorst	110 295	Bln.-Pankow	110 355	Güstrow
110 237	Görlitz	110 296	Wittenberg	110 356	Wittenberge
110 238	Brandenburg	110 297	Eisenach	110 357	Eberswalde
110 239	Bln.-Karlshorst	110 298	Aue	110 358	Bln. Ostbahnhof
110 240	Görlitz	110 299	Nordhausen	110 359	Eisenach
		110 300	Dresden	110 360	Stralsund
110 241	Leipzig Hbf Süd				
110 242	Wittenberg	110 301	Leipzig Hbf Süd	110 361	Bln. Ostbahnhof
110 243	Dresden	110 302	Bln.-Pankow	110 362	Eberswalde
110 244	Gera	110 303	Leipzig Hbf Süd	110 363	Güsten
110 245	Eisenach	110 304	Reichenbach	110 364	Güsten
110 246	Leipzig Hbf Süd	110 305	Frankfurt (Oder)	110 365	Güsten
110 247	Stendal	110 306	Dresden	110 366	Güsten
110 248	Magdeburg	110 307	Leipzig Hbf Süd	110 367	Schwerin
110 249	Eisenach	110 308	Halberstadt	110 368	Schwerin
110 250	Reichenbach	110 309	Leipzig Hbf Süd	110 369	Schwerin
		110 310	Leipzig Hbf Süd	110 370	Pasewalk
110 251	Eisenach				
110 252	Eisenach	110 311	Leipzig Hbf Süd	110 371	Eisenach
110 253	Reichenbach	110 312	Leipzig Hbf Süd	110 372	Eisenach
110 254	Bln. Ostbahnhof	110 313	Saalfeld	110 373	Eberswalde

Betriebs-Nr.	erstes Bw	Betriebs-Nr.	erstes Bw	Betriebs-Nr.	erstes Bw
110 374	Nordhausen	110 433	Cottbus	110 492	Neubrandenburg
110 375	Halberstadt	110 434	Halberstadt	110 493	Zittau
110 376	Güsten	110 435	Leipzig Hbf Süd	110 494	Bln. Ostbahnhof
110 377	Halle P	110 436	Karl-Marx-Stadt Hbf	110 495	Bln. Ostbahnhof
110 378	Güsten	110 437	Güstrow	110 496	Bln.-Pankow
110 379	Saalfeld	110 438	Leipzig Hbf West	110 497	Cottbus
110 380	Leipzig Hbf Süd	110 439	Leipzig Hbf West	110 498	Karl-Marx-Stadt Hbf
		110 440	Stendal	110 499	Cottbus
110 381	Kamenz			110 500	Hoyerswerda
110 382	Wustermark	110 441	Bln. Ostbahnhof		
110 383	Kamenz	110 442	Bln. Ostbahnhof	110 501	Wittenberge
110 384	Erfurt	110 443	Bln. Ostbahnhof	110 502	Bln. Ostbahnhof
110 385	Stralsund	110 444	Bln. Ostbahnhof	110 503	Bln. Ostbahnhof
110 386	Magdeburg	110 445	Bln.-Pankow	110 504	Leipzig Hbf Süd
110 387	Erfurt	110 446	Bln. Ostbahnhof	110 505	Güsten
110 388	Kamenz	110 447	Seddin	110 506	Salzwedel
110 389	Dresden	110 448	Bln.-Pankow	110 507	Bln.-Pankow
110 390	Kamenz	110 449	Rostock	110 508	Karl-Marx-Stadt Hbf
		110 450	Halberstadt	110 509	Görlitz
110 391	Stralsund			110 510	Rostock
110 392	Eberswalde	110 451	Gera		
110 393	Karl-Marx-Stadt Hbf	110 452	Gera	110 511	Rostock
110 394	Bln.-Pankow	110 453	Wittenberge	110 512	Rostock
110 395	Magdeburg	110 454	Nordhausen	110 513	Brandenburg
110 396	Halle P	110 455	Hoyerswerda	110 514	Reichenbach
110 397	Kamenz	110 456	Nordhausen	110 515	Saalfeld
110 398	Magdeburg	110 457	Leipzig Hbf Süd	110 516	Karl-Marx-Stadt Hbf
110 399	Güsten	110 458	Güstrow	110 517	Bln. Ostbahnhof
110 400	Eisenach	110 459	Zittau	110 518	Jüterbog
		110 460	Leipzig Hbf Süd	110 519	Bln. Ostbahnhof
110 401	Eisenach			110 520	Bln. Ostbahnhof
110 402	Schwerin	110 461	Halle P		
110 403	Hagenow Land	110 462	Bln. Ostbahnhof	110 521	Görlitz
110 404	Eberswalde	110 463	Bln.-Pankow	110 522	Halle P
110 405	Eisenach	110 464	Bln. Ostbahnhof	110 523	Wittenberge
110 406	Brandenburg	110 465	Leipzig Hbf Süd	110 524	Eilsleben
110 407	Jüterbog	110 466	Halle P	110 525	Neustrelitz
110 408	Leipzig Hbf Süd	110 467	Neubrandenburg	110 526	Saalfeld
110 409	Eisenach	110 468	Neubrandenburg	110 527	Saalfeld
110 410	Jüterbog	110 469	Neubrandenburg	110 528	Saalfeld
		110 470	Neubrandenburg	110 529	Magdeburg
110 411	Magdeburg			110 530	Cottbus
110 412	Magdeburg	110 471	Leipzig Hbf Süd		
110 413	Magdeburg	110 472	Wismar	110 531	Saalfeld
110 414	Rostock	110 473	Leipzig Hbf West	110 532	Hoyerswerda
110 415	Hagenow Land	110 474	Frankfurt (Oder)	110 533	Karl-Marx-Stadt Hbf
110 416	Neustrelitz	110 475	Bln.-Pankow	110 534	Wittenberge
110 417	Saalfeld	110 476	Schwerin	110 535	Leipzig Hbf Süd
110 418	Seddin	110 477	Nordhausen	110 536	Halle P
110 419	Heringsdorf	110 478	Neubrandenburg	110 537	Neustrelitz
110 420	Schwerin	110 479	Brandenburg	110 538	Saalfeld
		110 480	Halle P	110 539	Saalfeld
110 421	Brandenburg			110 540	Saalfeld
110 422	Wittenberg	110 481	Leipzig Hbf Süd		
110 423	Karl-Marx-Stadt Hbf	110 482	Halle P	110 541	Saalfeld
110 424	Hoyerswerda	110 483	Leipzig Hbf Süd	110 542	Neustrelitz
110 425	Magdeburg	110 484	Eisenach	110 543	Saalfeld
110 426	Halberstadt	110 485	Erfurt	110 544	Meiningen
110 427	Hoyerswerda	110 486	Halberstadt	110 545	Neustrelitz
110 428	Nordhausen	110 487	Saalfeld	110 546	Roßlau
110 429	Leipzig Hbf Süd	110 488	Rostock	110 547	Schwerin
110 430	Magdeburg	110 489	Rostock	110 548	Cottbus
		110 490	Neubrandenburg	110 549	Rostock
110 431	Güstrow			110 550	Dresden
110 432	Nordhausen	110 491	Rostock		

Betriebs-Nr.	erstes Bw	Betriebs-Nr.	erstes Bw	Betriebs-Nr.	erstes Bw
110 551	Dresden			110 670	Elsterwerda
110 552	Dresden	110 611	Aue		
110 553	Schwerin	110 612	Görlitz	110 671	Meiningen
110 554	Cottbus	110 613	Gera	110 672	Karl-Marx-stadt Hbf
110 555	Reichenbach	110 614	Gera	110 673	Leipzig Hbf Süd
110 556	Reichenbach	110 615	Zittau	110 674	Wismar
119 557	Rostock	110 616	Halle P	110 675	Leipzig Hbf Süd
110 558	Görlitz	110 617	Güsten	110 676	Meiningen
110 559	Neuruppin	110 618	Aue	110 677	Aue
110 560	Halle P	110 619	Güsten	110 678	Stendal
		110 620	Aue	110 679	Halle P
110 561	Leipzig Hbf Süd			110 680	Meiningen
110 562	Leipzig Hbf Süd	110 621	Halle P		
110 563	Leipzig Hbf Süd	110 622	Halle P	110 681	Aue
110 564	Halle P	110 623	Karl-Marx-Stadt Hbf	110 682	Halberstadt
110 565	Meiningen	110 624	Karl-Marx-Stadt Hbf	110 683	Güsten
110 566	Cottbus	110 625	Leipzig Hbf Süd	110 684	Wittenberge
110 567	Bln. Ostbahnhof	110 626	Dresden	110 685	Meiningen
110 568	Görlitz	110 627	Brandenburg	110 686	Magdeburg
110 569	Bln. Ostbahnhof	110 628	Brandenburg	110 687	Reichenbach
110 570	Wustermark	110 629	Aue	110 688	Bautzen
		110 630	Hagenow Land	110 689	Haldensleben
110 571	Güstrow			110 690	Aue
110 572	Leipzig Hbf Süd	110 631	Görlitz		
110 573	Leipzig Hbf Süd	110 632	Zittau	110 691	Neuruppin
110 574	Reichenbach	110 633	Karl-Marx-Stadt Hbf	110 692	Güstrow
110 575	Reichenbach	110 634	Karl-Marx-Stadt Hbf	110 693	Dresden
110 576	Reichenbach	110 635	Karl-Marx-Stadt Hbf	110 694	Zittau
110 577	Reichenbach	110 636	Karl-Marx-Stadt Hbf	110 695	Aue
110 578	Reichenbach	110 637	Güsten	110 696	Aue
110 579	Reichenbach	110 638	Saalfeld	110 697	Güstrow
110 580	Saalfeld	110 639	Saalfeld	110 698	Falkenberg
		110 640	Gera	110 699	Salzwedel
110 581	Reichenbach			110 700	Bautzen
110 582	Magdeburg	110 641	Saalfeld		
110 583	Reichenbach	110 642	Saalfeld	110 701	Güsten
110 584	Karl-Marx-Stadt Hbf	110 643	Roßlau	110 702	Aue
110 585	Karl-Marx-Stadt Hbf	110 644	Halle P	110 703	Kamenz
110 586	Reichenbach	110 645	Leipzig Hbf Süd	110 704	Aue
110 587	Dresden	110 646	Leipzig Hbf Süd	110 705	Stendal
110 588	Karl-Marx-Stadt Hbf	110 647	Gera	110 706	Wustermark
110 589	Karl-Marx-Stadt Hbf	110 648	Neubrandenburg	110 707	Hoyerswerda
110 590	Bautzen	110 649	Pasewalk	110 708	Senftenberg
		110 650	Saalfeld	110 709	Haldensleben
110 591	Karl-Marx-Stadt Hbf			110 710	Bln.- Pankow
110 592	Neuruppin	110 651	Stralsund		
110 593	Bautzen	110 652	Stralsund	110 711	Bln.- Pankow
110 594	Jüterbog	110 653	Elsterwerda	110 712	Stendal
110 595	Jüterbog	110 654	Pasewalk	110 713	Wustermark
110 596	Roßlau	110 655	Cottbus	110 714	Halberstadt
110 597	Jüterbog	110 656	Elsterwerda	110 715	Falkenberg
110 598	Jüterbog	110 657	Pasewalk	110 716	Falkenberg
110 599	Jüterbog	110 658	Hoyerswerda	110 717	Wustermark
110 600	Jüterbog	110 659	Aue	110 718	Wustermark
		110 660	Magdeburg	110 719	Bln.- Pankow
110 601	Meiningen			110 720	Bln. Ostbahnhof
110 602	Meiningen	110 661	Aue		
110 603	Güstrow	110 662	Meiningen	110 721	Saalfeld
119 604	Hagenow Land	110 663	Halberstadt	110 722	Saalfeld
110 605	Meiningen	110 664	Güstrow	110 723	Saalfeld
110 606	Roßlau	110 665	Cottbus	110 724	Hoyerswerda
110 607	Magdeburg	110 666	Wittenberge	110 725	Hoyerswerda
110 608	Magdeburg	110 667	Magdeburg	110 726	Wismar
110 609	Görlitz	110 668	Saalfeld	110 727	Gera
110 610	Güsten	110 669	Cottbus	110 728	Gera

Betriebs-Nr.	erstes Bw	Betriebs-Nr.	erstes Bw	Betriebs-Nr.	erstes Bw
110 729	Schwerin	110 789	Frankfurt (Oder)	110 848	Güstrow
110 730	Hoyerswerda	110 790	Stralsund	110 849	Aue
				110 850	Aue
110 731	Hoyerswerda	110 791	Aue		
110 732	Brandenburg	110 792	Pasewalk	110 851	Aue
110 733	Dresden	110 793	Güsten	110 852	Bln. Ostbahnhof
110 734	Görlitz	110 794	Falkenberg	110 853	Frankfurt (Oder)
110 735	Dresden	110 795	Meiningen	110 854	Stendal
110 736	Neuruppin	110 796	Aue	110 855	Stendal
110 737	Karl-Marx-Stadt Hbf	110 797	Güstrow	110 856	Bautzen
110 738	Saalfeld	110 798	Neubrandenburg	110 857	Bautzen
110 739	Bautzen	110 799	Falkenberg	110 858	Bautzen
110 740	Görlitz	110 800	Güstrow	110 859	Güstrow
				110 860	Aue
110 741	Güsten	110 801	Wittenberge		
110 742	Salzwedel	110 802	Stendal	110 861	Aue
110 743	Karl-Marx-Stadt Hbf	110 803	Güsten	110 862	Halle P
110 744	Karl-Marx-Stadt Hbf	110 804	Güstrow	110 863	Stendal
110 745	Wittenberge	110 805	Güsten	110 864	Neuruppin
110 746	Kamenz	110 806	Neubrandenburg	110 865	Bln. Ostbahnhof
110 747	Halberstadt	110 807	Wittenberge	110 866	Karl-Marx-Stadt Hbf
110 748	Bln. Ostbahnhof	110 808	Wittenberge	110 867	Halle P
110 749	Magdeburg	110 809	Wittenberge	110 868	Reichenbach
110 750	Görlitz	110 810	Güsten	110 869	Reichenbach
				110 870	Neuruppin
110 751	Rostock	110 811	Güsten		
110 752	Bln. Ostbahnhof	110 812	Dresden	110 871	Stendal
110 753	Güstrow	110 813	Neubrandenburg	110 872	Neustrelitz
110 754	Halberstadt	110 814	Stendal	110 873	Aue
110 755	Wismar	110 815	Wittenberge	110 874	Reichenbach
110 756	Aue	110 816	Meiningen	110 875	Seddin
110 757	Aue	110 817	Wittenberge	110 876	Seddin
110 758	Aue	110 818	Güsten	110 877	Brandenburg
110 759	Halle P	110 819	Falkenberg	110 878	Aue
110 760	Halle P	110 820	Schwerin	110 879	Aue
				110 880	Aue
110 761	Aue	110 821	Aue		
110 762	Elsterwerda	110 822	Aue	110 881	Aue
110 763	Magdeburg	110 823	Schwerin	110 882	Leipzig Hbf Süd
110 764	Pasewalk	110 824	Cottbus	110 883	Falkenberg
110 765	Bautzen	110 825	Roßlau	110 884	Bln.-Pankow
110 766	Neubrandenburg	110 826	Hoyerswerda	110 885	Rostock
110 767	Cottbus	110 827	Aue	110 886	Falkenberg
110 768	Wismar	110 828	Reichenbach	110 887	Leipzig Hbf Süd
110 769	Gera	110 829	Aue	110 888	Seddin
110 770	Aue	110 830	Falkenberg	110 889	Halle P
110 771	Aue			110 890	Halle P
110 772	Eberswalde	110 831	Hoyerswerda		
110 773	Aue	110 832	Salzwedel	110 891	Dresden
110 774	Neuruppin	110 833	Reichenbach	110 892	Hoyerswerda
110 775	Cottbus	110 834	Reichenbach	110 893	Magdeburg
110 776	Aue	110 835	Reichenbach	110 894	Güsten
110 777	Leipzig Hbf Süd	110 836	Stralsund	110 895	Dresden
110 778	Leipzig Hbf Süd	110 837	Pasewalk	110 896	Brandenburg
110 779	Cottbus	110 838	Neustrelitz		
110 780	Cottbus	110 839	Nordhausen	110 961	Eisenach
		110 840	Neustrelitz	110 962	Magdeburg
110 781	Aue			110 963	Magdeburg
110 782	Leipzig Hbf Süd	110 841	Neustrelitz	110 964	Bln.-Pankow
110 783	Halle P	110 842	Nordhausen	110 965	Eisenach
119 784	Halle P	110 843	Stralsund	110 966	Eberswalde
110 785	Halle P	110 844	Aue	110 967	Leipzig Hbf Süd
110 786	Leipzig Hbf Süd	110 845	Aue	110 968	Neustrelitz
110 787	Halle P	110 846	Stralsund	110 969	Güstrow
110 788	Jüterbog	110 847	Halle P	110 970	Nossen

Statistik Baureihe V 100.1

		Hersteller	Baujahr	Fabrik-Nr.	Abnahme	Indienststellung	Umbau	Umbau am	z-gestellt	ausgemustert	zerlegt	Bemerk
V 100	00[1I]	LKM	1964	653007[I]	24.04.64	11.05.64			07.10.69	30.07.69	.01.72	19.12.1968 im RAW Cottbus ausgebrannt
V 100	00[2I]	LKM	1965	653007[II]	nicht von DR übernommen		–		–	–		19.12.1968 im RAW Cottbus ausgebrannt
V 100	001[II]	LEW	1969	12403	10.03.70	12.03.70	aus 110 172	30.05.94	20.02.95	–		verkauft an Prignitzer Eisenbahn GmbH - Lok 3
V 100	002[II]	LEW	1969	12404	28.10.69	18.11.69	aus 110 173	09.03.95	20.12.95			
V 100	003	LEW	1965	9891	10.01.68	23.01.68	–	05.07.94	21.11.94	–		verkauft an Eisenbahnfreunde Lutherstadt Wittenberg
V 100	004	LEW	1966	11212	31.01.67	07.02.67	–	05.07.94	21.11.94	–		verkauft an Dortmunder Eisenbahn (DE) - Lok 809
V 100	005	LEW	1966	11213	31.01.67	13.03.67	–	13.10.94	31.12.94			
V 100	006	LEW	1966	11215	31.01.67	16.02.67	–	28.12.93	21.11.94	17.12.93		Unfall mit LKW
V 100	007	LEW	1966	11216	10.02.67	17.02.67	–			21.09.94	31.05.95	
V 100	008	LEW	1966	11217	31.01.67	07.02.67	–	30.05.94	21.11.94			
V 100	009	LEW	1966	11218	01.02.67	07.02.67	–	08.08.94	31.12.94			
V 100	010	LEW	1967	11219	01.02.67	14.02.67	–	31.12.93	04.01.94	03.94		
V 100	011	LEW	1967	11220	28.02.67	08.03.67	–	06.01.94	30.11.94	10.94		
V 100	012	LEW	1967	11221	15.02.67	08.03.67	–	14.10.93	10.07.94			
V 100	013	LEW	1967	11222	15.02.67	24.02.67	–	13.10.94	31.12.94			
V 100	014	LEW	1967	11223	14.02.67	24.02.67	–	07.07.94	30.11.94			
V 100	015	LEW	1967	11224	14.02.67	24.02.67	–	18.07.94	28.02.95			
V 100	016	LEW	1967	11225	16.02.67	24.02.67	–	01.01.94	31.12.94			
V 100	017	LEW	1967	11226	28.02.67	15.03.67	–	30.05.94	30.11.94			
V 100	018	LEW	1967	11227	28.02.67	10.03.67	–	13.10.93	15.02.94	05.94		
V 100	019	LEW	1967	11228	28.02.67	06.03.67	–	01.01.94	31.12.94	–		verkauft an Eisenbahnmuseum »Hei Na Ganzlin« Röbel
V 100	020	LEW	1967	11229	29.03.67	02.04.67	–	08.08.94	31.12.94			
V 100	021	LEW	1967	11230	17.03.67	02.04.67	–	14.10.93	15.02.94	05.94		
V 100	022	LEW	1967	11231	28.02.67	15.03.67	–	13.10.93	15.02.94	06.94		
V 100	023	LEW	1967	11232	28.02.67	10.03.67	–	08.08.94	31.12.94			
V 100	024	LEW	1967	11233	17.03.67	28.03.67	–	31.12.94	30.11.95			
V 100	025	LEW	1967	11234	17.03.67	02.04.67	–	31.12.94	30.11.95	–		verkauft an Sächsisches Eisenbahnmuseum in Chemnitz Hilbersdorf
V 100	026	LEW	1967	11455	21.03.67	23.03.67	–	30.05.94	30.11.94			verkauft an Prignitzer Eisenbahn GmbH
V 100	027	LEW	1967	11456	23.03.67	30.03.67	–	10.12.69	02.08.72	04.73		19.12.1968 im RAW Cottbus ausgebrannt
V 100	028	LEW	1967	11457	23.03.67	30.03.67	–	30.05.94	30.11.94			
V 100	029	LEW	1967	11458	23.03.67	05.04.67	–	18.07.94	30.11.94			
V 100	030	LEW	1967	11459	31.03.67	13.04.67	–	04.07.94	30.11.94			
V 100	031	LEW	1967	11460	31.03.67	11.04.67	–	31.12.93	04.01.94	03.94		
V 100	032	LEW	1967	11461	31.03.67	11.04.67	–	30.05.94	21.11.94			
V 100	033	LEW	1967	11462	31.03.67	05.04.67	–	30.05.94	31.12.94			
V 100	034	LEW	1967	11771	31.03.67	13.04.67	–	01.11.74	20.10.75	12.76	30.08.74	Unfall in Lichtenstein mit 110 244
V 100	035	LEW	1967	11772	31.03.67	05.04.67	–	30.05.94	31.07.95			
V 100	036	LEW	1967	11773	10.04.67	18.04.67	–	30.10.95	30.11.95			
V 100	037	LEW	1967	11774	10.04.67	18.04.67	–	18.10.95	31.10.95			
V 100	038	LEW	1967	11775	15.04.67	20.04.67	–	26.10.95	30.11.95			
V 100	039	LEW	1967	11776	09.01.68	15.01.68	–	13.10.93	15.02.94			
V 100	040	LEW	1967	11777	15.04.67	20.04.67	–	04.07.94	30.06.95			
V 100	041	LEW	1967	11778	15.04.67	25.04.67	–	10.10.94	20.02.95	00.96		
V 100	042	LEW	1967	11779	15.04.67	26.04.67	–	15.11.93	15.02.94			
V 100	043	LEW	1967	11780	15.04.67	25.04.67	–	15.04.94	31.07.95			
V 100	044	LEW	1968	11882	01.04.68	04.04.68	in 298 044	31.08.93				
V 100	045	LEW	1968	11883	01.04.68	04.04.68	in 298 045	29.04.92				
V 100	046	LEW	1968	11884	01.04.68	05.04.68	in 298 046	28.11.92				
V 100	047	LEW	1968	11885	31.03.68	04.04.68	in 298 047	18.09.92				
V 100	048	LEW	1968	11886	01.04.68	04.04.68	in 298 048	09.08.93				
V 100	049	LEW	1968	11887	26.04.68	01.05.68	–	06.10.93	29.03.94	–		verkauft an Dampflokmuseum in Jüterbog

		Hersteller	Baujahr	Fabrik-Nr.	Abnahme	Indienst-stellung	Umbau	Umbau am	z-gestellt	ausge-mustert	zerlegt	Bemerk
V 100	050	LEW	1968	11888	15.08.68	20.08.68	in 298 050	15.07.93				
V 100	051	LEW	1968	11889	25.04.68	01.05.68	in 298 051	08.05.92				
V 100	052	LEW	1968	11890	26.04.68	01.05.68	in 298 052	20.01.92				
V 100	053	LEW	1968	11891	26.04.68	01.05.68	–	14.06.95	20.12.95			
V 100	054	LEW	1968	11892	26.04.68	30.04.68	in 298 054	12.05.92				
V 100	055	LEW	1968	11893	29.04.68	03.05.68	in 298 055	09.09.92				
V 100	056	LEW	1968	11894	29.04.68	30.04.68	–	verkauft 1987			–	verkauft an Ruhrkohle AG - Lok 631
V 100	057	LEW	1968	11895	02.05.68	03.05.68	in 112 057	31.05.89	19.10.95	31.10.95		
V 100	058	LEW	1968	11896	29.04.68	03.05.68	in 298 058	27.08.92				
V 100	059	LEW	1968	11897	29.04.68	07.05.68	–	12.06.95	20.12.95			
V 100	060	LEW	1968	11898	02.05.68	07.05.68	in 298 060	08.05.92				
V 100	061	LEW	1968	11899	29.04.68	07.05.68	–	11.12.70	30.04.71	12.72		19.12.1968 im RAW Cottbus ausgebrannt
V 100	062	LEW	1968	11900	29.04.68	07.05.68	in 298 062	17.07.92				
V 100	063	LEW	1968	11901	24.05.68	25.05.68	in 112 063	30.01.89				
V 100	064	LEW	1968	11902	30.05.68	01.06.68	–	19.12.94	30.11.95			
V 100	065	LEW	1968	11903	24.05.68	25.05.68	in 298 065	24.06.92				
V 100	066	LEW	1968	11904	24.05.68	27.05.68	in 112 066	11.04.90				
V 100	067	LEW	1968	11905	24.05.68	27.05.68	–	verkauft 1987			–	verkauft an Stadtwerke Chemnitz AG - Lok 4
V 100	068	LEW	1968	11906	24.05.68	26.05.68	–	30.05.94	30.11.94			
V 100	069	LEW	1968	11907	24.05.68	26.05.68	in 298 069	26.09.92				
V 100	070	LEW	1968	11908	31.05.68	06.06.68	–	12.06.95	20.12.95	–		verkauft an Stahlwerk Thüringen GmbH Unterwellenborn - Lok 26
V 100	071	LEW	1968	11909	28.05.68	01.06.68	in 298 071	10.07.92				
V 100	072	LEW	1968	11910	28.05.68	01.06.68	in 298 072	07.08.92				
V 100	073	LEW	1968	11911	28.05.68	01.06.68	–	12.01.95	30.11.95			
V 100	074	LEW	1968	11912	30.05.68	01.06.68	in 298 074	30.10.92				
V 100	075	LEW	1968	11913	31.05.68	04.06.68	–	07.09.94	20.03.95	–		verkauft an Ruhrkohle AG - Lok 632
V 100	076	LEW	1968	11914	31.05.68	06.06.68	–	12.06.95	20.12.95			
V 100	077	LEW	1968	11915	31.05.68	04.06.68	–	09.09.94	20.05.95			
V 100	078	LEW	1968	11916	08.06.68	11.06.68	in 112 078	30.03.89				
V 100	079	LEW	1968	11917	01.06.68	07.06.68	in 298 079	30.07.93				
V 100	080	LEW	1968	11918	08.06.68	11.06.68	in 298 080	19.12.92				
V 100	081	LEW	1968	11919	27.06.68	29.06.68	in 298 081	29.07.92				
V 100	082	LEW	1968	11920	25.06.68	28.06.68	–	12.06.95	30.11.95			
V 100	083	LEW	1968	11921	25.06.68	26.06.68	–	12.07.94	31.12.94			
V 100	084	LEW	1968	11922	29.06.68	05.07.68	in 298 084	21.07.92				
V 100	085	LEW	1968	11923	27.06.68	29.06.68	in 298 085	12.06.92				
V 100	086	LEW	1968	11924	29.06.68	05.07.68	in 298 086	13.05.93				
V 100	087	LEW	1968	11925	17.07.68	05.08.68	–	29.08.94	31.05.95			
V 100	088	LEW	1968	11926	29.06.68	02.07.68	in 298 088	25.06.92				
V 100	089	LEW	1968	11927	27.06.68	29.06.68	–	15.11.93	15.02.94	06.94		
V 100	090	LEW	1968	11928	29.06.68	04.07.68	–	28.03.95	30.11.95			
V 100	091	LEW	1968	11929	29.06.68	03.07.68	in 298 091	11.12.92				
V 100	092	LEW	1968	11930	17.07.68	19.07.68	–	08.08.94	31.12.94			
V 100	093	LEW	1968	11931	01.07.68	03.07.68	–	09.11.94	31.05.95			
V 100	094	LEW	1968	11932	01.07.68	09.07.68	in 298 094	18.11.92				
V 100	095	LEW	1968	11933	22.07.68	24.07.68	–	03.01.95	30.10.95			
V 100	096	LEW	1968	11934	30.07.68	31.07.68	–	01.01.94	31.07.95			
V 100	097	LEW	1968	11935	19.07.68	05.08.68	–	30.05.94	30.11.94	06.95		
V 100	098	LEW	1968	11936	31.07.68	06.08.68	in 112 098	28.03.89				
V 100	099	LEW	1968	11937	30.07.68	05.08.68	in 298 099	26.05.92				
V 100	100	LEW	1968	11938	31.07.68	06.08.68	in 298 100	05.11.92				
V 100	101	LEW	1968	11939	31.07.68	02.08.68	–	12.01.95	30.11.95			
V 100	102	LEW	1968	11940	25.11.68	27.11.68	in 298 102	25.06.92				
V 100	103	LEW	1968	11941	31.07.68	02.08.68	–	24.07.78	21.06.83	06.83		03.06.76 Unfall in Glauchau mit einer Wagengruppe
V 100	104	LEW	1969	12405	28.04.69	30.04.69	in 298 104	17.06.93				
V 100	105	LEW	1969	12406	20.03.69	15.04.69	in 112 105	12.03.90	28.08.96	30.11.96		
V 100	106	LEW	1969	12407	28.03.69	20.05.69	–	30.05.94	21.11.94			
V 100	107	LEW	1969	12408	20.03.69	15.04.69	in 293 107	06.04.90	06.04.98			

		Hersteller	Baujahr	Fabrik-Nr.	Abnahme	Indienststellung	Umbau	Umbau am	z-gestellt	ausgemustert	zerlegt	Bemerk
V 100	108	LEW	1969	12409	29.03.69	15.04.69	–	–	–			verkauft an LAUBAG - Lok 110-10
V 100	109	LEW	1969	12410	31.03.69	03.04.69	in 112 109	30.09.88	12.02.97	17.04.98		
V 100	110	LEW	1969	12411	31.03.69	03.04.69	in 298 110	09.05.92				
V 100	111	LEW	1969	12412	09.04.69	11.04.69	–	20.04.94	21.11.94			
V 100	112	LEW	1969	12413	18.04.69	25.04.69	–	11.04.94	31.12.94			
V 100	113	LEW	1969	12414	18.04.69	21.04.69	–	01.01.94	30.11.94			
V 100	114	LEW	1969	12415	18.04.69	22.04.69	in 112 114	28.02.89	19.09.96	28.02.98		
V 100	115	LEW	1969	12416	24.04.69	25.04.69	in 112 115	31.03.88	17.07.97	31.01.98		
V 100	116	LEW	1969	12417	24.04.69	28.04.69	–	28.06.89	21.07.89	07.89		28.03.89 Unfall in Samtens mit 132 369
V 100	117	LEW	1969	12418	30.04.69	12.05.69	–	–	–			verkauft an LAUBAG - Lok 110-12
V 100	118	LEW	1969	12419	28.04.69	29.04.69	–	31.05.96	30.08.96			
V 100	119	LEW	1969	12420	28.04.69	29.04.69	–	05.09.81	18.08.81	10.81		13.06.1981 Unfall in Bad Blankenburg mit 118 234
V 100	120	LEW	1969	12421	30.04.69	12.05.69	–	27.07.94	31.05.95			
V 100	121	LEW	1969	12422	29.04.69	09.05.69	–	–	–			verkauft an LAUBAG - Lok 110-09
V 100	122	LEW	1969	12423	12.05.69	15.05.69	in 298 122	26.06.92				
V 100	123	LEW	1969	12424	16.05.69	20.05.69	–	26.10.95	30.11.95			
V 100	124	LEW	1969	12425	20.05.69	22.05.69	in 298 124	25.05.93				
V 100	125	LEW	1969	12426	20.05.69	23.05.69	–	26.10.95	30.11.95			
V 100	126	LEW	1969	12427	28.05.69	30.05.69	–	30.05.94	31.12.94			verkauft an Prignitzer Eisenbahn GmbH
V 100	127	LEW	1969	12428	30.05.69	02.06.69	in 112 127	30.04.89	21.07.97	17.04.98		
V 100	128	LEW	1969	12429	30.05.69	31.05.69	in 293 128		26.03.90	23.03.98		
V 100	129	LEW	1969	12430	16.06.69	20.06.69	in 298 129	10.07.92				
V 100	130	LEW	1969	12431	18.06.69	25.06.69	in 298 130	26.06.93		–		verkauft an Stahlwerk Thüringen GmbH Unterwellenborn -
V 100	131	LEW	1969	12432	18.06.69	18.06.69	–	–	–			verkauft an LAUBAG - Lok 110-07
V 100	132	LEW	1969	12433	23.06.69	24.06.69	–	20.02.98	10.06.98			
V 100	133	LEW	1969	12434	23.06.69	25.06.69	–	18.10.95	31.10.95			
V 100	134	LEW	1969	12435	23.06.69	25.06.69	–	28.03.94	29.03.94	12.94		
V 100	135	LEW	1969	12436	25.06.69	28.06.69	in 298 135	05.07.93		–		verkauft an Stahlwerk Thüringen GmbH Unterwellenborn - Lok 25
V 100	136	LEW	1969	12437	28.06.69	01.07.69	in 112 136	19.07.83	30.09.98	30.09.98		
V 100	137	LEW	1969	12438	28.06.69	01.07.69	in 112 137	14.07.83	31.01.98	31.03.98		
V 100	138	LEW	1969	12439	30.06.69	04.07.69	–	–	–			verkauft an LAUBAG - Lok 110-06
V 100	139	LEW	1969	12440	30.06.69	04.07.69	in 298 139	31.07.93				
V 100	140	LEW	1969	12441	30.06.69	11.07.69	–	05.07.94	21.11.94			
V 100	141	LEW	1969	12442	21.07.69	24.07.69	–	30.05.94	21.11.94			
V 100	142	LEW	1969	12443	21.07.69	24.07.69	in 298 142	28.06.93				
V 100	143	LEW	1969	12444	21.07.69	24.07.69	–	26.10.95	30.11.95			
V 100	144	LEW	1969	12445	31.07.69	04.08.69	in 112 144	26.02.90	24.03.97	28.02.98		
V 100	145	LEW	1969	12446	31.07.69	04.08.69	–	03.06.94	31.05.95			
V 100	146	LEW	1969	12447	31.07.69	02.08.69	–	–	–			verkauft an LAUBAG - Lok 110-03
V 100	147	LEW	1969	12448	31.07.69	06.08.69	–	03.06.94	31.05.95			
V 100	148	LEW	1969	12449	31.07.69	06.08.69	–	–	–			verkauft an LAUBAG - Lok 110-11
V 100	149	LEW	1969	12450	05.08.69	07.08.69	–	08.08.94	28.02.95			
V 100	150	LEW	1969	12451	19.11.69	31.03.70	in 298 150	28.05.92				
V 100	151	LEW	1969	12472	30.12.69	15.01.70	in 298 151	23.07.93				
V 100	152	LEW	1969	12453	19.11.69	24.11.69	in 112 152	29.02.88	30.03.97	28.02.98		
V 100	153	LEW	1969	12454	19.11.69	19.11.69	–	31.05.94	30.11.94	09.94		
V 100	154	LEW	1969	12455	19.11.69	21.11.69	–	13.10.94	30.10.95			
V 100	155	LEW	1969	12456	19.11.69	31.03.70	in 298 155	05.05.93				
V 100	156	LEW	1969	12457	19.11.69	21.11.69	in 298 156					
V 100	157	LEW	1969	12458	19.11.69	20.11.69	–	11.04.94	30.11.94			
V 100	158	LEW	1969	12459	26.11.69	03.12.69	–	26.10.95	30.11.95			
V 100	159	LEW	1969	12460	20.11.69	03.12.69	–	–	–			verkauft an LAUBAG - Lok 110-08
V 100	160	LEW	1969	12461	28.11.69	31.03.70	in 112 160	25.01.88	14.02.98	31.05.98		
V 100	161	LEW	1969	12462	01.12.69	04.12.69	in 298 161					
V 100	162	LEW	1969	12463	03.12.69	10.12.69	in 112 162	20.02.89	26.11.97	28.02.98		
V 100	163	LEW	1969	12464	12.12.69	17.12.69	in 298 163	21.08.92				
V 100	164	LEW	1969	12465	12.12.69	17.12.69	in 112 164	24.01.89	28.08.96	30.11.96		
V 100	165	LEW	1969	12466	12.12.69	16.12.69	–	22.03.98	30.08.98			
V 100	166	LEW	1969	12467	17.12.69	19.12.69	in 112 166	29.01.90				

		Her- steller	Bau- jahr	Fabrik- Nr.	Abnahme	Indienst- stellung	Umbau	Umbau am	z-gestellt	ausge- mustert	zerlegt	Bemerk
V 100	167	LEW	1969	12468	19.12.69	23.12.69	in 112 167	30.04.89				
V 100	168	LEW	1969	12469	19.12.69	12.01.70	–	26.01.95	20.02.95			
V 100	169	LEW	1969	12470	19.12.69	23.12.69	in 112 169	15.02.88				
V 100	170	LEW	1969	12471	30.12.69	15.01.70	–	14.10.93	15.02.94	05.94		
V 100	171	LEW	1969	12452	30.12.69	15.01.70	–	12.06.95	30.11.95	–		verkauft an Stahlwerk Thüringen GmbH Unterwellenborn
V 100	172	LEW	1969	12403	10.03.70	12.03.70	in 110 001	30.05.94	20.02.95			
V 100	173	LEW	1969	12404	28.10.69	18.11.69	in 110 002	09.03.95	20.12.95			
V 100	201	LEW	1969	12483	19.11.69	08.11.69	in 112 201	30.12.85	29.01.97	02.07.97		
V 100	202	LEW	1969	12484	30.12.69	19.01.70	–	14.10.93	15.02.94			
V 100	203	LEW	1970	12485	14.01.70	20.01.70	in 114 203					
V 100	204	LEW	1970	12486	23.01.70	04.02.70	–	14.10.93	15.02.94	05.94		
V 100	205	LEW	1970	12487	23.01.70	23.01.70	in 112 205	30.09.89	26.08.97	31.01.98		
V 100	206	LEW	1970	12488	23.01.70	26.01.70	–	15.04.94	31.12.94			
V 100	207	LEW	1970	12489	28.01.70	04.02.70	in 112 207	08.09.83				
V 100	208	LEW	1970	12490	28.01.70	30.01.70	–	30.05.94	20.06.95	04.95		
V 100	209	LEW	1970	12491	28.01.70	02.03.70	in 112 209	31.10.85	15.08.98	15.08.98		
V 100	210	LEW	1970	12492	28.01.70	30.01.70	–	01.01.94	30.11.94			
V 100	211	LEW	1970	12493	30.01.70	04.02.70	–	30.05.94	31.05.95			
V 100	212	LEW	1970	12494	30.01.70	02.02.70	–	30.05.94	30.11.94			
V 100	213	LEW	1970	12495	30.01.70	03.02.70	–	23.01.95	30.10.95			
V 100	214	LEW	1970	12496	30.01.70	06.02.70	in 112 214	19.10.89	19.12.97	31.07.98		
V 100	215	LEW	1970	12497	02.02.70	06.02.70	–	26.10.95	30.11.95			
V 100	216	LEW	1970	12498	12.02.70	17.02.70	–	03.06.94	31.05.95			
V 100	217	LEW	1970	12499	21.05.70	26.05.70	–	30.05.94	21.11.94			
V 100	218	LEW	1970	12500	18.02.70	23.02.70	in 112 218	10.01.84	04.10.95	13.12.95		
V 100	219	LEW	1970	12501	19.02.70	23.02.70	in 112 219	11.10.83				
V 100	220	LEW	1970	12502	24.02.70	26.02.70	in 112 220	07.08.89	11.05.98	31.07.98		
V 100	221	LEW	1970	12503	20.02.70	24.02.70	–	30.05.94	30.06.95			
V 100	222	LEW	1970	12504	24.02.70	27.02.70	–	12.06.95	30.11.95			
V 100	223	LEW	1970	12505	28.02.70	02.03.70	in 114 223	17.12.91				
V 100	224	LEW	1970	12506	28.02.70	04.03.70	–	05.07.94	21.11.94			
V 100	225	LEW	1970	12507	28.02.70	31.03.70	–	18.10.95	31.10.95			
V 100	226	LEW	1970	12508	28.02.70	06.03.70	–	14.10.93	15.02.94			
V 100	227	LEW	1970	12509	28.02.70	06.03.70	–	14.10.93	15.02.94	06.96		
V 100	228	LEW	1970	12510	28.02.70	28.02.70	–	30.05.94	10.03.95	–		verkauft an Eisenbahnfreunde »Hoher Fläming« Belzig
V 100	229	LEW	1970	12511	17.03.70	16.04.70	–	30.05.94	21.11.94			
V 100	230	LEW	1970	12512	17.03.70	20.03.70	–	08.08.94	10.03.95			
V 100	231	LEW	1970	12513	20.03.70	26.03.70	in 112 231	16.05.89				
V 100	232	LEW	1970	12514	24.03.70	26.03.70	in 112 232	02.09.83	04.10.95	13.12.95		
V 100	233	LEW	1970	12515	24.03.70	25.03.70	–	03.01.95	30.10.95			
V 100	234	LEW	1970	12516	24.03.70	16.04.70	in 112 234	28.05.86	22.07.97	17.04.98		
V 100	235	LEW	1970	12517	06.04.70	10.04.70	in 112 235	23.10.86	24.04.97	02.07.97		
V 100	236	LEW	1970	12518	31.03.70	03.04.70	in 112 236	15.12.82				
V 100	237	LEW	1970	12519	17.04.70	30.04.70	in 112 237	31.01.83				
V 100	238	LEW	1970	12520	27.04.70	27.05.70	in 112 238	14.09.81	28.08.96	30.11.96		
V 100	239	LEW	1970	12521	27.04.70	28.04.70	–	16.01.95	30.11.95			
V 100	240	LEW	1970	12522	22.04.70	06.05.70	in 112 240	16.02.84				
V 100	241	LEW	1970	12523	31.07.70	05.08.70	in 112 241	20.07.81				
V 100	242	LEW	1970	12524	30.06.70	06.07.70	in 112 242	16.02.81				
V 100	243	LEW	1970	12525	29.09.70	02.10.70	–	28.03.95	31.10.95			
V 100	244	LEW	1970	12526	22.09.70	24.09.70	–	15.07.76	07.07.76	08.76		30.08.74 Unfall in Lichtenstein mit 110 034
V 100	245	LEW	1970	12527	22.09.70	24.09.70	in 112 245	28.06.86	12.04.97	28.02.98		
V 100	246	LEW	1970	12528	29.09.70	09.10.70	in 114 246	27.12.84				
V 100	247	LEW	1970	12529	30.09.70	15.10.70	–	30.05.94	21.11.94			
V 100	248	LEW	1970	12530	30.09.70	15.10.70	in 112 248	31.07.84	30.04.96	30.08.96		
V 100	249	LEW	1970	12531	30.09.70	05.10.70	in 112 249	22.04.85	28.08.96	30.11.96		
V 100	250	LEW	1970	12532	26.09.70	05.10.70	in 112 250	27.04.83	12.02.97	28.02.98		
V 100	251	LEW	1970	12533	30.09.70	03.10.70	in 112 251	06.01.81	04.10.95	13.12.95		
V 100	252	LEW	1970	12534	30.09.70	03.10.70	in 114 252	29.07.83				
V 100	253	LEW	1970	12535	26.09.70	05.10.70	in 112 253	15.11.82	10.07.97	17.04.98		
V 100	254	LEW	1970	12536	26.09.70	28.09.70	in 112 254	27.04.81				

		Hersteller	Baujahr	Fabrik-Nr.	Abnahme	Indienst-stellung	Umbau	Umbau am	z-gestellt	ausge-mustert	zerlegt	Bemerk
V 100	255	LEW	1970	12537	26.09.70	29.09.70	in 112 255	30.08.83				
V 100	256	LEW	1970	12538	22.09.70	25.09.70	in 112 256	31.10.84	31.03.98	31.03.98		
V 100	257	LEW	1970	12539	22.09.70	24.09.70	in 114 257	30.11.90				
V 100	258	LEW	1970	12540	31.08.70	08.09.70	–	14.11.72	11.05.74	07.74		03.07.72 Unfall in Erfurt Nord: Aufprall auf eine Wagengruppe
V 100	259	LEW	1970	12541	06.07.70	07.07.70	–	03.01.95	30.11.95			
V 100	260	LEW	1970	12542	28.06.70	29.06.70	in 112 260	31.08.83	27.02.98	17.04.98		
V 100	261	LEW	1970	12543	28.06.70	29.06.70	in 114 261	31.05.83				
V 100	262	LEW	1970	12544	28.06.70	14.07.70	in 112 262	13.12.82	28.05.97	17.04.98		
V 100	263	LEW	1970	12545	30.06.70	04.07.70	in 112 263	13.05.85				
V 100	264	LEW	1970	12546	06.07.70	13.07.70	in 112 264	22.11.85				
V 100	265	LEW	1970	12547	30.06.70	17.07.70	in 112 265	13.01.81				
V 100	266	LEW	1970	12548	30.06.70	17.07.70	in 112 266	26.11.86	30.01.98	17.04.98		
V 100	267	LEW	1970	12549	07.07.70	17.07.70	in 112 267	28.03.83				
V 100	268	LEW	1970	12550	31.08.70	08.09.70	in 112 268					
V 100	269	LEW	1970	12551	31.08.70	05.09.70	in 112 269	30.09.82				
V 100	270	LEW	1970	12552	31.08.70	08.10.70	in 112 270	29.05.81	15.12.96	28.02.98		
V 100	271	LEW	1970	12553	31.08.70	04.09.70	in 112 271	29.11.85				
V 100	272	LEW	1970	12554	31.08.70	04.09.70	in 112 272	04.12.82	29.09.97	31.03.98		
V 100	273	LEW	1970	12555	29.07.70	30.07.70	–	19.06.95	30.09.95			
V 100	274	LEW	1970	12556	25.07.70	29.07.70	in 114 274	31.08.84				
V 100	275	LEW	1970	12557	26.10.70	28.10.70	in 112 275	07.01.83	22.06.98	31.08.98		
V 100	276	LEW	1970	12558	25.07.70	21.08.70	in 112 276	31.03.82	26.03.96	27.03.96		
V 100	277	LEW	1970	12559	25.07.70	21.08.70	in 112 277	27.04.83	16.04.98	31.05.98		
V 100	278	LEW	1970	12560	25.07.70	29.07.70	in 112 278	14.12.82	09.08.97	31.01.98		
V 100	279	LEW	1970	12561	30.07.70	21.08.70	in 112 279	23.01.84				
V 100	280	LEW	1970	12562	29.07.70	01.08.70	in 112 280	27.04.82				
V 100	281	LEW	1970	12745	30.07.70	05.08.70	–	31.12.93	04.01.94	06.94		
V 100	282	LEW	1970	12746	31.07.70	03.08.70	in 114 282	25.01.85				
V 100	283	LEW	1970	12747	31.07.70	21.08.70	–	31.03.94	21.11.94			
V 100	284	LEW	1970	12748	31.08.70	07.09.70	–	03.01.95	30.11.95			
V 100	285	LEW	1970	12749	31.08.70	07.09.70	–	03.01.95	31.10.95			
V 100	286	LEW	1970	12750	31.08.70	07.09.70	in 112 286	11.04.85	16.06.97	31.03.98		
V 100	287	LEW	1970	12751	02.09.70	09.09.70	in 112 287	18.05.81				
V 100	288	LEW	1970	12752	31.08.70	08.09.70	in 112 288	12.06.84	23.04.96	15.09.96		
V 100	289	LEW	1970	12753	31.08.70	04.09.70	in 112 289	16.10.84	26.03.96	20.09.96		
V 100	290	LEW	1970	12754	31.08.70	08.09.70	in 112 290	22.11.82				
V 100	291	LEW	1970	12755	31.08.70	02.09.70	in 112 291	28.10.82	22.10.97	31.03.98		
V 100	292	LEW	1970	12756	31.08.70	08.09.70	in 112 292	18.08.82	04.10.95	13.12.95		
V 100	293	LEW	1970	12757	31.10.70	04.11.70	in 112 293	16.11.81				
V 100	294	LEW	1970	12758	31.10.70	02.11.70	in 112 294	14.06.82				
V 100	295	LEW	1970	12759	03.11.70	28.11.70	in 112 295	21.07.89				
V 100	296	LEW	1970	12760	31.10.70	23.11.70	in 112 296	15.04.82	31.08.98	31.08.98		
V 100	297	LEW	1970	12761	23.11.70	25.11.70	in 112 297	26.09.85	04.09.98	30.09.98		
V 100	298	0LEW	1970	12762	25.11.70	27.11.70	in 114 298	11.01.85				
V 100	299	LEW	1970	12763	25.11.70	26.11.70	in 112 299	18.05.82	28.09.97	30.09.98		
V 100	300	LEW	1970	12764	29.11.70	05.12.70	in 112 300	19.09.83	31.05.96	30.08.96		
V 100	301	LEW	1970	12765	29.11.70	02.12.70	in 112 301	09.06.81	21.04.98	15.08.98		
V 100	302	LEW	1970	12766	07.12.70	08.12.70	in 112 302	04.05.84				
V 100	303	LEW	1970	12767	07.12.70	08.12.70	in 112 303	27.11.85				
V 100	304	LEW	1970	12768	07.12.70	08.12.70	–	30.05.94	30.06.95			
V 100	305	LEW	1970	12769	29.11.70	02.12.70	in 112 305	12.07.85	04.11.97	31.01.98		
V 100	306	LEW	1970	12770	30.11.70	05.12.70	–	24.07.78	09.12.81	10.82		04.05.77 Unfall in Dresden Cotta: Aufprall auf einen Güterzug
V 100	307	LEW	1970	12771	07.12.70	08.12.70	in 112 307	07.04.81	21.01.98	28.02.98		
V 100	308	LEW	1970	12772	07.12.70	10.12.70	–	30.05.94	21.11.94	–		verkauft an Eisenbahnsammlung Weferlingen
V 100	309	LEW	1970	12773	07.12.70	09.12.70	in 112 309	22.07.82				
V 100	310	LEW	1970	12774	18.12.70	20.12.70	in 112 310	21.09.84				
V 100	311	LEW	1970	12795	18.12.70	20.12.70	in 112 311	14.10.83				
V 100	312	LEW	1970	12796	18.12.70	20.12.70	in 112 312	29.03.85	21.01.98	17.04.98		
V 100	313	LEW	1970	12822	30.12.70	06.01.71	in 112 313	03.12.84	30.10.96	28.02.98		
V 100	314	LEW	1970	12823	30.12.70	06.01.71	in 114 314	21.02.83				
V 100	315	LEW	1970	12824	30.12.70	06.01.71	in 112 315	13.12.82	04.03.96	30.08.96		

		Her-steller	Bau-jahr	Fabrik-Nr.	Abnahme	Indienst-stellung	Umbau	Umbau am	z-gestellt	ausge-mustert	zerlegt	Bemerk
V 100	316	LEW	1970	12825	30.12.70	06.01.71	in 112 316	11.08.96	10.09.96			
V 100	317	LEW	1970	12826	30.12.70	06.01.71	in 112 317					
V 100	318	LEW	1970	12827	30.12.70	06.01.71	in 112 318	22.01.79				
V 100	319	LEW	1970	12828	04.01.71	06.01.71	in 112 319	31.03.81	23.09.97	31.03.98		
V 100	320	LEW	1970	12829	30.12.70	08.01.71	in 112 320	28.05.85	12.01.98	31.07.98		
V 100	321	LEW	1970	12830	04.01.71	08.01.71	in 112 321	31.07.80	03.02.98	31.07.98		
V 100	322	LEW	1971	12831	21.01.71	22.01.71	in 112 322	22.10.84	26.03.98	30.09.98		
V 100	323	LEW	1971	12832	01.02.71	04.02.71	in 112 323	30.04.85	26.03.97	28.02.98		
V 100	324	LEW	1971	12833	01.02.71	12.02.71	in 112 324	30.07.80	25.05.98	15.08.98		
V 100	325	LEW	1971	12834	01.02.71	08.02.71	in 112 325	31.10.82	31.08.98	31.08.98		
V 100	326	LEW	1971	12835	01.02.71	04.02.71	in 112 326	23.11.78				
V 100	327	LEW	1971	12836	01.02.71	08.03.71	in 112 327	21.10.97	31.03.98			
V 100	328	LEW	1971	12837	01.03.71	03.03.71	in 114 328	20.04.83				
V 100	329	LEW	1971	12838	01.03.71	04.03.71	in 112 329	27.06.98	31.08.98			
V 100	330	LEW	1971	12839	16.02.71	19.03.71	in 112 330	03.12.90				
V 100	331	LEW	1971	12840	27.02.71	05.03.71	in 112 331					
V 100	332	LEW	1971	12841	06.05.71	14.05.71	in 112 332	23.07.81	28.08.97	31.01.98		
V 100	333	LEW	1971	12842	01.03.71	04.03.71	in 112 333	22.12.84	05.06.97	31.03.98		
V 100	334	LEW	1971	12843	01.03.71	16.03.71	in 112 334					
V 100	335	LEW	1971	12844	01.03.71	09.03.71	in 112 335	30.07.79				
V 100	336	LEW	1971	12845	26.02.71	03.03.71	in 112 336	14.05.85	03.11.97	31.08.98		
V 100	337	LEW	1971	12846	01.03.71	23.03.71	in 112 337	20.04.81	12.06.96	30.11.96		
V 100	338	LEW	1971	12847	26.02.71	02.03.71	in 112 338	27.05.81	31.05.98	31.05.98		
V 100	339	LEW	1971	12848	01.03.71	04.03.71	–	04.07.94	30.06.95			
V 100	340	LEW	1971	12849	01.03.71	05.03.71	in 112 340	21.08.80				
V 100	341	LEW	1971	12850	29.03.71	02.04.71	in 112 341	24.05.85	05.09.98	30.09.98		
V 100	342	LEW	1971	12851	22.03.71	25.03.71	in 112 342	28.05.82				
V 100	343	LEW	1971	12852	22.03.71	16.04.71	–	15.04.94	30.06.95			
V 100	344	LEW	1971	12853	22.03.71	22.03.71	in 112 344	14.03.79	23.04.96	10.09.96		
V 100	345	LEW	1971	12854	22.03.71	22.03.71	in 112 345	29.04.82	26.03.96	23.04.96		
V 100	346	LEW	1971	12855	29.03.71	12.05.71	in 112 346	27.07.83	30.04.96	30.08.96		
V 100	347	LEW	1971	12856	30.03.71	01.04.71	in 112 347	10.10.83	15.08.98	15.08.98		
V 100	348	LEW	1971	12857	30.03.71	01.04.71	in 112 348	27.12.85	12.06.96	05.09.96		
V 100	349	LEW	1971	12858	31.03.71	19.04.71	in 112 349	17.06.98	15.08.98			
V 100	350	LEW	1971	12859	31.03.71	16.04.71	in 112 350	28.03.83				
V 100	351	LEW	1971	12860	31.03.71	06.04.71	in 112 351	08.06.79				
V 100	352	LEW	1971	12861	31.03.71	22.04.71	in 112 352	02.06.98	15.08.98			
V 100	353	LEW	1971	12862	31.03.71	06.04.71	in 112 353	17.07.98	15.08.98			
V 100	354	LEW	1971	12863	12.04.71	14.05.71	in 112 354	18.05.82	21.01.98	17.04.98		
V 100	355	LEW	1971	12864	20.04.71	21.04.71	in 112 355	22.10.82	19.10.95	31.10.95		
V 100	356	LEW	1971	12865	20.04.71	21.04.71	–	21.02.79	03.08.81	03.82		28.11.78 Unfall in Mirow
V 100	357	LEW	1971	12866	23.04.71	05.05.71	in 112 357	21.09.84				
V 100	358	LEW	1971	12867	30.04.71	08.06.71	in 114 358	30.05.81				
V 100	359	LEW	1971	12868	29.04.71	01.05.71	in 114 359	26.03.85				
V 100	360	LEW	1971	12869	29.04.71	12.05.71	in 112 360	29.02.84	27.06.98	31.08.98		
V 100	361	LEW	1971	12870	30.04.71	05.05.71	in 112 361	12.12.83	01.06.98	31.07.98		
V 100	362	LEW	1971	12871	30.04.71	12.05.71	in 112 362	30.08.88	27.06.98	31.08.98		
V 100	363	LEW	1971	12872	30.04.71	11.06.71	in 112 363	23.09.85	29.04.98	31.07.98		
V 100	364	LEW	1971	12873	05.05.71	11.06.71	in 112 364	31.08.84				
V 100	365	LEW	1971	12874	05.05.71	11.06.71	in 112 365	10.10.83	11.10.97	31.03.98		
V 100	366	LEW	1971	12875	05.05.71	11.06.71	in 114 366	31.01.85				
V 100	367	LEW	1971	12876	27.05.71	09.10.71	–	18.08.94	20.05.95			
V 100	368	LEW	1971	12877	27.05.71	09.10.71	in 112 368	12.03.81	19.02.98	15.08.98		
V 100	369	LEW	1971	12878	27.05.71	27.05.71	in 112 369	20.01.82	18.06.98	15.08.98		
V 100	370	LEW	1971	12879	27.05.71	17.06.71	in 112 370	20.10.82				
V 100	371	LEW	1971	12880	28.05.71	01.06.71	in 112 371	06.05.80	25.06.98	15.08.98		
V 100	372	LEW	1971	12881	27.05.71	01.06.71	in 112 372	26.01.84	23.04.96	25.09.96		
V 100	373	LEW	1971	12882	01.06.71	04.06.71	in 112 373	29.05.80	15.08.98	15.08.98		
V 100	374	LEW	1971	12883	01.06.71	03.06.71	in 112 374	09.02.81				
V 100	375	LEW	1971	12884	01.06.71	01.07.71	in 112 375	30.09.85	17.07.97	31.01.98		
V 100	376	LEW	1971	12885	01.06.71	27.07.71	in 112 376	20.12.83	31.05.98	31.05.98		
V 100	377	LEW	1971	12886	30.06.71	03.07.71	in 112 377	22.07.80	17.07.97	31.01.98		
V 100	378	LEW	1971	12887	29.06.71	27.07.71	in 112 378	25.06.81				
V 100	379	LEW	1971	12888	29.06.71	01.07.71	in 112 379	08.06.84				

		Her-steller	Bau-jahr	Fabrik-Nr.	Abnahme	Indienst-stellung	Umbau	Umbau am	z-gestellt	ausge-mustert	zerlegt	Bemerk
V 100	380	LEW	1971	12889	30.06.71	03.07.71	–	01.01.95	20.06.95	–		verkauft an Usedomer Bäderbahn
V 100	381	LEW	1971	12890	29.06.71	23.07.71	in 112 381	17.02.81	25.03.96	27.03.96		
V 100	382	LEW	1971	12891	29.06.71	12.07.71	in 112 382	29.08.97	31.01.98			
V 100	383	LEW	1971	12892	30.06.71	02.08.71	in 112 383	15.01.80	01.10.96	30.11.96		
V 100	384	LEW	1971	12893	29.06.71	02.07.71	in 112 384	07.09.79				
V 100	385	LEW	1971	12894	30.06.71	02.07.71	in 112 385	28.09.85				
V 100	386	LEW	1971	12895	30.06.71	27.07.71	in 112 386	17.09.85	27.09.97	31.01.98		
V 100	387	LEW	1971	12896	30.06.71	05.07.71	in 112 387	20.01.81				
V 100	388	LEW	1971	12897	30.06.71	02.08.71	in 112 388	27.06.98	31.08.98			
V 100	389	LEW	1971	12898	22.07.71	24.07.71	in 112 389	12.06.96	05.09.96			
V 100	390	LEW	1971	12899	27.07.71	05.08.71	in 112 390	16.06.82				
V 100	391	LEW	1971	12900	27.07.71	17.09.71	–	04.07.94	30.06.95			
V 100	392	LEW	1971	12901	30.07.71	04.08.71	in 112 382	31.10.86	26.03.96	27.03.96		
V 100	393	LEW	1971	12902	03.12.71	07.12.71	–	12.06.95	31.07.95	–		verkauft an Stahlwerk Thüringen GmbH Unterwellenborn
V 100	394	LEW	1971	12903	04.12.71	04.12.71	in 112 394	31.07.79	07.07.98			
V 100	395	LEW	1971	12904	04.12.71	10.12.71	in 112 395	31.10.86	25.06.96	30.11.96		
V 100	396	LEW	1971	12905	14.12.71	18.12.71	in 112 396	12.07.85	18.09.97	31.01.98		
V 100	397	LEW	1971	12906	30.11.71	13.12.71	in 112 397	02.01.81	23.04.96	15.08.98		
V 100	398	LEW	1971	12907	30.11.71	10.12.71	in 112 398	17.05.79	21.01.98	17.04.98		
V 100	399	LEW	1971	12908	06.12.71	07.01.72	in 114 399	21.02.85				
V 100	400	LEW	1971	12909	04.12.71	07.12.71	in 112 400	16.01.80	26.02.96	28.02.98		
V 100	401	LEW	1971	12910	04.12.71	07.12.71	in 114 401	28.09.84				
V 100	402	LEW	1971	12911	06.12.71	11.12.71	in 112 402	21.12.83	26.11.87	08.12.87	02.88	03.08.87 Unfall in Rehna mit 112
V 100	403	LEW	1971	12912	06.12.71	11.12.71	in 112 403	22.11.78	22.09.97	31.01.98		
V 100	404	LEW	1971	12913	04.12.71	09.12.71	in 112 404	05.07.84	11.10.85	08.07.86	10.85	11.10.1985 Unfall in Eilsleben mit 132 479
V 100	405	LEW	1971	12914	18.12.71	21.12.71	in 112 405					
V 100	406	LEW	1971	12915	23.11.71	07.01.72	in 112 406	20.05.85				
V 100	407	LEW	1971	12916	31.12.71	01.03.72	in 112 407	01.07.80				
V 100	408	LEW	1971	12917	18.12.71	21.12.71	in 112 408	14.05.84	11.08.96	20.09.96		
V 100	409	LEW	1971	12918	18.12.71	28.12.71	in 112 409	28.12.78	20.03.96	15.08.98		
V 100	410	LEW	1971	12919	27.12.71	28.12.71	–	18.08.94	31.05.95			
V 100	411	LEW	1971	12920	21.12.71	07.01.72	in 112 411	18.09.86	06.01.98	30.09.98		
V 100	412	LEW	1971	12921	21.12.71	17.02.72	in 112 412	12.05.81	21.01.98	17.04.98		
V 100	413	LEW	1971	12922	21.12.71	07.01.72	in 112 413	26.04.85	27.02.98	17.04.98		
V 100	414	LEW	1971	12923	29.12.71	31.12.71	in 112 414	27.06.98	31.08.98			
V 100	415	LEW	1971	12924	28.12.71	12.01.72	in 112 415	27.06.98	31.08.98			
V 100	416	LEW	1971	12925	28.12.71	06.01.72	in 112 416	30.03.83				
V 100	417	LEW	1971	12926	30.12.71	03.01.72	in 112 417	04.06.97	31.01.98			
V 100	418	LEW	1971	12927	03.01.72	03.01.72	in 112 418	13.02.80	13.12.88	26.02.89	08.89	03.12.1988 Unfall in Bielawa Polna/Polen)
V 100	419	LEW	1971	12928	03.01.72	04.01.72	–	27.07.95	31.10.95			
V 100	420	LEW	1971	12929	03.01.72	06.01.72	in 112 420	20.06.79	26.03.96	24.04.96		18.01.96 Unfall in Rostock
V 100	421	LEW	1971	12930	04.01.72	07.02.72	in 112 421	29.02.84	22_.06.98	31.07.98		
V 100	422	LEW	1971	12931	03.01.72	06.01.72	in 112 422	19.06.86	15.07.97	31.01.98		
V 100	423	LEW	1972	12932	26.02.72	27.01.72	in 112 423	26.10.82	27.06.98	15.08.98		
V 100	424	LEW	1972	12933	26.01.72	01.02.72	–	29.08.94	20.02.95			
V 100	425	LEW	1972	12934	31.01.72	17.02.72	in 112 425	18.02.81				
V 100	426	LEW	1972	12935	31.01.72	03.03.72	in 112 426	22.01.82	17.07.97	31.01.98		
V 100	427	LEW	1972	12936	31.01.72	04.02.72	in 112 427	28.02.87				
V 100	428	LEW	1972	12937	31.01.72	02.02.72	in 112 428	21.05.79	23.04.96	30.11.96		
V 100	429	ꞌLEW	1972	12938	31.01.72	07.02.72	in 112 429	27.09.83	12.06.96	05.09.96		
V 100	430	LEW	1972	12939	31.01.72	17.02.72	in 112 430	11.03.82				
V 100	431	LEW	1972	12940	23.02.72	26.02.72	in 112 431	17.10.79	27.06.98	31.08.98		
V 100	432	LEW	1972	12941	25.02.72	28.02.72	in 112 432	13.02.80				
V 100	433	LEW	1972	13472	29.02.72	07.03.72	in 112 433	16.06.98	15.08.98			
V 100	434	LEW	1972	13473	29.02.72	04.04.72	in 112 434	27.04.82	28.03.98	15.08.98		
V 100	435	LEW	1972	13474	29.02.72	02.03.72	in 112 435	30.03.79	11.12.95	20.12.95		
V 100	436	LEW	1972	13475	29.02.72	10.03.72	in 112 436	29.04.82	27.03.98	15.08.98		
V 100	437	LEW	1972	13476	29.02.72	07.03.72	in 112 437	13.10.97	31.03.98			
V 100	438	LEW	1972	13477	29.02.72	06.03.72	in 112 438	15.07.85	31.05.98	31.05.98		
V 100	439	LEW	1972	13478	29.02.72	07.03.72	in 112 439	30.07.85	05.06.97	31.03.98		
V 100	440	LEW	1972	13479	03.03.72	04.04.72	–		28.03.94	29.03.94	06.94	

		Her-steller	Bau-jahr	Fabrik-Nr.	Abnahme	Indienst-stellung	Umbau	Umbau am	z-gestellt	ausge-mustert	zerlegt	Bemerk
V 100	441	LEW	1972	13480	28.03.72	28.03.72	in 112 441	21.06.82	11.12.95	20.12.95		
V 100	442	LEW	1972	13481	28.03.72	28.03.72	in 112 442	15.08.97	17.04.98			
V 100	443	LEW	1972	13482	28.03.72	28.03.72	in 112 443	08.11.84				
V 100	444	LEW	1972	13483	27.03.72	28.03.72	in 112 444	17.09.80	22.07.97	31.03.98		
V 100	445	LEW	1972	13484	29.03.72	29.03.72	in 114 445	22.03.83				
V 100	446	LEW	1972	13485	28.03.72	28.03.72	in 112 446					
V 100	447	LEW	1972	13486	29.03.72	29.03.72	in 112 447	08.01.81	16.08.97	31.01.98		
V 100	448	LEW	1972	13487	29.03.72	29.03.72	in 114 448	27.06.83				
V 100	449	LEW	1972	13488	30.03.72	06.04.72	in 112 449	17.03.81	31.08.98	31.08.98		
V 100	450	LEW	1972	13489	30.03.72	07.07.72	in 112 450	20.06.84	02.02.98	17.04.98		
V 100	451	LEW	1972	13490	30.03.72	07.04.72	in 112 451	24.04.89				
V 100	452	LEW	1972	13491	30.03.72	08.04.72	in 112 452	17.06.82	31.01.97	28.02.98		
V 100	453	LEW	1972	13492	30.03.72	07.04.72	in 112 453					
V 100	454	LEW	1972	13493	30.03.72	20.04.72	in 112 454	27.07.79				
V 100	455	LEW	1972	13494	30.03.72	11.04.72	in 112 455	13.06.97	02.07.97			
V 100	456	LEW	1972	13495	30.03.72	26.04.72	in 112 456	08.03.82	24.10.95	31.10.95		
V 100	457	LEW	1972	13496	30.03.72	15.03.73	in 112 457	26.10.72	28.06.98	15.08.98		
V 100	458	LEW	1972	13497	30.03.72	10.05.72	in 112 458	21.11.84	28.08.96	30.11.96		
V 100	459	LEW	1972	13498	28.04.72	13.07.72	in 112 459	26.03.82				
V 100	460	LEW	1972	13499	28.04.72	04.05.72	in 112 460	09.09.96	20.09.96			
V 100	461	LEW	1972	13500	28.04.72	04.05.72	in 112 461	19.01.82	10.04.97	31.05.97		
V 100	462	LEW	1972	13501	28.04.72	05.05.72	in 112 462	20.01.84	06.05.96	31.03.98		
V 100	463	LEW	1972	13502	28.04.72	05.05.72	in 112 463	28.12.83	23.11.85	15.08.86	12.87	23.11.85 Unfall in Trollenhagen mit 112 468
V 100	464	LEW	1972	13503	28.04.72	05.05.72	in 114 464	27.12.84				
V 100	465	LEW	1972	13504	28.04.72	04.05.72	in 112 465	18.02.97	02.07.97			
V 100	466	LEW	1972	13505	28.04.72	04.05.72	in 112 466	31.10.79				
V 100	467	LEW	1972	13506	02.05.72	09.05.72	in 112 467	29.08.84	28.08.96	30.11.96		
V 100	468	LEW	1972	13507	02.05.72	09.05.72	in 112 468	19.08.83	23.11.85	25.11.86	02.87	23.11.85 Unfall in Trollenhagen mit 112 463
V 100	469	LEW	1972	13508	02.05.72	09.05.72	in 114 469	26.02.85				
V 100	470	LEW	1972	13509	02.05.72	09.05.72	in 112 470	26.04.84	28.08.96	30.11.96		
V 100	471	LEW	1972	13510	12.05.72	17.05.72	in 112 471	31.05.86	19.10.95	31.10.95		
V 100	472	LEW	1972	13511	12.05.72	16.05.72	in 112 472	31.05.98	31.05.98			
V 100	473	LEW	1972	13512	09.05.72	12.05.72	in 112 473	15.09.81				
V 100	474	LEW	1972	13513	16.05.72	24.05.72	in 112 474	19.05.80				
V 100	475	LEW	1972	13514	16.05.72	18.05.72	in 112 475	30.07.86	27.05.96	30.08.96		
V 100	476	LEW	1972	13515	16.05.72	20.05.72	in 112 476	28.01.82	31.08.98	31.08.98		
V 100	477	LEW	1972	13516	23.05.72	23.05.72	in 112 477	27.08.79	11.12.95	13.12.95		
V 100	478	LEW	1972	13517	23.05.72	02.06.72	in 112 478	14.08.80	31.05.98	31.05.98		
V 100	479	LEW	1972	13518	31.05.72	30.06.72	in 112 479	11.12.81	26.05.98	15.08.98		
V 100	480	LEW	1972	13519	31.05.72	03.06.72	in 112 480	26.10.95	30.10.95			
V 100	481	LEW	1972	13520	31.05.72	06.06.72	in 112 481	31.05.82				
V 100	482	LEW	1972	13521	31.05.72	02.06.72	in 114 482	31.05.83				
V 100	483	LEW	1972	13522	31.05.72	02.06.72	in 112 483	18.01.83				
V 100	484	LEW	1972	13523	31.05.72	05.06.72	in 112 484	30.10.79				
V 100	485	LEW	1972	13524	31.05.72	06.06.72	in 114 485	23.01.85				
V 100	486	LEW	1972	13525	31.05.72	07.07.72	in 112 486	30.11.85				
V 100	487	LEW	1972	13526	13.06.72	14.06.72	in 112 487	30.11.79				
V 100	488	LEW	1972	13527	20.06.72	22.06.72	in 112 488					
V 100	489	LEW	1972	13528	26.06.72	30.06.72	in 112 489	27.06.98	31.08.98			
V 100	490	LEW	1972	13529	26.06.72	10.07.72	in 112 490	22.07.82				
V 100	491	LEW	1972	13530	30.06.72	05.07.72	–	27.02.79	17.07.79	02.80	27.02.1979	Unfall in Bad Kleinen mit 110 801
V 100	492	LEW	1972	13531	13.06.72	10.07.72	in 114 0492	30.10.91				
V 100	493	LEW	1972	13532	22.11.72	08.12.72	–	30.05.94	30.06.95			
V 100	494	LEW	1972	13533	22.11.72	25.11.72	in 112 494	31.03.87				
V 100	495	LEW	1972	13534	23.11.72	25.11.72	in 112 495	05.01.98	31.07.98			
V 100	496	LEW	1972	13535	23.11.72	30.11.72	in 112 496	20.09.85	21.01.98	17.04.98		
V 100	497	LEW	1972	13536	30.11.72	18.12.72	in 112 497	19.03.87	31.03.98	31.03.98		
V 100	498	LEW	1972	13537	19.12.72	21.12.72	in 112 498	31.01.84	11.06.97	28.02.98		
V 100	499	LEW	1972	13538	22.11.72	29.11.72	in 112 499	25.07.84	01.10.96	30.11.96		
V 100	500	LEW	1972	13539	29.03.73	14.05.73	in 112 500	28.01.84				
V 100	501	LEW	1972	13540	22.11.72	30.11.72	in 112 501	13.08.86	27.06.98	31.08.98		

		Hersteller	Baujahr	Fabrik-Nr.	Abnahme	Indienststellung	Umbau	Umbau am	z-gestellt	ausgemustert	zerlegt	Bemerk
V 100	502	LEW	1972	13541	29.11.72	30.11.72	in 112 502	17.06.81	24.11.97	28.02.98		
V 100	503	LEW	1972	13542	29.11.72	30.11.72	in 112 503	25.09.84	25.09.98	15.08.98		
V 100	504	LEW	1972	13543	18.12.72	20.12.72	in 112 504	24.09.87	04.03.96	30.08.96		
V 100	505	LEW	1972	13544	30.11.72	22.12.72	in 112 505	31.07.83				
V 100	506	LEW	1972	13545	30.11.72	22.12.72	in 112 506	07.12.84	22.07.97	31.01.98		
V 100	507	LEW	1972	13546	30.11.72	05.12.72	in 112 507	17.02.82	09.06.97	31.01.98		
V 100	508	LEW	1972	13547	20.12.72	21.12.72	–	30.05.94	31.05.95			
V 100	509	LEW	1972	13548	30.11.72	27.12.72	in 112 509	13.11.79	22.07.97	31.03.98		
V 100	510	LEW	1972	13549	15.12.72	19.12.72	–	26.10.95	30.10.95			
V 100	511	LEW	1972	13550	22.12.72	28.12.72	in 112 511	02.07.83	27.06.98	31.08.98		
V 100	512	LEW	1972	13551	21.12.72	23.12.72	in 112 512	15.07.83	15.02.90	29.06.90	10.90	15.02.1990 Unfall in Rövershagen mit 132 436
V 100	513	LEW	1972	13552	29.11.72	22.12.72	in 114 0513	21.02.83				
V 100	514	LEW	1973	13553	16.03.73	21.03.73	–	04.02.94	21.03.94	06.94		
V 100	515	LEW	1973	13554	16.03.73	19.03.73	in 112 515	22.02.82	06.07.98	15.08.98		
V 100	516	LEW	1973	13555	16.03.73	22.03.73	in 112 516	23.09.82				
V 100	517	LEW	1973	13556	23.04.73	23.04.73	in 112 517	14.06.79				
V 100	518	LEW	1973	13557	27.03.73	02.04.73	in 112 518	29.05.76				
V 100	519	LEW	1973	13558	23.03.73	23.04.73	in 112 519	28.01.80	27.08.97	31.01.98		
V 100	520	LEW	1973	13559	27.03.73	23.04.73	in 112 520	04.03.80				
V 100	521	LEW	1973	13560	30.03.73	14.05.73	in 112 521	26.08.85	28.08.97	31.01.98		
V 100	522	LEW	1973	13561	30.03.73	02.04.73	in 112 522	28.08.96	30.11.96			
V 100	523	LEW	1973	13562	29.03.73	11.04.73	in 112 523	23.01.80				
V 100	524	LEW	1973	13563	10.04.73	25.04.73	in 112 524	30.06.86	27.06.98	31.08.98		
V 100	525	LEW	1973	13564	08.05.73	09.05.73	in 112 525	24.10.85				
V 100	526	LEW	1973	13565	10.04.73	12.04.73	in 112 526	13.01.83	05.03.97	31.01.98		
V 100	527	LEW	1973	13566	13.04.73	13.04.73	in 112 527	15.11.85				
V 100	528	LEW	1973	13567	13.04.73	13.04.73	in 112 528	26.01.82				
V 100	529	LEW	1973	13568	17.04.73	15.05.73	in 112 529	28.08.85	21.07.97	17.04.98		
V 100	530	LEW	1973	13569	18.04.73	14.05.73	in 112 530	19.06.98	15.08.98			
V 100	531	LEW	1973	13570	19.04.73	15.05.73	in 112 531					
V 100	532	LEW	1973	13571	19.04.73	14.05.73	in 112 532	26.03.96	20.09.96			
V 100	533	LEW	1973	13572	23.04.73	28.04.73	in 112 533	26.06.84	01.07.97	28.02.98		
V 100	534	LEW	1973	13573	27.04.73	05.05.73	in 112 534	16.10.86	11.06.97	28.02.98		
V 100	535	LEW	1973	13574	09.05.73	09.05.73	in 112 535	30.04.85				
V 100	536	LEW	1973	13575	09.05.73	09.05.73	in 112 536	21.03.88	23.07.97	31.01.98		
V 100	537	LEW	1973	13576	04.05.73	10.05.73	in 112 537	28.02.82	04.03.96	30.08.96		
V 100	538	LEW	1973	13577	15.05.73	16.05.73	in 112 538	01.11.83	11.12.95	13.12.95		
V 100	539	LEW	1973	13578	15.05.73	16.05.73	in 112 539	14.04.80	21.07.97	17.04.98		
V 100	540	LEW	1973	13579	17.05.73	17.05.73	–	01.06.81	20.05.81	08.81		29.09.79 Unfall in Bretleben-Esperstedt mit 110 541
V 100	541	LEW	1973	13580	25.05.73	28.05.73	–	01.12.79	20.05.81	10.79		29.09.79 Unfall in Bretleben-Esperstedt mit 110 540
V 100	542	LEW	1973	13581	30.05.73	07.06.73	in 112 542	16.08.84	23.07.97	17.04.98		
V 100	543	LEW	1973	13582	25.05.73	28.05.73	in 112 543	28.01.80				
V 100	544	LEW	1973	13583	14.06.73	19.06.73	in 112 544	27.07.79				
V 100	545	LEW	1973	13584	01.06.73	13.06.73	in 112 545	04.05.81	09.09.96	20.09.96		
V 100	546	LEW	1973	13585	05.06.73	04.04.73	in 112 546	18.06.84	31.07.96	28.02.98		
V 100	547	LEW	1973	13586	01.06.73	05.06.73	in 112 547	05.06.97	31.03.98			
V 100	548	LEW	1973	13587	13.06.73	02.07.73	in 112 548	08.11.82	16.02.98	17.04.98		
V 100	549	LEW	1973	13588	13.06.73	14.06.73	in 112 549	26.11.82				
V 100	550	‚LEW	1973	13589	19.06.73	21.06.73	in 112 550	30.06.89				
V 100	551	LEW	1973	13590	22.06.73	26.06.73	–	04.02.94	21.03.94	06.94		
V 100	552	LEW	1973	13591	19.06.73	21.06.73	–	14.10.93	15.02.94	Jul-94		
V 100	553	LEW	1973	13871	29.06.73	30.06.73	in 112 553	25.10.83	13.01.98	31.07.98		
V 100	554	LEW	1973	13872	10.07.73	13.07.73	in 112 554	22.11.85	12.06.96	30.11.96		
V 100	555	LEW	1973	13889	30.08.73	01.09.73	in 112 555	24.04.85				
V 100	556	LEW	1973	13874	29.06.73	04.07.73	in 112 556	06.08.86	30.10.95	30.11.95		
V 100	557	LEW	1973	13875	29.06.73	30.06.73	–	15.04.94	30.06.95			
V 100	558	LEW	1973	13876	02.07.73	06.07.73	in 112 558	31.03.82				
V 100	559	LEW	1973	13877	09.07.73	11.07.73	in 112 559	29.03.84	21.04.97	28.02.98		
V 100	560	LEW	1973	13878	12.07.73	13.07.73	in 112 560	13.06.86	10.06.97	28.02.98		
V 100	561	LEW	1973	13879	13.07.73	17.07.73	in 112 561	20.12.85	23.04.96	15.09.96		
V 100	562	LEW	1973	13880	13.07.73	16.07.73	in 112 562	11.06.86				

		Her-steller	Bau-jahr	Fabrik-Nr.	Abnahme	Indienst-stellung	Umbau	Umbau am	z-gestellt	ausge-mustert	zerlegt	Bemerk
V 100	563	LEW	1973	13881	18.07.73	21.07.73	in 112 563	30.06.86	25.06.98	15.08.98		
V 100	564	LEW	1973	13882	18.07.73	20.07.73	in 112 564	31.05.96	30.08.96			
V 100	565	LEW	1973	13883	23.07.73	23.07.73	in 112 565	30.09.82				
V 100	566	LEW	1973	13884	24.07.73	26.07.73	–	07.12.94	30.11.95			
V 100	567	LEW	1973	13885	24.07.73	26.07.73	in 112 567	18.11.83	25.06.98	15.08.98		
V 100	568	LEW	1973	13886	27.07.73	31.07.73	in 112 568	27.09.82	12.06.96	05.09.96		
V 100	569	LEW	1973	13887	27.07.73	27.07.73	in 112 569	30.05.83	14.05.97	31.03.98		
V 100	570	LEW	1973	13888	27.07.73	27.07.73	–	18.10.95	31.10.95			
V 100	571	LEW	1973	13890	31.10.73	10.11.73	in 112 571	28.06.82	20.11.97	28.02.98		
V 100	572	LEW	1973	13891	24.08.73	25.08.73	in 112 572	19.08.83	18.06.97	28.02.98		
V 100	573	LEW	1973	13892	24.08.73	25.08.73	in 112 573	30.09.83				
V 100	574	LEW	1973	13893	30.08.73	01.09.73	in 112 574	25.07.85	27.05.97	28.02.98		
V 100	575	LEW	1973	13894	24.08.73	28.08.73	in 112 575	17.03.83	30.01.97	31.03.98		
V 100	576	LEW	1973	13895	24.08.73	28.08.73	in 112 576	17.10.83	26.11.97	28.02.98		
V 100	577	LEW	1973	13896	24.08.73	01.09.73	–	12.06.95	20.12.95			
V 100	578	LEW	1973	13897	30.08.73	01.09.73	in 112 578	17.03.86	01.03.98	15.08.98		
V 100	579	LEW	1973	13898	30.08.73	01.09.73	in 112 579	16.09.86	14.05.96	30.08.96		
V 100	580	LEW	1973	13873	23.07.73	24.07.73	in 112 580	10.01.83	27.06.98	30.09.98		
V 100	581	LEW	1973	13899	07.09.73	11.09.73	in 112 581	30.04.86	01.03.98	15.08.98		
V 100	582	LEW	1973	13900	03.09.73	25.09.73	in 112 582	29.07.86	13.05.98	31.07.98		
V 100	583	LEW	1973	13901	20.09.73	21.09.73	–	14.10.93	15.02.94	11.94		
V 100	584	LEW	1973	13902	20.09.73	21.09.73	in 114 584	29.12.89				
V 100	585	LEW	1973	13903	20.09.73	22.09.73	in 112 585	09.03.83	31.05.97	28.02.98		
V 100	586	LEW	1973	13904	20.09.73	22.09.73	in 112 586	03.08.83				
V 100	587	LEW	1973	13905	21.09.73	22.09.73	in 112 587	30.04.87				
V 100	588	LEW	1973	13906	25.09.73	02.10.73	–	14.10.93	15.02.94			
V 100	589	LEW	1973	13907	27.09.73	02.10.73	in 112 589	28.09.84	09.04.98			
V 100	590	LEW	1973	13908	27.09.73	08.10.73	in 112 590	11.11.82	27.06.98	31.08.98		
V 100	591	LEW	1973	13909	25.09.73	02.10.73	in 112 591	24.05.84	29.04.97	28.02.98		
V 100	592	LEW	1973	13910	27.09.73	02.10.73	in 114 592	18.12.84				
V 100	593	LEW	1973	13911	31.10.73	12.11.73	in 112 593	23.04.85	02.06.97	28.02.98		
V 100	594	LEW	1973	13912	22.10.73	23.10.73	in 112 594	12.10.84				
V 100	595	LEW	1973	13913	22.10.73	23.10.73	in 112 595	30.07.86	29.01.97	31.01.98		
V 100	596	LEW	1973	13914	31.10.73	19.11.73	in 112 596	06.01.84	05.07.97	28.02.98		
V 100	597	LEW	1973	13915	24.10.73	24.10.73	in 112 597	25.07.90				
V 100	598	LEW	1973	13916	23.10.73	24.10.73	in 112 598	17.08.85	21.04.98	30.09.98		
V 100	599	LEW	1973	13917	25.10.73	28.10.73	in 112 599	30.06.85	01.05.97	02.07.97		
V 100	600	LEW	1973	13918	23.10.73	24.10.73	in 112 600	19.01.83	31.03.98	30.09.98		
V 100	601	LEW	1973	13919	27.10.73	28.10.73	in 112 601	16.11.82	04.03.96	30.08.96		
V 100	602	LEW	1973	13920	30.10.73	01.11.73	in 112 602	07.02.84	02.06.97	31.03.98		
V 100	603	LEW	1973	13921	22.10.73	19.11.73	in 112 603	10.10.84	11.12.95	13.12.95		
V 100	604	LEW	1973	13922	30.10.73	02.11.73	–	15.02.95	20.06.95		08.95	04.02.1995 Unfall in Rothenstein/ Saale
V 100	605	LEW	1973	13923	31.10.73	02.11.73	in 114 605	27.02.85				
V 100	606	LEW	1973	13924	31.10.73	19.11.73	in 112 606	23.01.81	31.08.98	31.08.98		
V 100	607	LEW	1973	13925	05.11.73	19.11.73	in 114 607	22.06.89				
V 100	608	LEW	1973	13926	20.11.73	04.12.73	–	04.07.94	30.06.95			
V 100	609	LEW	1973	13927	20.11.73	26.11.73	–	11.04.94	30.06.95			
V 100	610	LEW	1973	13928	20.11.73	19.12.73	in 112 610	28.11.86	31.05.98	31.05.98		
V 100	611	LEW	1973	13929	22.11.73	26.11.73	in 112 611	05.07.90	10.08.96	05.09.96		
V 100	612	LEW	1973	13930	22.11.73	28.11.73	in 114 612	24.05.89				
V 100	613	LEW	1973	13931	22.11.73	26.11.73	in 112 613	13.06.85				
V 100	614	LEW	1973	13932	22.11.73	23.11.73	in 112 614	30.07.85	17.11.94	30.11.95		
V 100	615	LEW	1973	13933	29.11.73	19.12.73	in 112 615	30.08.85				
V 100	616	LEW	1973	13934	07.12.73	09.12.73	in 114 616	25.01.85				
V 100	617	LEW	1973	13935	30.11.73	11.12.73	in 112 617	31.08.88	21.05.98	31.07.98		
V 100	618	LEW	1973	13936	05.12.73	11.12.73	–	30.05.94	10.02.96	–		verkauft an EKO - Stahl AG Eisenhüttenstadt Lok 63
V 100	619	LEW	1973	13937	05.12.73	20.12.73	–	28.08.96	30.11.96			
V 100	620	LEW	1973	13938	05.12.73	11.12.73	in 112 620	25.11.83	31.05.96	30.08.96		
V 100	621	LEW	1973	13939	07.12.73	09.12.73	in 112 621	04.12.84	10.06.97	28.02.98		
V 100	622	LEW	1973	13940	07.12.73	09.12.73	in 114 622	30.06.83				
V 100	623	LEW	1973	13941	10.12.73	12.12.73	in 112 623	25.11.86	12.06.96	05.09.96		
V 100	624	LEW	1973	13942	10.12.73	12.12.73	in 112 624	28.07.83	23.05.97	28.02.98		

		Her-steller	Bau-jahr	Fabrik-Nr.	Abnahme	Indienst-stellung	Umbau	Umbau am	z-gestellt	ausge-mustert	zerlegt	Bemerk
V 100	625	LEW	1973	13943	13.12.73	15.12.73	in 112 625	14.11.83				
V 100	626	LEW	1973	13944	19.12.73	21.12.73	in 114 626	23.01.85				
V 100	627	LEW	1973	13945	14.12.73	22.01.74	in 112 627	22.02.88	14.05.97	31.03.98		
V 100	628	LEW	1973	13946	14.12.73	07.01.74	–	17.08.94	20.02.95			
V 100	629	LEW	1973	13947	19.12.73	31.12.73	in 112 629	13.12.85	27.05.96	30.08.96		
V 100	630	LEW	1973	13948	21.12.73	22.12.73	in 112 630	15.09.88	30.09.98	30.09.98		
V 100	631	LEW	1973	13949	21.12.73	03.01.74	–	17.11.94	30.11.95			
V 100	632	LEW	1973	13950	09.01.74	05.02.74	in 112 632	20.04.83	19.05.98	15.08.98		
V 100	633	LEW	1973	13951	29.12.73	04.01.74	in 112 633	29.06.84	06.03.98	15.08.98		
V 100	634	LEW	1973	13952	29.12.73	04.01.74	–	14.10.93	15.02.94			
V 100	635	LEW	1974	13953	09.01.74	28.01.74	in 112 635	14.05.84	10.08.96	31.08.96		
V 100	636	LEW	1974	13954	09.01.74	18.01.74	–	01.01.94	30.06.95			
V 100	637	LEW	1974	13955	09.01.74	25.01.74	in 112 637	25.01.83				
V 100	638	LEW	1974	13956	22.01.74	23.01.74	in 114 638	27.05.83				
V 100	639	LEW	1974	13957	22.01.74	23.01.74	in 114 639	30.10.91				
V 100	640	LEW	1974	13958	04.02.74	05.02.74	in 112 640	31.07.84	23.07.97	31.01.98		
V 100	641	LEW	1974	13959	25.01.74	25.01.74	in 114 641	26.10.84				
V 100	642	LEW	1974	13960	04.02.74	05.02.74	in 112 642	03.11.82	28.08.96	30.11.96		
V 100	643	LEW	1974	14070	08.02.74	06.03.74	in 112 643	09.03.83	10.10.97	17.04.98		
V 100	644	LEW	1974	14071	05.02.74	07.02.74	–	26.10.95	30.11.95			
V 100	645	LEW	1974	14072	06.02.74	08.02.74	in 112 645	22.06.84				
V 100	646	LEW	1974	14073	20.02.74	22.02.74	in 112 646					
V 100	647	LEW	1974	14074	20.02.74	06.03.74	in 112 647	15.12.87	19.12.97	31.07.98		
V 100	648	LEW	1974	14075	20.02.74	19.03.74	in 112 648	16.12.85	02.06.97	31.03.98		
V 100	649	LEW	1974	14076	01.03.74	22.03.74	in 112 649	24.02.83	26.11.87	08.12.87	04.88	03.08.87 Unfall in Rehna mit 112
V 100	650	LEW	1974	14077	22.02.74	27.02.74	in 114 650	14.03.83				
V 100	651	LEW	1974	14078	01.03.74	07.03.74	in 112 651	23.05.85				
V 100	652	LEW	1974	14079	01.03.74	07.03.74	in 112 652	27.03.84	15.05.97	17.04.98		
V 100	653	LEW	1974	14080	28.02.74	11.04.74	–	24.05.94	30.11.95			
V 100	654	LEW	1974	14081	28.02.74	22.03.74	in 112 654	28.07.83	23.04.96	15.08.98		
V 100	655	LEW	1974	14082	08.03.74	13.03.74	in 112 655	15.03.84	10.06.97	28.02.98		
V 100	656	LEW	1974	14357	30.04.74	10.05.74	in 112 656	29.11.88	23.06.97	28.02.98		
V 100	657	LEW	1974	14358	30.04.74	22.05.74	in 112 657	19.04.88	05.12.97	31.07.98		
V 100	658	LEW	1974	14359	30.04.74	10.05.74	in 112 658	30.11.88				
V 100	659	LEW	1974	14360	30.04.74	07.05.74	in 112 659	29.08.86	16.04.87	14.05.87	0.87	04.11.86 Unfall
V 100	660	LEW	1974	14361	28.05.74	01.07.74	in 114 660	22.01.85				
V 100	661	LEW	1974	14362	08.05.74	11.05.74	in 112 661	28.10.82				
V 100	662	LEW	1974	14363	23.05.74	29.05.74	in 112 662	23.05.84	04.10.95	13.12.95		
V 100	663	LEW	1974	14364	24.05.74	09.07.74	in 112 663	31.03.86	30.05.97	28.02.98		
V 100	664	LEW	1974	14365	30.05.74	31.05.74	in 114 664					
V 100	665	LEW	1974	14366	24.05.74	25.05.74	–	16.01.95	30.11.95			
V 100	666	LEW	1974	14367	24.05.74	30.05.74	in 112 666	29.10.86	22.04.97	31.03.98		
V 100	667	LEW	1974	14368	24.05.74	01.07.74	in 112 667	27.01.88	01.06.97	28.02.98		
V 100	668	LEW	1974	14369	25.05.74	28.05.74	–	30.05.94	31.05.95	12.94		
V 100	669	LEW	1974	14370	31.05.74	10.06.74	–	26.10.95	30.11.95			
V 100	670	LEW	1974	14371	30.05.74	20.06.74	in 112 670	17.06.85	11.11.97	17.04.98		
V 100	671	LEW	1974	14372	31.05.74	31.05.74	in 114 671	22.09.83				
V 100	672	LEW	1974	14373	31.05.74	05.06.74	in 112 672	18.07.84				
V 100	673	LEW	1974	14374	06.06.74	10.06.74	in 114 673	11.04.84				
V 100	674	LEW	1974	14375	13.06.74	15.06.74	in 112 674	18.08.83				
V 100	675	LEW	1974	14376	12.06.74	13.06.74	in 112 675	25.04.83				
V 100	676	LEW	1974	14377	20.06.74	21.06.74	in 112 676	21.12.82	11.12.95	13.12.95		
V 100	677	LEW	1974	14378	20.06.74	22.06.74	in 112 677	26.09.86	10.06.97	28.02.98		
V 100	678	LEW	1974	14379	21.06.74	01.07.74	in 112 678	20.09.85	02.02.98	17.04.98		
V 100	679	LEW	1974	14380	21.06.74	25.06.74	in 112 669	31.01.87				
V 100	680	LEW	1974	14381	27.06.74	04.07.74	in 114 680	21.09.84				
V 100	681	LEW	1974	14382	28.06.74	02.07.74	in 112 681	25.10.83	10.06.96	30.08.96		
V 100	682	LEW	1974	14383	27.06.74	09.07.74	in 112 682	10.05.88	25.06.98	15.08.98		
V 100	683	LEW	1974	14384	28.06.74	09.07.74	in 112 683	27.06.85	15.08.97	17.04.98		
V 100	684	LEW	1974	14385	04.07.74	05.07.74	in 112 684	23.05.84	09.09.97	31.01.98		
V 100	685	LEW	1974	14386	04.07.74	04.07.74	in 112 685	18.07.84				
V 100	686	LEW	1974	14387	08.07.74	29.07.74	in 114 686	26.02.85				
V 100	687	LEW	1974	14388	09.07.74	18.07.74	in 112 687	05.08.83	25.11.97	15.08.98		
V 100	688	LEW	1974	14389	02.08.74	14.08.74	–	18.07.94	20.02.95			

		Hersteller	Baujahr	Fabrik-Nr.	Abnahme	Indienststellung	Umbau	Umbau am	z-gestellt	ausgemustert	zerlegt	Bemerk
V 100	689	LEW	1974	14390	19.07.74	19.07.74	in 112 689	30.11.87	15.06.97	28.02.98		
V 100	690	LEW	1974	14391	19.07.74	23.07.74	in 112 690	24.10.85				
V 100	691	LEW	1974	14392	25.07.74	01.08.74	in 112 691	31.05.86				
V 100	692	LEW	1974	14393	25.07.74	02.08.74	–	08.08.94	10.03.95			
V 100	693	LEW	1974	14394	25.07.74	30.07.74	in 112 693	17.12.87	21.05.98	15.08.98		
V 100	694	LEW	1974	14395	25.07.74	14.08.74	–	13.10.94	31.05.95			
V 100	695	LEW	1974	14396	02.08.74	04.08.74	in 112 695	29.10.85	25.06.96	30.11.96		
V 100	696	LEW	1974	14397	02.08.74	04.08.74	in 112 696	13.08.85	22.01.98	17.04.98		
V 100	697	LEW	1974	14398	08.08.74	13.08.74	in 112 697	30.09.83	16.01.98	28.02.98		
V 100	698	LEW	1974	14399	08.08.74	12.08.74	in 114 698	29.01.85				
V 100	699	LEW	1974	14400	12.08.74	26.08.74	–	06.08.93	30.11.94			
V 100	700	LEW	1974	14401	19.08.74	16.09.74	in 112 700	21.03.84	14.07.97	31.01.98		
V 100	701	LEW	1974	14402	12.08.74	26.08.74	in 112 701	26.08.85	27.04.97	31.01.98		
V 100	702	LEW	1974	14403	23.08.74	26.08.74	in 112 702	12.02.86	04.03.96	30.08.96		
V 100	703	LEW	1974	14404	19.08.74	26.08.74	in 112 703	24.02.83				
V 100	704	LEW	1974	14405	23.08.74	26.08.74	–	26.10.95	30.11.95			
V 100	705	LEW	1974	14406	06.09.74	08.10.74	in 112 705	31.05.85	18.04.98			
V 100	706	LEW	1974	14407	05.09.74	16.09.74	in 112 706	27.09.84	07.06.95	31.10.95		
V 100	707	LEW	1974	14408	13.09.74	16.09.74	in 112 707	28.12.87	31.05.96	05.09.96		
V 100	708	LEW	1974	14409	13.09.74	17.09.74	in 112 708	31.05.84				
V 100	709	LEW	1974	14410	13.09.74	02.10.74	–	08.01.95	31.05.95			
V 100	710	LEW	1974	14411	13.09.74	25.09.74	in 114 710	12.02.85				
V 100	711	LEW	1974	14412	13.09.74	25.09.74	–	17.11.94	30.11.95			
V 100	712	LEW	1974	14413	13.09.74	08.10.74	in 114 712	09.02.89				
V 100	713	LEW	1974	14414	17.09.74	20.09.74	in 112 713	21.11.86	01.03.98	30.09.98		
V 100	714	LEW	1974	14415	23.09.74	21.10.74	in 112 714	30.04.86	18.09.97	31.01.98		
V 100	715	LEW	1974	14416	20.09.74	19.09.74	in 112 715	30.09.85				
V 100	716	LEW	1974	14417	26.09.74	27.09.74	in 112 716	31.08.85	05.02.98	17.04.98		
V 100	717	LEW	1974	14418	26.09.74	01.10.74	–	26.12.74	21.02.75	.01.75		26.12.74 Unfall in Warin mit 50 ?
V 100	718	LEW	1974	14419	30.09.74	01.10.74	in 112 718	17.04.86	01.03.98	15.08.98		
V 100	719	LEW	1974	14420	30.09.74	04.10.74	in 112 719	30.03.84	01.03.98			
V 100	720	LEW	1974	14421	30.09.74	02.10.74	in 112 720	26.05.86	09.09.96	20.11.96		
V 100	721	LEW	1974	14422	02.10.74	02.10.74	in 112 721	19.01.84	11.12.95	13.12.95		
V 100	722	LEW	1974	14423	02.10.74	04.10.74	in 112 722	15.08.85				
V 100	723	LEW	1974	14424	02.10.74	04.10.74	in 114 723	12.02.85				
V 100	724	LEW	1974	14425	11.10.74	15.10.74	in 112 724	27.03.84	08.12.97	30.09.98		
V 100	725	LEW	1974	14426	17.10.74	24.10.74	in 112 725	26.05.88				
V 100	726	LEW	1974	14427	17.10.74	21.10.74	in 112 726	30.08.89				
V 100	727	LEW	1974	14428	24.10.74	25.10.74	in 112 727	23.05.84	04.12.97	28.02.98		
V 100	728	LEW	1974	14429	21.10.74	25.10.74	in 112 728	24.02.86				
V 100	729	LEW	1974	14430	28.10.74	29.10.74	in 112 729	31.05.88				
V 100	730	LEW	1974	14431	28.10.74	29.10.74	in 112 730	20.12.85	15.08.97	17.04.98		
V 100	731	LEW	1974	14432	28.10.74	29.10.74	in 112 731	14.11.86	26.05.97	02.07.97		
V 100	732	LEW	1974	14433	30.10.74	04.12.74	in 112 732	26.07.85	07.07.98			
V 100	733	LEW	1974	14434	31.10.74	06.11.74	in 112 733	24.04.86	03.12.97	31.07.98		
V 100	734	LEW	1974	14435	01.11.74	07.11.74	–	28.08.96	30.11.96			
V 100	735	LEW	1974	14436	31.10.74	06.11.74	in 112 735	30.08.86				
V 100	736	LEW	1974	14437	15.11.74	18.11.74	in 112 736	06.03.86	31.03.98	30.09.98		
V 100	737	LEW	1974	14438	11.11.74	15.11.74	in 112 737	24.04.86	27.06.98	31.08.98		
V 100	738	LEW	1974	14439	11.11.74	13.11.74	in 112 738	02.05.88				
V 100	739	LEW	1974	14440	20.11.74	21.11.74	–	13.10.94	28.02.95			
V 100	740	LEW	1974	14441	18.11.74	22.11.74	–	07.06.94	30.11.95			
V 100	741	LEW	1974	14442	22.11.74	04.12.74	in 112 741	31.05.89	29.01.97	31.01.98		
V 100	742	LEW	1974	14443	22.11.74	22.11.74	–	18.07.94	27.09.94	–		verkauft an DWU Espenhain - Lok Uwe 14
V 100	743	LEW	1974	14444	28.11.74	01.12.74	in 112 743	25.02.88				
V 100	744	LEW	1974	14445	28.11.74	01.12.74	in 112 744	26.03.85				
V 100	745	LEW	1974	14446	30.11.74	05.12.74	–	12.01.95	30.11.95			
V 100	746	LEW	1974	14447	06.12.74	09.12.74	in 112 746	21.05.86				
V 100	747	LEW	1974	14448	30.11.74	01.12.74	in 112 747	23.02.87	12.06.97	28.02.98		
V 100	748	LEW	1974	14449	30.11.74	06.12.74	in 112 748	11.10.83	25.03.98			
V 100	749	LEW	1974	14450	30.11.74	30.12.74	in 112 749	16.09.86	09.09.98	30.09.98		
V 100	750	LEW	1974	14451	06.12.74	10.12.74	in 112 750	24.10.85	31.08.98	31.08.98		
V 100	751	LEW	1974	14452	14.12.74	18.12.74	in 112 751	21.08.86				

	Her-steller	Bau-jahr	Fabrik-Nr.	Abnahme	Indienst-stellung	Umbau	Umbau am	z-gestellt	ausge-mustert	zerlegt	Bemerk
V 100 752	LEW	1974	14453	11.12.74	17.12.74	in 112 752	30.04.87				
V 100 753	LEW	1974	14454	14.12.74	18.12.74	in 112 753	16.03.88				
V 100 754	LEW	1974	14455	17.12.74	18.12.74	in 112 754	12.05.86	26.03.98	24.04.98		
V 100 755	LEW	1974	14456	19.12.74	22.12.74	–	15.04.94	30.06.95			
V 100 756	LEW	1974	14457	17.12.74	20.12.74	–	12.01.95	30.11.95			
V 100 757	LEW	1974	14458	20.12.74	22.12.74	–	14.10.93	15.02.94			
V 100 758	LEW	1974	14459	20.12.74	22.12.74	in 114 752	13.09.83				
V 100 759	LEW	1974	14460	31.12.74	06.01.75	–	04.07.94	10.03.95			
V 100 760	LEW	1974	14461	02.01.75	02.01.75	in 114 760	16.06.83				
V 100 761	LEW	1974	14462	10.01.75	14.01.75	in 114 761	30.04.89				
V 100 762	LEW	1974	14463	10.01.75	10.01.75	–	01.05.78	20.05.81	08.81	03.09.77	Unfall in Berlin Eichgestell: Aufprall auf einen Güterzug
V 100 763	LEW	1975	14464	20.01.75	20.01.75	–	07.06.95	31.07.95			
V 100 764	LEW	1975	14465	14.01.75	20.01.75	in 112 764	03.08.83				
V 100 765	LEW	1975	14466	17.01.75	17.01.75	in 112 765	25.05.87	01.06.97	28.02.98		
V 100 766	LEW	1975	14467	20.01.75	22.01.75	in 112 766	30.11.87	23.04.96	15.09.96		
V 100 767	LEW	1975	14468	07.02.75	07.02.75	–	30.05.94	30.06.95			
V 100 768	LEW	1975	14469	22.01.75	24.01.75	in 112 768	17.06.85	27.06.98	31.08.98		
V 100 769	LEW	1975	14470	31.01.75	04.02.75	in 114 769	13.11.84				
V 100 770	LEW	1975	14471	31.01.75	05.02.75	–	12.01.95	30.11.95			
V 100 771	LEW	1975	14472	31.01.75	06.02.75	in 112 771	26.02.87				
V 100 772	LEW	1975	14473	06.02.75	07.02.75	in 112 772	15.12.88	04.04.98	15.08.98		
V 100 773	LEW	1975	14474	07.02.75	08.02.75	–	04.02.94	21.03.94	07.94		
V 100 774	LEW	1975	14475	18.02.75	21.02.75	in 114 774	14.01.85				
V 100 775	LEW	1975	14476	24.02.75	24.02.75	in 112 775	27.10.88				
V 100 776	LEW	1975	14657	11.04.75	23.04.75	in 112 776	29.03.85				
V 100 777	LEW	1975	14658	15.04.75	17.04.75	in 112 777	17.08.83				
V 100 778	LEW	1975	14659	30.04.75	05.05.75	in 112 778	19.03.87				
V 100 779	LEW	1975	14660	16.04.75	17.04.75	–	30.05.94	10.03.95			
V 100 780	LEW	1975	14661	18.04.75	14.05.75	in 112 780	09.01.89	08.09.97	31.01.98		
V 100 781	LEW	1975	14838	18.04.75	23.04.75	in 112 781	30.11.85				
V 100 782	LEW	1975	14839	29.04.75	05.05.75	–	01.03.80	06.11.81	08.82		16.01.1981 Unfall in Cottbus mit 132 071
V 100 783	LEW	1975	14840	30.04.75	07.05.75	in 112 783	28.12.88				
V 100 784	LEW	1975	14841	29.04.75	02.05.75	in 112 784	19.10.85	01.03.98	30.09.98		
V 100 785	LEW	1975	14842	29.04.75	02.05.75	in 112 785	30.03.85	01.03.97	31.01.98		
V 100 786	LEW	1975	14843	30.04.75	05.05.75	in 112 786	29.04.85				
V 100 787	LEW	1975	14844	30.04.75	07.05.75	in 112 787	24.12.82				
V 100 788	LEW	1975	14845	13.05.75	15.05.75	in 112 788	10.12.84	28.02.97	31.01.98		
V 100 789	LEW	1975	14846	13.05.75	15.05.75	in 114 789	26.10.90				
V 100 790	LEW	1975	14847	20.05.75	27.05.75	in 114 790	16.09.83				
V 100 791	LEW	1975	14848	21.05.75	23.05.75	in 112 791	23.10.86				
V 100 792	LEW	1975	14849	27.05.75	16.06.75	–	30.05.94	10.03.95	–		verkauft an Usedomer Bäderbahn
V 100 793	LEW	1975	14850	27.05.75	05.06.75	in 112 793	23.09.86	08.01.95	30.11.95		21.11.94 Unfall in Mechau mit LKW
V 100 794	LEW	1975	14851	31.05.75	03.06.75	in 112 794	21.04.86	31.03.98	31.03.98		
V 100 795	LEW	1975	14852	31.05.75	03.06.75	in 112 795	31.12.87	19.12.97	31.07.98		
V 100 796	LEW	1975	14853	31.05.75	05.06.75	in 112 796	30.03.84	21.05.97	28.02.98		
V 100 797	LEW	1975	14854	31.05.75	05.06.75	in 112 797	13.11.85	26.03.96	27.03.96		
V 100 798	LEW	1975	14855	31.05.75	09.06.75	–	15.04.94	10.03.95			
V 100 799	LEW	1975	14856	12.06.75	12.06.75	in 112 799	18.03.87				
V 100 800	LEW	1975	14857	17.06.75	21.06.75	in 112 800	06.03.97	31.03.98			
V 100 801	LEW	1975	14858	19.06.75	21.06.75	–	27.02.79	17.07.79	08.79		27.02.1979 Unfall in Bad Kleinen mit 110 491
V 100 802	LEW	1975	15074	18.06.75	18.06.75	–	27.10.94	20.06.95			
V 100 803	LEW	1975	15075	26.06.75	08.07.75	in 114 803	31.03.89				
V 100 804	LEW	1975	15076	26.06.75	01.07.75	in 112 804	30.09.85				
V 100 805	LEW	1975	15077	25.06.75	08.07.75	in 114 805	31.03.89				
V 100 806	LEW	1975	15078	25.06.75	18.07.75	in 112 806	13.10.88	27.05.97	28.02.98		
V 100 807	LEW	1975	15079	27.06.75	01.07.75	–	26.10.95	30.11.95			
V 100 808	LEW	1975	15080	30.06.75	02.07.75	in 112 808	29.01.87	05.06.97	31.03.98		
V 100 809	LEW	1975	15081	30.06.75	02.07.75	in 112 809	30.06.89	07.05.98	31.08.98		
V 100 810	LEW	1975	15082	30.06.75	08.07.75	in 112 810	23.06.86				
V 100 811	LEW	1975	15083	03.07.75	15.07.75	in 112 811	15.11.85				
V 100 812	LEW	1975	15084	01.08.75	06.08.75	–	25.06.95	31.07.95	–		verkauft an BASF Ludwigshafen

	Hersteller	Baujahr	Fabrik-Nr.	Abnahme	Indienststellung	Umbau	Umbau am	z-gestellt	ausgemustert	zerlegt	Bemerk
V 100 813	LEW	1975	15085	10.07.75	18.07.75	–	12.01.95	30.11.95			
V 100 814	LEW	1975	15086	11.07.75	18.07.75	in 112 814	14.01.87				
V 100 815	LEW	1975	15087	18.07.75	22.07.75	–	26.10.95	30.11.95			
V 100 816	LEW	1975	15088	18.07.75	22.07.75	in 112 816	28.10.88				
V 100 817	LEW	1975	15089	18.07.75	22.07.75	in 112 817	23.07.86				
V 100 818	LEW	1975	15090	18.07.75	29.07.75	in 112 818	07.06.85				
V 100 819	LEW	1975	15091	18.07.75	22.07.75	in 112 819	31.07.89				
V 100 820	LEW	1975	15092	25.07.75	30.07.75	in 114 820	07.12.90				
V 100 821	LEW	1975	15093	31.07.75	04.08.75	–	28.04.78	09.12.81	03.82		03.04.78 Unfall in Schönheide Ost mit 100 539
V 100 822	LEW	1975	15094	31.07.75	04.08.75	in 112 822	31.05.84				
V 100 823	LEW	1975	15095	01.08.75	05.08.75	–	30.05.94	10.03.95			
V 100 824	LEW	1975	15096	01.08.75	11.08.75	in 112 824	03.10.88	18.09.97	31.01.98		
V 100 825	LEW	1975	15097	11.08.75	02.09.75	in 112 825	31.07.84				
V 100 826	LEW	1975	14890	20.08.75	26.08.75	–	15.08.96	30.11.96			
V 100 827	LEW	1975	14891	19.08.75	22.08.75	in 112 827	25.08.86	23.06.98	15.08.98		
V 100 828	LEW	1975	14892	19.08.75	27.08.75	–	30.05.94	28.02.95	–		verkauft an Augsburger Localbahn GmbH - V 41
V 100 829	LEW	1975	14893	19.08.75	22.08.75	–	12.01.95	30.11.95			
V 100 830	LEW	1975	14894	27.08.75	29.08.75	–	30.10.95	30.11.95			
V 100 831	LEW	1975	14895	25.08.75	25.08.75	in 112 831	21.06.88	02.06.97	31.03.98		
V 100 832	LEW	1975	14896	03.09.75	17.09.75	in 112 832	14.06.88				
V 100 833	LEW	1975	14897	03.09.75	10.09.75	–	31.03.94	30.11.94	–		verkauft an ADtranz
V 100 834	LEW	1975	14898	10.09.75	13.09.75	in 114 834	22.09.89				
V 100 835	LEW	1975	14899	10.09.75	13.09.75	in 112 835	24.06.88	09.09.96	30.11.96		
V 100 836	LEW	1976	15221	30.06.76	07.07.76	in 112 836	31.10.88	17.10.95	24.04.96	00.96	16.10.1995 Unfall in Teichwolframsdorf mit 232 476
V 100 837	LEW	1976	15222	09.07.76	16.07.76	–	08.06.94	10.03.95			
V 100 838	LEW	1976	15223	13.07.76	22.11.76	in 114 838	29.10.90				
V 100 839	LEW	1976	15224	14.07.76	16.07.76	–	12.06.95	20.12.95	00.96		
V 100 840	LEW	1976	15225	13.07.76	22.11.76	–	15.04.94	10.03.95			
V 100 841	LEW	1976	15226	13.07.76	22.11.76	in 112 841	31.05.84				
V 100 842	LEW	1976	15227	16.07.76	17.07.76	in 112 842	04.11.83	25.09.94	30.11.95		
V 100 843	LEW	1976	15228	28.07.76	29.07.76	in 112 843	25.03.88	01.06.97			
V 100 844	LEW	1976	15229	22.07.76	27.07.76	in 112 844	21.01.88				
V 100 845	LEW	1976	15230	27.07.76	29.07.76	in 114 845	13.02.90				
V 100 846	LEW	1976	15231	27.07.76	03.08.76	in 112 846	12.04.88	01.06.97	31.01.98		verkauft an Spitzke Bau GmbH
V 100 847	LEW	1976	15232	04.08.76	05.08.76	in 112 847	15.07.88	01.03.97	17.04.98		
V 100 848	LEW	1976	15233	12.08.76	14.08.76	in 114 848	27.02.89				
V 100 849	LEW	1976	15234	19.08.76	24.08.76	in 112 849	18.05.88				
V 100 850	LEW	1976	15235	19.08.76	24.08.76	in 112 850	14.01.88	12.04.97	28.02.98		
V 100 851	LEW	1976	15236	25.08.76	27.08.76	–	10.06.96	30.08.96			
V 100 852	LEW	1976	15237	20.08.76	25.08.76	in 112 852	11.03.88	27.08.97	31.01.98		
V 100 853	LEW	1976	15238	20.08.76	21.08.76	in 112 853	26.01.84	02.08.95	30.11.95		
V 100 854	LEW	1976	15239	25.08.76	26.08.76	in 112 854	17.02.88	25.06.96	30.11.96		
V 100 855	LEW	1976	15240	31.08.76	31.08.76	in 112 855	13.09.88				
V 100 856	LEW	1976	15241	31.08.76	01.09.76	–	07.12.94	20.05.95			
V 100 857	LEW	1976	15242	03.09.76	06.09.76	in 114 857	28.02.90				
V 100 858	LEW	1976	15243	06.09.76	07.09.76	in 114 858	18.11.91				
V 100 859	LEW	1976	15377	07.09.76	09.09.76	in 112 859	31.07.84	05.06.98	15.08.98		
V 100 860	LEW	1976	15378	13.09.76	15.09.76	in 114 860	17.04.89				
V 100 861	LEW	1976	15379	13.09.76	15.09.76	in 199 861	05.06.90	verkauft am 01.02.93	–		verkauft an Harzer Schmalspurbahnen GmbH - Lok 199 861
V 100 862	LEW	1976	15380	15.09.76	17.09.76	in 114 862	29.06.83				
V 100 863	LEW	1976	15381	17.09.76	29.09.76	in 199 863	23.12.88	verkauft am 01.02.93	–		verkauft an Adtranz (ex HSB 199 863)
V 100 864	LEW	1976	15382	05.10.76	06.10.76	–	30.05.94	10.03.95	–		verkauft an Regiobahn Bitterfeld - Lok V 142
V 100 865	LEW	1976	15383	02.10.76	04.10.76	–	31.03.94	30.11.94			verkauft an Eisenbahnsammlung Weferlingen
V 100 866	LEW	1976	15384	11.10.76	15.10.76	in 112 866	30.06.83	02.06.97	02.07.97		
V 100 867	LEW	1976	15385	14.10.76	20.10.76	–	30.10.95	30.11.95			
V 100 868	LEW	1976	15386	12.10.76	13.10.76	–	11.04.98	30.08.98			
V 100 869	LEW	1976	15387	12.10.76	13.10.76	in 114 869	18.12.91				

		Her-steller	Bau-jahr	Fabrik-Nr.	Abnahme	Indienst-stellung	Umbau	Umbau am	z-gestellt	ausge-mustert	zerlegt	Bemerk
V 100	870	LEW	1976	15388	02.10.76	03.10.76	in 199 870	22.11.90	verkauft am 01.02.93	–		verkauft an Adtranz (ex HSB 199 870)
V 100	871	LEW	1976	15389	27.10.76	28.10.76	in 199 871	06.01.89	verkauft am 01.02.93	–		verkauft an Harzer Schmalspur-bahnen GmbH - Lok 199 871
V 100	872	LEW	1976	15390	31.10.76	22.11.76	in 199 872	16.01.90	verkauft am 01.02.93	–		verkauft an Harzer Schmalspur-bahnen GmbH - Lok 199 872
V 100	873	LEW	1976	15391	28.10.76	01.11.76	–	12.01.95	30.11.95			
V 100	874	LEW	1976	15392	08.11.76	16.11.76	in 199 874	29.11.90	verkauft am 01.02.93	–		verkauft an Harzer Schmalspurbah-nen GmbH - Lok 199 874
V 100	875	LEW	1976	15393	17.11.76	24.11.76	–	20.02.98	10.06.98			
V 100	876	LEW	1976	15394	16.11.76	18.11.76	–	07.06.95	30.11.95			
V 100	877	LEW	1978	16391	06.03.78	09.03.78	in 199 877	23.12.90	verkauft am 01.02.93	–		verkauft an Harzer Schmalspurbah-nen GmbH - Lok 199 877
V 100	878	LEW	1977	16372	12.12.77	19.12.77	–	21.09.94	28.02.95	–		verkauft an Ahaus Alstätter Eisen-bahn GmbH - Lok Alstätte II
V 100	879	LEW	1977	16373	12.12.77	19.12.77	in 199 879	19.10.90	verkauft am 01.02.93	–		verkauft an Adtranz (ex HSB 199 879)
V 100	880	LEW	1977	16374	14.12.77	19.12.77	in 112 880	25.11.83	29.08.97	28.02.98		
V 100	881	LEW	1977	16375	14.12.77	19.12.77	in 201 999	30.05.94	31.10.95	–		verkauft an Dortmunder Eisen-bahn(DE) - Lok 807
V 100	882	LEW	1977	16376	20.12.77	21.12.77	in 112 882	28.08.90				
V 100	883	LEW	1977	16377	10.01.78	12.01.78	–	05.07.94	27.09.94	–		verkauft an DWU Espenhain - Lok Uwe 15
V 100	884	LEW	1978	16378	12.01.78	13.01.78	–	13.10.94	31.07.95	–		verkauft an Augsburger Localbahn GmbH - V 41
V 100	885	LEW	1978	16379	28.02.78	07.03.78	in 112 885	22.08.90				
V 100	886	LEW	1978	16380	24.01.78	26.01.78	–	03.01.95	30.10.95			
V 100	887	LEW	1978	16381	08.03.78	10.03.78	–	12.01.95	30.11.95			
V 100	888	LEW	1978	16382	10.02.78	16.02.78	–	12.01.95	30.11.95			
V 100	889	LEW	1978	16383	28.02.78	06.03.78	–	25.09.94	30.06.95	–		verkauft an Erfurter Industriebahn - Lok 20
V 100	890	LEW	1978	16384	20.02.78	24.02.78	–	30.05.94	30.11.94	–		verkauft an Eisenbahn & Häfen GmbH Duisburg - Lok 902
V 100	891	LEW	1978	16385	29.03.78	01.04.78	in 199 891	01.11.90	verkauft am 01.02.93	–		verkauft an Adtranz (ex HSB 199 891)
V 100	892	LEW	1978	16386	20.02.78	21.02.78	in 199 892	23.12.90	verkauft am 01.02.93	–		verkauft an Harzer Schmalspurbah nen GmbH - Lok 199 892
V 100	893	LEW	1978	16387	28.02.78	01.03.78	in 112 893	31.05.84	11.09.97	31.01.98		
V 100	894	LEW	1978	16388	28.02.78	01.03.78	in 112 894	30.03.84	31.05.98	31.05.98		
V 100	895	LEW	1978	16389	08.03.78	13.03.78	–	30.04.96	30.08.96			
V 100	896	LEW	1978	16390	15.03.78	16.03.78	–	17.03.93	01.04.93	04.94	17.12.92	Unfall in Beeskow mit LKW
V 100	999	LEW	1977	16375	14.12.77	19.12.77	aus 201 881	30.05.94				Mietende am 31.10.95

Abkürzungen:
LKM: Lokomotivbau »Karl Marx« Potsdam-Babelsberg
LEW Lokomotivbau-Elektrotechnische Werke »Hans Beimler« Henningsdorf
DWU: Deponiewirtschaft-Umwelttechnik GmbH Espenhain
ADtranz:ABB-Daimler Benz Transportation
Laubag: Lausitzer Braunkohle AG
RAW: Reichsbahn-Ausbesserungswerk
BASF: Badische Anilin- und Soda-Fabrik
EKO: Eisenhüttenkombinat Ost

Statistik Baureihe V 100.2

		Hersteller	Baujahr	Fabriknummer	Bemerkungen
V 100-2	14083	LEW	1974	14083	geliefert an Volksrepublik China
V 100-2	14084	LEW	1974	14084	geliefert an Volksrepublik China
V 100-2	14085	LEW	1974	14085	geliefert an Volksrepublik China
V 100-2	14086	LEW	1974	14086	geliefert an Volksrepublik China
V 100-2	14087	LEW	1974	14087	geliefert an Volksrepublik China
V 100-2	14088	LEW	1974	14088	geliefert an Volksrepublik China
V 100-2	14089	LEW	1974	14089	geliefert an Volksrepublik China
V 100-2	14090	LEW	1974	14090	geliefert an Volksrepublik China
V 100-2	14091	LEW	1974	14091	geliefert an Volksrepublik China
V 100-2	14092	LEW	1974	14092	geliefert an Volksrepublik China
V 100-2	14093	LEW	1974	14093	geliefert an Volksrepublik China
V 100-2	14094	LEW	1974	14094	geliefert an Volksrepublik China
V 100-2	14095	LEW	1974	14095	geliefert an Volksrepublik China
V 100-2	14096	LEW	1974	14096	geliefert an Volksrepublik China
V 100-2	14097	LEW	1974	14097	geliefert an Volksrepublik China
V 100-2	14098	LEW	1974	14098	geliefert an Volksrepublik China
V 100-2	14099	LEW	1974	14099	geliefert an Volksrepublik China
V 100-2	14477	LEW	1975	14477	geliefert an Volksrepublik China
V 100-2	14478	LEW	1975	14478	geliefert an Volksrepublik China
V 100-2	14479	LEW	1975	14479	geliefert an Volksrepublik China
V 100-2	14480	LEW	1975	14480	geliefert an Volksrepublik China
V 100-2	14481	LEW	1975	14481	geliefert an Volksrepublik China
V 100-2	14482	LEW	1975	14482	geliefert an Volksrepublik China
V 100-2	14483	LEW	1975	14483	geliefert an Volksrepublik China
V 100-2	14484	LEW	1975	14484	geliefert an Volksrepublik China
V 100-2	14485	LEW	1975	14485	geliefert an Volksrepublik China
V 100-2	14486	LEW	1975	14486	geliefert an Volksrepublik China
V 100-2	14487	LEW	1975	14487	geliefert an Volksrepublik China
V 100-2	14488	LEW	1975	14488	geliefert an Volksrepublik China
V 100-2	14489	LEW	1975	14489	geliefert an Volksrepublik China
V 100-2	14490	LEW	1975	14490	geliefert an Volksrepublik China
V 100-2	14491	LEW	1975	14491	geliefert an Volksrepublik China
V 100-2	14492	LEW	1975	14492	geliefert an Volksrepublik China
V 100-2	14493	LEW	1975	14493	geliefert an Volksrepublik China
V 100-2	14494	LEW	1975	14494	geliefert an Volksrepublik China
V 100-2	14495	LEW	1975	14495	geliefert an Volksrepublik China
V 100-2	14496	LEW	1975	14496	geliefert an Volksrepublik China
V 100-2	14652	LEW	1975	14652	geliefert an Volksrepublik China
V 100-2	14653	LEW	1975	14653	geliefert an Volksrepublik China
V 100-2	14654	LEW	1975	14654	geliefert an Volksrepublik China
V 100-2	14655	LEW	1975	14655	geliefert an Volksrepublik China
V 100-2	14656	LEW	1975	14656	geliefert an Volksrepublik China
V 100-2	15204	LEW	1976	15204	geliefert an Volksrepublik China
V 100-2	15205	LEW	1976	15205	geliefert an Volksrepublik China
V 100-2	15206	LEW	1976	15206	geliefert an Volksrepublik China
V 100-2	15207	LEW	1976	15207	geliefert an Volksrepublik China
V 100-2	15208	LEW	1976	15208	geliefert an Volksrepublik China
V 100-2	15209	LEW	1976	15209	geliefert an Volksrepublik China
V 100-2	15210	LEW	1976	15210	geliefert an Volksrepublik China
V 100-2	15211	LEW	1976	15211	geliefert an Volksrepublik China
V 100-2	15212	LEW	1976	15212	geliefert an Volksrepublik China
V 100-2	15213	LEW	1976	15213	geliefert an Volksrepublik China
V 100-2	15214	LEW	1976	15214	geliefert an Volksrepublik China
V 100-2	15215	LEW	1976	15215	geliefert an Volksrepublik China
V 100-2	15216	LEW	1976	15216	geliefert an Volksrepublik China
V 100-2	15217	LEW	1976	15217	geliefert an Volksrepublik China
V 100-2	15218	LEW	1976	15218	geliefert an Volksrepublik China
V 100-2	15219	LEW	1976	15219	geliefert an Volksrepublik China
V 100-2	15220	LEW	1976	15220	geliefert an Volksrepublik China

Abkürzungen: LEW: Lokomotivbau-Elektrotechnische Werke »Hans Beimler« Henningsdorf b.Berlin

Statistik Baureihe V 100.3

		Hersteller	Baujahr	Fabriknummer	Bemerkungen
V 100-3	15396	LEW	1977	15396	geliefert an Volksrepublik China
V 100-3	15397	LEW	1977	15397	geliefert an Volksrepublik China
V 100-3	15398	LEW	1977	15398	geliefert an Volksrepublik China
V 100-3	15399	LEW	1977	15399	geliefert an Volksrepublik China
V 100-3	15400	LEW	1977	15400	geliefert an Volksrepublik China
V 100-3	15401	LEW	1977	15401	geliefert an Volksrepublik China
V 100-3	15402	LEW	1977	15402	geliefert an Volksrepublik China
V 100-3	15403	LEW	1977	15403	geliefert an Volksrepublik China
V 100-3	15404	LEW	1977	15404	geliefert an Volksrepublik China
V 100-3	15405	LEW	1977	15405	geliefert an Volksrepublik China
V 100-3	15406	LEW	1977	15406	geliefert an Volksrepublik China
V 100-3	15407	LEW	1977	15407	geliefert an Volksrepublik China
V 100-3	15408	LEW	1977	15408	geliefert an Volksrepublik China
V 100-3	15409	LEW	1977	15409	geliefert an Volksrepublik China
V 100-3	15410	LEW	1977	15410	geliefert an Volksrepublik China
V 100-3	15411	LEW	1977	15411	geliefert an Volksrepublik China
V 100-3	15412	LEW	1977	15412	geliefert an Volksrepublik China
V 100-3	15413	LEW	1977	15413	geliefert an Volksrepublik China
V 100-3	15414	LEW	1977	15414	geliefert an Volksrepublik China
V 100-3	15415	LEW	1977	15415	geliefert an Volksrepublik China
V 100-3	15416	LEW	1977	15416	geliefert an Volksrepublik China
V 100-3	16480	LEW	1979	16480	geliefert an Volksrepublik China
V 100-3	16481	LEW	1979	16481	geliefert an Volksrepublik China
V 100-3	16482	LEW	1979	16482	geliefert an Volksrepublik China
V 100-3	16483	LEW	1979	16483	geliefert an Volksrepublik China
V 100-3	16484	LEW	1979	16484	geliefert an Volksrepublik China
V 100-3	16485	LEW	1979	16485	geliefert an Volksrepublik China
V 100-3	16486	LEW	1979	16486	geliefert an Volksrepublik China
V 100-3	16487	LEW	1979	16487	geliefert an Volksrepublik China
V 100-3	16488	LEW	1979	16488	geliefert an Volksrepublik China
V 100-3	16489	LEW	1979	16489	geliefert an Volksrepublik China
V 100-3	16490	LEW	1979	16490	geliefert an Volksrepublik China
V 100-3	16491	LEW	1979	16491	geliefert an Volksrepublik China
V 100-3	16492	LEW	1979	16492	geliefert an Volksrepublik China
V 100-3	16493	LEW	1979	16493	geliefert an Volksrepublik China
V 100-3	16494	LEW	1979	16494	geliefert an Volksrepublik China
V 100-3	16495	LEW	1979	16495	geliefert an Volksrepublik China
V 100-3	16496	LEW	1979	16496	geliefert an Volksrepublik China
V 100-3	16497	LEW	1979	16497	geliefert an Volksrepublik China
V 100-3	16498	LEW	1979	16498	geliefert an Volksrepublik China
V 100-3	16499	LEW	1979	16499	geliefert an Volksrepublik China
V 100-3	17000	LEW	1980	17000	geliefert an Volksrepublik China
V 100-3	17001	LEW	1980	17001	geliefert an Volksrepublik China
V 100-3	17002	LEW	1980	17002	geliefert an Volksrepublik China
V 100-3	17003	LEW	1980	17003	geliefert an Volksrepublik China
V 100-3	17004	LEW	1980	17004	geliefert an Volksrepublik China
V 100-3	17005	LEW	1980	17005	geliefert an Volksrepublik China
V 100-3	17006	LEW	1980	17006	geliefert an Volksrepublik China
V 100-3	17007	LEW	1980	17007	geliefert an Volksrepublik China
V 100-3	17008	LEW	1980	17008	geliefert an Volksrepublik China
V 100-3	17009	LEW	1980	17009	geliefert an Volksrepublik China
V 100-3	17010	LEW	1980	17010	geliefert an Volksrepublik China
V 100-3	17011	LEW	1980	17011	geliefert an Volksrepublik China
V 100-3	17012	LEW	1980	17012	geliefert an Volksrepublik China
V 100-3	17013	LEW	1980	17013	geliefert an Volksrepublik China
V 100-3	17014	LEW	1980	17014	geliefert an Volksrepublik China
V 100-3	17015	LEW	1980	17015	geliefert an Volksrepublik China
V 100-3	17016	LEW	1980	17016	geliefert an Volksrepublik China
V 100-3	17017	LEW	1980	17017	geliefert an Volksrepublik China
V 100-3	17018	LEW	1980	17018	geliefert an Volksrepublik China
V 100-3	17019	LEW	1980	17019	geliefert an Volksrepublik China
V 100-3	17020	LEW	1980	17020	geliefert an Volksrepublik China
V 100-3	17021	LEW	1980	17021	geliefert an Volksrepublik China

		Hersteller	Baujahr	Fabriknummer	Bemerkungen
V 100-3	17022	LEW	1980	17022	geliefert an Volksrepublik China
V 100-3	17023	LEW	1980	17023	geliefert an Volksrepublik China
V 100-3	17024	LEW	1980	17024	geliefert an Volksrepublik China
V 100-3	17025	LEW	1980	17025	geliefert an Volksrepublik China
V 100-3	17026	LEW	1980	17026	geliefert an Volksrepublik China
V 100-3	17027	LEW	1980	17027	geliefert an Volksrepublik China
V 100-3	17028	LEW	1980	17028	geliefert an Volksrepublik China
V 100-3	17029	LEW	1980	17029	geliefert an Volksrepublik China
V 100-3	17030	LEW	1980	17030	geliefert an Volksrepublik China
V 100-3	17031	LEW	1980	17031	geliefert an Volksrepublik China
V 100-3	17032	LEW	1980	17032	geliefert an Volksrepublik China
V 100-3	17033	LEW	1980	17033	geliefert an Volksrepublik China
V 100-3	17034	LEW	1980	17034	geliefert an Volksrepublik China
V 100-3	17035	LEW	1980	17035	geliefert an Volksrepublik China
V 100-3	17036	LEW	1980	17036	geliefert an Volksrepublik China
V 100-3	17037	LEW	1980	17037	geliefert an Volksrepublik China
V 100-3	17038	LEW	1980	17038	geliefert an Volksrepublik China
V 100-3	17039	LEW	1980	17039	geliefert an Volksrepublik China
V 100-3	17375	LEW	1981	17375	geliefert an Volksrepublik China
V 100-3	17376	LEW	1981	17376	geliefert an Volksrepublik China
V 100-3	17377	LEW	1981	17377	geliefert an Volksrepublik China
V 100-3	17378	LEW	1981	17378	geliefert an Volksrepublik China
V 100-3	17379	LEW	1981	17379	geliefert an Volksrepublik China
V 100-3	17380	LEW	1981	17380	geliefert an Volksrepublik China
V 100-3	17381	LEW	1981	17381	geliefert an Volksrepublik China
V 100-3	17382	LEW	1981	17382	geliefert an Volksrepublik China
V 100-3	17383	LEW	1981	17383	geliefert an Volksrepublik China
V 100-3	17384	LEW	1981	17384	geliefert an Volksrepublik China
V 100-3	17385	LEW	1981	17385	geliefert an Volksrepublik China
V 100-3	17386	LEW	1981	17386	geliefert an Volksrepublik China
V 100-3	17387	LEW	1981	17387	geliefert an Volksrepublik China
V 100-3	17388	LEW	1981	17388	geliefert an Volksrepublik China
V 100-3	17389	LEW	1981	17389	geliefert an Volksrepublik China
V 100-3	17390	LEW	1981	17390	geliefert an Volksrepublik China
V 100-3	17391	LEW	1981	17391	geliefert an Volksrepublik China
V 100-3	17392	LEW	1981	17392	geliefert an Volksrepublik China
V 100-3	17393	LEW	1981	17393	geliefert an Volksrepublik China
V 100-3	17394	LEW	1981	17394	geliefert an Volksrepublik China
V 100-3	17395	LEW	1981	17395	geliefert an Volksrepublik China
V 100-3	17396	LEW	1981	17396	geliefert an Volksrepublik China
V 100-3	17397	LEW	1981	17397	geliefert an Volksrepublik China
V 100-3	17398	LEW	1981	17398	geliefert an Volksrepublik China
V 100-3	17399	LEW	1981	17399	geliefert an Volksrepublik China
V 100-3	17400	LEW	1981	17400	geliefert an Volksrepublik China
V 100-3	17401	LEW	1981	17401	geliefert an Volksrepublik China
V 100-3	17402	LEW	1981	17402	geliefert an Volksrepublik China
V 100-3	17403	LEW	1981	17403	geliefert an Volksrepublik China
V 100-3	17404	LEW	1981	17404	geliefert an Volksrepublik China
V 100-3	17405	LEW	1981	17405	geliefert an Volksrepublik China
V 100-3	17406	LEW	1981	17406	geliefert an Volksrepublik China
V 100-3	17407	LEW	1981	17407	geliefert an Volksrepublik China
V 100-3	17408	LEW	1981	17408	geliefert an Volksrepublik China
V 100-3	17409	LEW	1981	17409	geliefert an Volksrepublik China
V 100-3	17884	LEW	1982	17884	geliefert an Volksrepublik China
V 100-3	17885	LEW	1982	17885	geliefert an Volksrepublik China
V 100-3	17886	LEW	1982	17886	geliefert an Volksrepublik China
V 100-3	17887	LEW	1982	17887	geliefert an Volksrepublik China
V 100-3	17888	LEW	1982	17888	geliefert an Volksrepublik China
V 100-3	17889	LEW	1982	17889	geliefert an Volksrepublik China
V 100-3	17890	LEW	1982	17890	geliefert an Volksrepublik China
V 100-3	17891	LEW	1982	17891	geliefert an Volksrepublik China
V 100-3	17892	LEW	1982	17892	geliefert an Volksrepublik China
V 100-3	17893	LEW	1982	17893	geliefert an Volksrepublik China
V 100-3	17894	LEW	1982	17894	geliefert an Volksrepublik China

	Hersteller	Baujahr	Fabriknummer	Bemerkungen
V 100-3 17895	LEW	1982	17895	geliefert an Volksrepublik China
V 100-3 17896	LEW	1982	17896	geliefert an Volksrepublik China
V 100-3 17897	LEW	1982	17897	geliefert an Volksrepublik China
V 100-3 17898	LEW	1982	17898	geliefert an Volksrepublik China

Abkürzungen: LEW: Lokomotivbau Elektrotechnische Werke »Hans Beimler

Statistik Baureihe V 100.4

Hersteller	Fabrik-Nr.	Baujahr	Indienststellung	geliefert an		jetziger Eigentümer	Lok-Nr.
LEW	16583	1981	01.07.81	VEB EKO Eisenhüttenstadt	61	EKO - Stahl AG Eisenhüttenstadt	61
LEW	17852	1982	15.03.82	VEB EKO Eisenhüttenstadt	62	EKO - Stahl AG Eisenhüttenstadt	62
LEW	17730	1983	21.07.83	VEB EKO Eisenhüttenstadt	64	EKO - Stahl AG Eisenhüttenstadt	64
LEW	17733	1983	31.03.83	VEB EKO Eisenhüttenstadt	65	EKO - Stahl AG Eisenhüttenstadt	65
LEW	17729	1983	30.03.83	VEB Kali Werra Merkers	1	Karsdorfer Eisenbahn Gesellschaft	205
LEW	17732	1983	31.03.83	VEB Kali Werra Merkers	2	Kali Transport GmbH - Hamburg Kattwyk	1 II
LEW	16671	1981	11.06.81	Braunkohlenwerk Cottbus	Di 484-100-B4	LAUBAG	110-04
LEW	17727	1983	30.03.83	Braunkohlenwerk Kittlitz	1	LAUBAG	110-05
LEW	17731	1983	28.03.83	Braunkohlenwerk Knappenrode	Di 489-100-B4	LAUBAG	110-02
LEW	16672	1981	03.06.81	Braunkohlenkombinat Welzow	110-01	Eisenbahn Bremen-Thedingshausen	V 105
LEW	16581	1981	05.05.81	VEB Leuna Werke	131	InfraLeuna Infrastruktur- & Service GmbH	131
LEW	16582	1981	06.05.81	VEB Leuna Werke	132	InfraLeuna Infrastruktur- & Service GmbH	132
LEW	16676	1981	30.06.81	VEB Leuna Werke	133	InfraLeuna Infrastruktur- & Service GmbH	133
LEW	16677	1981	22.07.81	VEB Leuna Werke	134	InfraLeuna Infrastruktur- & Service GmbH	134
LEW	17850	1982	20.05.82	VEB Leuna Werke	135	InfraLeuna Infrastruktur- & Service GmbH	135
LEW	17853	1983	??.??.1982	Braunkohlenkombinat Deuben	17853	MIBRAG Profen	17853
LEW	16670	1981	08.05.81	Braunkohlenkombinat Deuben	16670	MIBRAG Profen	16670
LEW	16324	1981	14.04.81	VEB Petrolchemisches Kombinat Schwedt	11	Petrolchemie und Kraftstoffe AG Schwedt	V 150-1
LEW	16325	1981	15.04.81	VEB Petrolchemisches Kombinat Schwedt	12	Petrolchemie und Kraftstoffe AG Schwedt	V 150-2
LEW	16326	1981	29.04.81	VEB Petrolchemisches Kombinat Schwedt	13	Petrolchemie und Kraftstoffe AG Schwedt	V 150-3
LEW	16673	1981	11.06.81	VEB Petrolchemisches Kombinat Schwedt	14	Petrolchemie und Kraftstoffe AG Schwedt	V 150-4
LEW	16674	1981	11.06.81	VEB Petrolchemisches Kombinat Schwedt	15	Petrolchemie und Kraftstoffe AG Schwedt	V 150-5
LEW	16675	1981	20.05.81	VEB Petrolchemisches Kombinat Schwedt	16	Prignitzer Eisenbahn Gesellschaft	1
LEW	17851	1982	06.04.82	VEB Petrolchemisches Kombinat Schwedt	17	Prignitzer Eisenbahn Gesellschaft	2
LEW	16584	1981	08.05.81	VEB Maxhütte Unterwellenborn	22	Stahlwerk Thüringen GmbH Unterwellenborn	22
LEW	17849	1982	28.04.82	VEB Maxhütte Unterwellenborn	23	Stahlwerk Thüringen GmbH Unterwellenborn	23
LEW	17728	1983	??.04.1983	VEB EKO Eisenhüttenstadt	63	Regiobahn Bitterfeld	V 141
LEW	16327	1981	Export CSSR	745 527-2		DWU Espenhain	13
LEW	16328	1981	Export CSSR	745 528-0		Karsdorfer Eisenbahn Gesellschaft	
LEW	17709	1982	Export CSSR	745 709-6		Karsdorfer Eisenbahn Gesellschaft	
LEW	16580	1981	Export CSSR				
LEW	16678	1981	12.06.81	Deutsche Reichsbahn	111 001	Deutsche Bahn AG	298 301
LEW	16679	1981	12.06.81	Deutsche Reichsbahn	111 002	Deutsche Bahn AG	298 302
LEW	17302	1981	12.06.81	Deutsche Reichsbahn	111 003	Deutsche Bahn AG	298 303
LEW	17303	1981	19.06.81	Deutsche Reichsbahn	111 004	Deutsche Bahn AG	298 304
LEW	17304	1981	19.06.81	Deutsche Reichsbahn	111 005	Deutsche Bahn AG	298 305
LEW	17305	1981	26.06.81	Deutsche Reichsbahn	111 006	Deutsche Bahn AG	298 306
LEW	17306	1981	26.06.81	Deutsche Reichsbahn	111 007	Deutsche Bahn AG	298 307
LEW	17307	1981	06.07.81	Deutsche Reichsbahn	111 008	Deutsche Bahn AG	298 308
LEW	17308	1981	06.07.81	Deutsche Reichsbahn	111 009	Deutsche Bahn AG	298 309
LEW	17309	1981	06.07.81	Deutsche Reichsbahn	111 010	Deutsche Bahn AG	298 310
LEW	17839	1982	13.02.82	Deutsche Reichsbahn	111 011	Deutsche Bahn AG	298 311
LEW	17840	1982	17.02.82	Deutsche Reichsbahn	111 012	Deutsche Bahn AG	298 312
LEW	17841	1982	18.02.82	Deutsche Reichsbahn	111 013	Deutsche Bahn AG	298 313
LEW	17842	1982	24.02.82	Deutsche Reichsbahn	111 014	Deutsche Bahn AG	298 314
LEW	17843	1982	24.02.82	Deutsche Reichsbahn	111 015	Deutsche Bahn AG	298 315
LEW	17844	1982	02.03.82	Deutsche Reichsbahn	111 016	Deutsche Bahn AG	298 316

Hersteller	Fabrik-Nr.	Baujahr	Indienst-stellung	geliefert an		jetziger Eigentümer	Lok-Nr.
LEW	17845	1982	02.03.82	Deutsche Reichsbahn	111 017	Deutsche Bahn AG	298 317
LEW	17846	1982	02.03.82	Deutsche Reichsbahn	111 018	Deutsche Bahn AG	298 318
LEW	17847	1982	03.03.82	Deutsche Reichsbahn	111 019	Deutsche Bahn AG	298 319
LEW	17848	1982	12.03.82	Deutsche Reichsbahn	111 020	Deutsche Bahn AG	298 320
LEW	17710	1983	06.04.83	Deutsche Reichsbahn	111 021	Deutsche Bahn AG	298 321
LEW	17711	1983	06.04.83	Deutsche Reichsbahn	111 022	Deutsche Bahn AG	298 322
LEW	17712	1983	06.04.83	Deutsche Reichsbahn	111 023	Deutsche Bahn AG	298 323
LEW	17713	1983	08.04.83	Deutsche Reichsbahn	111 024	Deutsche Bahn AG	298 324
LEW	17714	1983	15.04.83	Deutsche Reichsbahn	111 025	Deutsche Bahn AG	298 325
LEW	17715	1983	21.04.83	Deutsche Reichsbahn	111 026	Deutsche Bahn AG	298 326
LEW	17716	1983	21.04.83	Deutsche Reichsbahn	111 027	Deutsche Bahn AG	298 327
LEW	17717	1983	21.04.83	Deutsche Reichsbahn	111 028	Deutsche Bahn AG	298 328
LEW	17718	1983	23.04.83	Deutsche Reichsbahn	111 029	Deutsche Bahn AG	298 329
LEW	17719	1983	25.04.83	Deutsche Reichsbahn	111 030	Deutsche Bahn AG	298 330
LEW	17720	1983	29.04.83	Deutsche Reichsbahn	111 031	Deutsche Bahn AG	298 331
LEW	17721	1983	29.04.83	Deutsche Reichsbahn	111 032	Deutsche Bahn AG	298 332
LEW	17722	1983	29.04.83	Deutsche Reichsbahn	111 033	Deutsche Bahn AG	298 333
LEW	17723	1983	05.05.83	Deutsche Reichsbahn	111 034	Deutsche Bahn AG	298 334
LEW	17724	1983	05.05.83	Deutsche Reichsbahn	111 035	Deutsche Bahn AG	298 335
LEW	17725	1983	05.05.83	Deutsche Reichsbahn	111 036	Deutsche Bahn AG	298 336
LEW	17726	1983	05.05.83	Deutsche Reichsbahn	111 037	Deutsche Bahn AG	298 337

VEB: Volkseigener Betrieb
EKO: Eisenhüttenkombinat Ost
DWU: Deponiewirtschaft-Umwelttechnik GmbH Espenhain
MIBRAG: Mitteldeutsche Braunkohle AG
LAUBAG: Lausitzer Braunkohle AG

Statistik Baureihe V 100.5

	Hersteller	Baujahr	Fabrik-Nr.	Abnahme	Indienstst.	z-gestellt	ausgem.	zerlegt	Bemerkungen	Umbau
V 100 960	LEW	1976	15395						verkauft an Hörseltalbahn Eisenach - Lok V 143	aus 710 980
V 100 961	LEW	1981	17310	03.08.81	–	–	–	–	verkauft an Deutsche Gleis & Tiefbau GmbH Berlin	in 710 961
V 100 962	LEW	1982	17311	19.05.83	20.05.83	–	–	–	verkauft an Deutsche Gleis & Tiefbau GmbH Berlin	in 710 962
V 100 963	LEW	1983	17312	19.05.83	20.05.83	–	–	–	verkauft an Deutsche Gleis & Tiefbau GmbH Berlin	in 710 963
V 100 964	LEW	1983	17313	25.05.83	26.05.83	–	–	–	verkauft an Deutsche Gleis & Tiefbau GmbH Berlin	in 710 964
V 100 965	LEW	1983	17314	02.06.83	02.06.83	–	–	–	verkauft an Deutsche Gleis & Tiefbau GmbH Berlin	in 710 965
V 100 966	LEW	1983	17315	16.06.83	16.06.83	–	–	–	verkauft an Deutsche Gleis & Tiefbau GmbH Berlin	in 710 966
V 100 967	LEW	1983	17316	01.07.83	01.07.83	–	–	–	verkauft an Deutsche Gleis & Tiefbau GmbH Berlin	in 710 967
V 100 968	LEW	1983	17317	15.06.83	16.06.83	–	–	–	verkauft an Deutsche Gleis & Tiefbau GmbH Berlin	in 710 968
V 100 969	LEW	1983	16755	20.06.83	21.06.83					in 710 969
V 100 970	LEW	1983	16756	01.08.83	02.08.83	–	–	–	verkauft an Deutsche Gleis & Tiefbau GmbH Berlin	in 710 970
V 100 980	LEW	1976	15395	–	–	–				in 710 960
– –	LEW	1981	17318						Export CSSR - 745 601	
– –	LEW	1981	17319						Export CSSR - 745 602	
– –	LEW	1981	17320						Export CSSR - 745 603	
– –	LEW	1981	17321						Export CSSR - 745 604	
– –	LEW	1981	17536						Export CSSR - 745 605	
– –	LEW	1981	17537						Export CSSR - 745 606	
– –	LEW	1981	17538						Export CSSR - 745 607	

Abkürzungen: LEW: Lokomotivbau-Elektrotechnische Werke »Hans Beimler« Henningsdorf b. Berlin

STATISTIK Baureihe V 111

Betr.-Nr	Hersteller	Baujahr	Fabrik-Nr.	Indienststellung	Umbau in	Werksausgang	zum Bw
111 001	LEW	1981	16678	Bw Neuruppin	298 301	12.91	LeS
111 002	LEW	1981	16679	Bw Neuruppin	298 302	11.91	LeS
111 003	LEW	1981	17302	Bw Neuruppin	298 303	10.92	Reich
111 004	LEW	1981	17303	Bw Neuruppin	298 304	04.93	Chem
111 005	LEW	1981	17304	Bw Neuruppin	298 305	12.92	LeS
111 006	LEW	1981	17305	Bw Wittenbge.	298 306	04.92	Nbb
111 007	LEW	1981	17306	Bw Wittenbge.	298 307	12.91	Rost
111 008	LEW	1981	17307	Bw Wittenbge.	298 308	04.92	Nbb
111 009	LEW	1981	17308	Bw Wittenbge.	298 309	12.91	Dres
111 010	LEW	1981	17309	Bw Wittenbge.	298 310	12.91	Rost
111 011	LEW	1982	17839	Bw Rostock H	298 311	04.93	Chem
111 012	LEW	1982	17840	Bw Wittenbge.	298 312	04.92	Rost
111 013	LEW	1982	17841	Bw Rostock H	298 313	04.92	LeS
111 014	LEW	1982	17842	Bw Wittenbge.	298 314	10.92	Reich
111 015	LEW	1982	17843	Bw Wittenbge.	298 315	01.92	LeS
111 016	LEW	1982	17844	Bw Wittenbge.	298 316	12.91	Rost
111 017	LEW	1982	17845	Bw Rostock H	298 317	05.92	Sedd
111 018	LEW	1982	17846	Bw Rostock H	298 318	12.91	Rost
111 019	LEW	1982	17847	Bw Rostock H	298 319	12.91	LeS
111 020	LEW	1982	17848	Bw Rostock H	298 320	04.92	Rost
111 021	LEW	1982	17710	Bw Falkenberg	298 321	12.91	LeS
111 022	LEW	1982	17711	Bw Falkenberg	298 322	12.92	HG
111 023	LEW	1982	17712	Bw Falkenberg	298 323	09.92	HG
111 024	LEW	1982	17713	Bw Leipzig Süd	298 324	10.92	LeS
111 025	LEW	1982	17714	Bw Leipzig Süd	298 325	05.92	HG
111 026	LEW	1982	17715	Bw Leipzig Süd	298 326	12.91	LeS
111 027	LEW	1982	17716	Bw Falkenberg	298 327	07.92	LeS
111 028	LEW	1982	17717	Bw Röblingen	298 328	01.92	LeS
111 029	LEW	1982	17718	Bw Falkenberg	298 329	06.92	HG
111 030	LEW	1982	17719	Bw Altenburg	298 330	01.92	LeS
111 031	LEW	1982	17720	Bw Falkenberg	298 331	01.92	Sedd
111 032	LEW	1982	17721	Bw Leipzig Süd	298 332	04.93	LeS
111 033	LEW	1982	17722	Bw Leipzig Süd	298 333	05.93	LeS
111 034	LEW	1982	17723	Bw Altenburg	298 334	06.92	LeS
111 035	LEW	1982	17724	Bw Altenburg	298 335	11.91	LeS
111 036	LEW	1982	17725	Bw Leipzig Süd	108 036 [1]	05.90	HG
111 037	LEW	1982	17726	Bw Altenburg	108 037 [1]	11.90	HG

[1] zum 01.01.92 in 298 336 und 298 337 umgezeichnet

Abkürzungen der Bahnbetriebswerke in der letzten Spalte:
Chem = Chemnitz, Dres = Dresden, HG = Halle G, LeS = Leipzig Hbf Süd, Nbb = Neubrandenburg, Reich = Reichenbach, Rost = Rostock Seehafen, Sedd = Seddin.

Quellenverzeichnis

Autorenkollektiv: Strecken-Diesellokomotiven. 4. Auflage. Berlin 1981.

Autorenkollektiv: Taschenbuch Diesellokomotiven. Herausgegeben vom VEB Lokomotivbau Karl Marx Babelsberg. Berlin 1967.

Dannehl, Adolf: Kühlanlagen der Dieseltriebfahrzeuge der Deutschen Reichsbahn. Zeitschrift Schienenfahrzeuge 12/1973.

Deutsche Bahn AG: Arbeitskreis Zustand-Qualitätsverbesserung-Triebfahrzeuge (ZQT). Ergebnisbericht. Vergleich der Brennkraft-Streckenlokomotiven BR 202, 204 mit 211, 212 und 213. 1994.

Deutsche Reichsbahn: Versuchs- und Entwicklungsstelle für die Maschinenwirtschaft Halle. Leistungstechnische Erprobung der Baumuster-Diesellokomotive V 100 001.

Deutsche Reichsbahn: Versuchs- und Entwicklungsstelle für die Maschinenwirtschaft Halle. Geräuschmessung V 100 117 (Serie 1969). Halle 1969.

Deutsche Reichsbahn: Versuchs- und Entwicklungsstelle für die Maschinenwirtschaft Halle. Versuchsbericht über die lauftechnische Untersuchung einer Diesellokomotive der BR V 100, Serienausführung 1967. Versuchsfahrzeug V 100 006. Halle 1967.

Dörger, Siegbert; Geißler, Winfried: Vergangenheit und Gegenwart der Lokomotiv-Baureihen 110 und 118. Zeitschrift Modelleisenbahner 12/1986.

Feihl, Johannes: Die Diesellokomotive. Aufbau, Technik, Auslegung. Stuttgart 1997.

Gärtner, Ekkehard: Die Diesellokomotive V 100 und ihre Varianten. Zeitschrift Schienenfahrzeuge 5/1982.

Gärtner, Ekkehard; Schönberg, Stephan: Neue LEW-Diesellokomotive V 100.6 für den Rangierdienst. Zeitschrift Schienenfahrzeuge 6/1990.

Gest, Jürgen: Probefahrten mit einer dieselhydraulischen Lokomotive V 100 in der VR Bulgarien. DET 3/1969.

Herfen, Olaf: Strömungsgetriebe für Diesellokomotiven der Deutschen Reichsbahn. Deutsche Diesellokomotiven. Das große Sammelwerk. Fürstenfeldbruck.

Köhler, Kurt; Müller, Hans: Weiterentwicklung der Lokomotiven BR 110.0 und 110.1 und die Entwicklung zur BR 110.2. Zeitschrift Schienenfahrzeuge 1970.

LEW Hennigsdorf: Technische Bedingungen für die Lieferung der Diesellokomotive V 100 B'B'. Lieferung 1966. 1965.

LEW Hennigsdorf: Technische Bedingungen zur Lieferung von Diesellokomotiven der Baureihe V 100 - 1220 PS B'B' mit einem Dienstgewicht von 63 Mp ± 6 % für die Deutsche Reichsbahn. Gültig für 2 Musterlokomotiven FB-Nr. 116 008. 1967.

LEW Hennigsdorf: Technische Bedingungen zur Lieferung von Diesellokomotiven der Baureihe V 100 B'B' mit einer Dienstmasse von 63 t für die Deutsche Reichsbahn. Gültig ab V 100 201 (LEW-FB-Nr. 116 007). 1969.

Lüddecke, Eckbert; Groskopf, Ekkehard: Triebfahrzeug BR 114 mit Dieselmotor 12 KVD 21 AL-5 und Zweikreiskühlanlage. Zeitschrift Schienenfahrzeuge 4/1989.

Massute, Wolfgang: Extremerprobung des Dieselmotors 12 KVD 21 AL-4 in Antriebsanlagen der Triebfahrzeuge BR 110 und 118 der DR. Zeitschrift Schienenfahrzeuge 4/1981.

Massute, Wolfgang: Weiterentwicklung der Dieselmotoren 12 KVD 18/21. Zeitschrift Schienenfahrzeuge 2/1975.

Menzel, Siegfried; Friedrichs, Bernd: Die 900-kW-Kraftübertragungsanlage für dieselhydraulische Triebfahrzeuge der DR. Zeitschrift Schienenfahrzeuge 7/1977.

Müller, Hans; Köhler, Kurt; Buchmann, Dieter: Diesellokomotive der Baureihe V 100 der DR. Zeitschrift Schienenfahrzeuge 1967/1968.

Müller, Heinz; Mertinatsch, Erwin: Die dieselhydraulische Lokomotive V 100. DET 2/1965.

Müller, Matthias: Der Dieselmotor 12 KVD 21 - ein universeller Bahnantrieb für Lokomotiven der DR. Deutsche Diesellokomotiven. Das große Sammelwerk. Fürstenfeldbruck.

Prösler, Hubert: Varianten 3 bis 5 der 736 kW-Lokomotive V 100. Zeitschrift Schienenfahrzeuge 2/1981.

Queck, Jürgen; Hartmann, Martin: Rangierdiesellokomotiven BR 108/109 mit neuer Konzeption. Zeitschrift Schienenfahrzeuge 5/1990.

Reinhardt, Lothar: Füllungs- und Drehzahlregelung bei Dieselmotoren für Schienenfahrzeugantriebe. Zeitschrift Schienenfahrzeuge 3/1966.

Rögner, Walter: Schäden an der Wendeschaltung der Strömungsgetriebe der V 100. Zeitschrift Schienenfahrzeuge 7/1968.

Scheube, Klaus: Einsatz und Instandhaltung der Diesellok BR 111. Zeitschrift Schienenfahrzeuge 5/1983.

Seidewitz, Siegmar: Die neue Triebfahrzeugbaureihe 199 der DR für die Harzquer- und Selketalbahn. Zeitschrift Schienenfahrzeuge 3/1989.

Vorbau, Günter: Der Dieselmotor 12 KVD 21 AL-5. Zeitschrift Schienenfahrzeuge 6/1988.

Vorburger, Hans: Bombardier Transport liefert Rollböcke für die Harzer Schmalspur-Bahnen. Schweizer Eisenbahn-Revue 9/1998.

Weisbrod, Manfred: 298 - die schwere Rangierlokomotive. Eisenbahn-Journal 4/1994.

Weisbrod, Manfred; Obermayer, Horst: Die V 100. DB und DR. Eisenbahn-Journal special 7/95.

Wir schreiben über mehr als Dampf!

Spannende Abenteuer mit der Eisenbahn, computergesteuerte Modellbahn-Tests, originelle Werkstatt-Tips, einmalige Fotos, Geschichten von Menschen und Maschinen – bei uns finden Sie alles, was Modell und Vorbild an Faszination bieten.

Überzeugen Sie sich selbst! Wir schicken Ihnen gern ein kostenloses Probeheft zum Schnuppern.

Also gleich anfordern – per Postkarte, per Fax oder telefonisch.

MODELLEISENBAHNER
MEB-Verlag GmbH
Postfach 10 37 43, D-70032 Stuttgart
Telefon (07 11) 2 10 80 75
Fax (07 11) 2 10 80 74

Typenkunde

Alfred B. Gottwaldt
Stromlinie
»Stromlinie« hieß das Zauberwort der 30er Jahre. Auch die Reichsbahn experimentierte mit der aerodynamischen Form. So zählen etwa die Schnellfahrtype 05 und die Pazifiks der Reihen 01.10 und 03.10. zu den Ahnen von ICE & Co. Das Buch zeigt rund 500 seltene Bilder rund um Entwicklung, Bau und Technik der schnellen Dampfloks.
296 Seiten, 404 Bilder,
davon 8 in Farbe
Bestell-Nr. 70781   DM 29,80

Brozeit/Müller/Bölke/Dietmann
Baureihe 95
Der fesselnde Lebenslauf der stolzen »Bergkönigin«. Nahezu 60 Jahre lang beherrschten die Loks der Baureihe 95 die Steilstrecken deutscher Mittelgebirge. Mit diesem Buch liegt eine einmalige Dokumentation vor. Mit zahlreichen, bisher unveröffentlichten Bilddokumenten sowie Betriebsbuch-Anzeigen und Zeichnungen.
208 Seiten, 259 Bilder,
davon 35 in Farbe
Bestell-Nr. 70377   DM 29,80

Manfred Weisbrod/Wolfgang Petznick
Baureihe 01
Die Baureihe 01 prägte das Gesicht der Einheitsloks der DR wie keine andere. Mit ihren zwei Meter großen Treibrädern faszinieren sie auch heute noch jeden Betrachter. Das Buch beschreibt Entwicklung und Bewährung der »klassischen« 01, auch die Versuche, die Loks nach dem Krieg noch besser zu machen.
268 Seiten, 304 Bilder, davon 22 in Farbe,
30 Zeichnungen   **Bestell-Nr. 70769** DM 39,80

Frank Larsen
Die Baureihe V 200.1
Die V 200.1 brachte in den 60ern das Wirtschaftswunder auf die Schienen. Wo die roten Renner auftauchten, kam das Aus für die Dampfloks. Gegen die E-Loks hatte aber selbst die V 200.1 keine Chance. Ihre letzte Bewährung bestanden die Maschinen der Reihe V 200.1 vor schweren Güterzügen im Ruhrgebiet.
144 Seiten, 120 Bilder, davon 30 in Farbe
Bestell-Nr. 71112   DM 29,80

Thomas Estler
Baureihe ET 65
Über ein halbes Jahrhundert rackerten die Triebwagen der Baureihe ET 65 in Stuttgarter Vororten, signalisierte das charakteristische Heulen ihrer Motoren die Ankunft an den Haltestellen. Am 1. Oktober 1978 gingen die letzten Exemplare in den Ruhestand. Dieser Band der Reihe »Fahrzeugporträt« stellt Entwicklung, Technik und Einsatz dieser Heulsusen vor. Mit vielen Fotos und Dokumenten.
144 Seiten, 120 Bilder,
davon 30 in Farbe
Bestell-Nr. 71111
DM 29,80

Dirk Endisch
Die Baureihe 50.35
Sie war weder attraktiv noch schnell, in fast jedem Bw zuhause. Dampflok-Fans nahmen die BR 50.35 nicht besonders ernst. Viele Museumsbahnen in Deutschland haben jedoch die unverwüstliche BR 50.35 für sich entdeckt. Ein Porträt zu Geschichte, Betrieb und ihren aktuellen Einsätzen auf Museumsbahnen.
144 Seiten, 120 Bilder, davon 30 in Farbe
Bestell-Nr. 71113   DM 29,80

IHR VERLAG FÜR EISENBAHN-BÜCHER

Postfach 10 37 43 · 70032 Stuttgart
Telefon (0711) 21 80 65
Telefax (0711) 21 80 70

Stand Juli 1999 – Änderungen in Preis und Lieferfähigkeit vorbehalten